大国粮食

科学解读
中国的
粮食安全

冰 清　[加] 陈思进　著

清华大学出版社
北京

版权所有，侵权必究。举报：010-62782989，beiqinquan@tup.tsinghua.edu.cn。

图书在版编目（CIP）数据

大国粮食：科学解读中国的粮食安全 / 冰清，（加）陈思进著 .— 北京：清华大学出版社，2022.8

ISBN 978-7-302-61398-5

Ⅰ. ①大… Ⅱ. ①冰… ②陈… Ⅲ. ①粮食安全—研究—中国 Ⅳ. ①F326.11

中国版本图书馆CIP数据核字（2022）第128305号

责任编辑：宋成斌
封面设计：傅瑞学
责任校对：王淑云
责任印制：丛怀宇

出版发行：	清华大学出版社
网　　址：	http://www.tup.com.cn, http://www.wqbook.com
地　　址：	北京清华大学学研大厦A座　　邮　　编：100084
社 总 机：	010-83470000　　邮　　购：010-62786544
投稿与读者服务：	010-62776969, c-service@tup.tsinghua.edu.cn
质量反馈：	010-62772015, zhiliang@tup.tsinghua.edu.cn
印 装 者：	三河市东方印刷有限公司
经　　销：	全国新华书店
开　　本：	165mm×235mm　　印　张：16.5　　字　数：203千字
版　　次：	2022年8月第1版　　印　次：2022年8月第1次印刷
定　　价：	59.00元

产品编号：094627-01

前言

一场新冠肺炎疫情加剧了全世界关于粮食危机的担忧。世界将何去何从？我国能不能经受住考验？又将如何应对？

民以食为天。自古以来，粮食问题就是世界各国为政者需要考虑的首要问题。它可以引起族群争斗，国家战争。它是决定一个国家命运的重要因素。

美国前国务卿基辛格有一句名言："如果你控制了能源，你就控制住了所有国家；如果你控制了粮食，你就控制住了所有的人。"

日常生活中看似不起眼的粮食实际上决定着人类的命运。粮食是国家的根基，是经济的命脉，是人类生存的基础。可以说吃饭是人类最基本的生命活动，只有吃饱肚子才能从事其他活动，反之，一起都无从谈起。人类从诞生那天起，就为吃饭而奔波。从原始社会到现代社会，人类对吃的追求从未停止。一部人类文明史，就是一部粮食的变迁史：从最原始的狩猎、采摘到种植养殖；从原始农业到现代农业；从历次的社会动荡和兴衰，到大航海带来的物种交流，以及科技对农业的影响等，人类的文明和生存处处离不开粮食。

当科技越来越发达，粮食产量越来越高，在通常状况下吃饱肚子已经不再是问题之后，人们忽然发现，粮食不再仅仅是用来吃的了，粮食可以是货币，粮食可以是能源，粮食已经成为一个国家控制其他国家和地区的资本。粮食可以作为货币来控制别国经济，也可以作为能源来左右别国政治。曾几何时，人类赖以生存的粮食变成了控制人类的工具。粮食安全问题成为全世界每个国家都要关注的问题。

我国是全世界人口最多的国家，十几亿人口的吃饭问题成了头等大事。中华人民共和国成立之前，粮食生产严重不足，人民大众处于饥饿的边缘。中华人民共和国成立之后，在中国共产党的英明领导下，我国从一个落后而吃不饱的粮食穷国发展成为世界粮食大国，不仅能够自给自足，还有能力出口一些粮食；不仅能够喂饱14亿人，还提供了丰富的副食品，保证了人民的营养均衡。我国人民吃饱喝足，身强体壮，再也不是东亚病夫，在国际舞台上的各个方面都有国人健康的身影。我国已成为全世界人民解决粮食问题的标杆。

如今，面对新冠肺炎疫情肆虐的国际形势，面对转基因等高科技的兴起以及在粮食生产中的应用，面对粮食在国际金融产业中的地位变化，我们准备好了吗？无论是决策者，还是普通百姓，对于这些新的变化了解多少？

当粮食问题关系到我们每个人的切身利益时；当粮食安全决定着国家安全时；当粮食在历史上从未像今天这样对所有行业都有着巨大的影响力并渗透到我们日常生活中的每一个角落时；当粮价的每一次波动都对人类的生活造成了巨大的影响时，国人更应该了解粮食的前世今生，为我国未来发展做好充足的知识准备，这本书就是普及大国粮食的知识和国情的最好读本。

作者
2022年3月

目 录

第1章　全球最主要的粮食作物简介 ·· 1
 1.1　水稻 ·· 3
 1.2　小麦 ·· 7
 1.3　玉米 ··· 10
 1.4　薯类作物 ··· 13
  1.4.1　甘薯 ·· 13
  1.4.2　马铃薯 ·· 14
  1.4.3　木薯 ·· 17
 1.5　其他粮食作物 ·· 18
  1.5.1　高粱 ·· 18
  1.5.2　大麦 ·· 18
  1.5.3　燕麦 ·· 19
  1.5.4　黑麦 ·· 20
  1.5.5　荞麦 ·· 20
  1.5.6　豌豆 ·· 21
  1.5.7　蚕豆 ·· 22
  1.5.8　绿豆 ·· 23
 1.6　主要的经济作物和油料作物 ······························· 24
  1.6.1　大豆 ·· 24
  1.6.2　棉花 ·· 25

1.6.3　花生 ·· 27

1.6.4　油菜籽 ··· 30

第2章　粮食的力量 ································· 33

2.1　粮食与人类文明发展 ························ 34

2.1.1　粮食是人类早期文明的"种子" ········· 34

2.1.2　以粮食生产为基的四大文明 ············· 36

2.1.3　科技兴粮食足则文明昌 ···················· 42

2.1.4　国家强，首重粮 ······························ 50

2.2　粮食与国家兴衰和朝代更替 ··············· 51

2.2.1　来自我国气候学家的发现 ················· 52

2.2.2　我国的第一次冷暖变迁 ···················· 53

2.2.3　我国的第二次冷暖变迁 ···················· 54

2.2.4　我国的第三次冷暖变迁 ···················· 57

2.2.5　我国的第四次冷暖变迁 ···················· 60

2.2.6　从民国到中华人民共和国 ················· 66

2.3　粮食与经济、政治、军事和文化 ········· 66

2.3.1　我国古代因粮制胜的故事 ················· 66

2.3.2　美国以粮食为武器的故事 ················· 69

2.3.3　我国党和政府高度重视粮食问题 ········ 73

2.4　粮食与我们的生活 ··························· 73

2.4.1　手中有粮，遇事不慌 ······················· 73

2.4.2　粮食结构的差异在南北饮食文化差异上的表现 ··· 75

2.4.3　生活中要时刻关注粮食安全 ·············· 77

第3章 大国粮策 ·············· 81

3.1 美国：粮食发展与贸易 ·············· 82
3.1.1 美国农业领先全球的原因 ·············· 82
3.1.2 美国主要粮食作物的生产和贸易情况 ·············· 95
3.1.3 美国玉米的生产和贸易 ·············· 99
3.1.4 美国大豆的生产和贸易 ·············· 101
3.1.5 其他重要粮食作物的种植分布 ·············· 103

3.2 欧盟：农业贸易保护 ·············· 105
3.2.1 全球农业市场化程度最高的地区之一 ·············· 105
3.2.2 推出共同农业政策，建立欧盟农业贸易壁垒 ·············· 106
3.2.3 欧盟的农业贸易壁垒是如何影响全球的 ·············· 109

3.3 其他主要产粮国 ·············· 115
3.3.1 印度 ·············· 115
3.3.2 俄罗斯 ·············· 116
3.3.3 加拿大 ·············· 119
3.3.4 阿根廷 ·············· 121
3.3.5 巴西 ·············· 122

第4章 影响未来粮食发展的主要因素 ·············· 125

4.1 有机农业 ·············· 126
4.1.1 有机农业的起步与发展 ·············· 126
4.1.2 有机农业与传统农业 ·············· 130
4.1.3 有机农业与转基因农业 ·············· 131
4.1.4 中国有机农业与美国有机农业 ·············· 134

4.2 不得不说的转基因 ·············· 138

4.2.1 什么是转基因……………………………………………138
　　4.2.2 转基因的历史……………………………………………140
　　4.2.3 转基因作物的优势与发展状况…………………………143
　　4.2.4 客观看待对转基因作物的质疑和批评…………………145
4.3 生物质燃料的发展………………………………………………148
　　4.3.1 破解产量危机：生物质燃料离不开转基因技术………149
　　4.3.2 安全问题的博弈…………………………………………151
　　4.3.3 生物质燃料与粮食生产…………………………………153
4.4 健康养生观念的树立……………………………………………156
　　4.4.1 "吃出来"的不健康………………………………………156
　　4.4.2 树立健康养生观念，推动健康中国行动………………158
4.5 不良消费习惯：粮食浪费………………………………………162
　　4.5.1 食物损耗和浪费与西方主要国家的应对举措…………163
　　4.5.2 我国的粮食浪费问题与应对举措………………………166
　　4.5.3 养成节约粮食习惯，从我做起…………………………168
4.6 "黑天鹅"事件的影响：以新冠肺炎疫情为例…………………170
　　4.6.1 疫情对全球粮食安全造成严重冲击……………………170
　　4.6.2 本次的"黑天鹅"有何不同………………………………174
　　4.6.3 做好准备，应对爆发全球粮食危机的可能性…………176
　　4.6.4 俄乌战争带来的新一轮粮食危机………………………178

第 5 章 粮食"战争"……………………………………………………183
5.1 粮价接连上涨的背后……………………………………………184
　　5.1.1 粮价走势应高度关注货币因素…………………………184
　　5.1.2 警惕全球高粮价背后的资本之手………………………186

5.2 粮食与石油 ································ 188
5.2.1 从中长期看，粮价与石油价格高度正相关 ·········· 188
5.2.2 从短期看，或因"黑天鹅"事件出现粮涨油跌 ······· 191
5.3 粮食可能成为未来的货币 ···························· 193
5.3.1 粮食有成为货币的属性 ······················ 193
5.3.2 未来的"粮食美元"可能取代"石油美元" ········ 195
5.4 谁控制了种子，谁就控制了粮食 ···················· 197
5.4.1 种子，一个关乎粮食安全的大问题 ·············· 197
5.4.2 美国育种产业发展的启示 ···················· 198
5.4.3 打好种子安全保卫战 ······················ 200
5.5 大米战争 ···································· 202
5.5.1 大米是历史和现实中最重要的主粮之一 ·········· 202
5.5.2 从美国看未来全球大米市场格局 ················ 204
5.6 玉米王国的秘密 ································ 206
5.6.1 玉米是人类对自然进行干预的最佳物证之一 ······· 206
5.6.2 堪称玉米王国的美国 ························ 210
5.6.3 玉米兼具粮食、能源、货币三重属性 ············ 216
5.7 美国如何成就大豆霸权 ···························· 220
5.7.1 大豆的发展史：兴于中国，盛于美国 ············ 220
5.7.2 美国成就大豆霸权的背后 ···················· 230

第6章 中国的粮食安全 ································ 235
6.1 我国的口粮安全绝对有保障 ························ 236
6.2 我国粮食安全经得起突发事件的冲击 ················ 239
6.3 我国的粮食安全应对策略 ·························· 242

6.3.1 始终高度认识粮食安全的重要意义·····················242
6.3.2 坚决贯彻好粮食安全战略·····························243
6.3.3 "走出去"布局全球粮食供应产业链体系···············250
6.3.4 引导更多国民养成健康的饮食习惯·····················251

第 1 章

全球最主要的粮食作物简介

伟大的蜕变，是从野草成为粮食作物。先人对粮食作物的选择是一个不断与天奋斗、去芜存菁、与时俱进的过程。由于历史的选择，一些粮食作物又回归野草。

你知道中西方的饮食习惯有哪些差异吗？这些差异又是由什么引起的？

南人喜米，北人爱面，是天性、地域选择还是历史的惯性？

让我们一起追寻历史的足迹，探寻粮食作物的发展史，并认识身边的粮食作物和主要食物。

我们就从全球主要粮食作物的发展史说起。粮食作物是人类饮食中最重要的部分。人类饮食野生谷物的历史可追溯到23000年前，植物驯化在人类进化过程中起着关键的推动作用，人类的历史正是从把野生植物变成粮食作物开始的。

粮食作物是以收获成熟果实为目的，经去壳、碾磨等加工程序而成为人类基本食粮的一类作物，分为谷类作物、薯类作物和豆类作物。谷类包括水稻、小麦、玉米、燕麦、黑麦、大麦、谷子、高粱和青稞等，其中前三大粮食作物（玉米、小麦和水稻）的产量合起来占世界上粮食作物产量的一半以上。薯类作物包括甘薯、马铃薯、木薯等。豆类作物包括大豆、蚕豆、豌豆、绿豆、小豆等。粮食作物不仅为人类提供食粮和一些副食品，以维持生命的需要，并为食品工业提供原料，为畜牧业提供饲料，所以粮食生产是多数国家农业的基础。通常，粮食作物也是农作物中的主导作物。

1.1 水稻

水稻，所结子实称稻谷，稻谷脱壳加工后可食用的部分称为大米或稻米。水稻原产于中国，中国 7000 年前就种植水稻，并有着全世界最丰富的野生水稻品种。水稻是中国古代最重要的粮食作物之一，中国水稻栽培历史悠久，许多古书里都有记载。考古发现及史书记载，早在公元前 21 世纪，我们的先祖已经开始利用和改造自然，利用一些简单的水利设施发展水稻。距今 4200 余年前，水稻栽培已从长江中下游推广到黄河中游。到了战国时期，由于铁制农具和犁的应用，开始走向精耕细作，同时为发展水稻兴修了许多大型水利工程。魏晋南北朝以后，中国经济重心逐渐南移，唐宋 600 多年间，江南成为全国水稻生产的中心地区。北宋开始，中国古代王朝的经济重心便正式从黄河流域转移到了长江流域，水稻分担起了承载中华文明的重任。

公元前 2500 年左右，水稻从中国传播到斯里兰卡、印度等国家。公元前 300 年，亚历山大大帝的军队把水稻带到了西亚和希腊。公元 800 年，东非人在与印度人交易时引进了水稻。中世纪时期，稻米已在西方广为流传，欧洲南部把水稻作为重要的粮食。而水稻引进到美国是在 18 世纪，且有多个说法：有说是一艘损坏的船被迫停留在南卡罗来纳州海岸，船长给了殖民者一袋稻谷；也有说是非洲奴隶从他们的土地带来的。美国内战结束后，南部开始生产大量的大米。自 19 世纪中期，阿肯色州、路易斯安那州和得克萨斯州也开始种植水稻。加利福尼亚州的水稻栽培始于淘金热，水稻种子是华工移民带过来的。

非洲被认为是水稻的另一个独立起源地，但其时间较晚，至今有 3500 年的历史。公元前 1500—前 800 年，水稻从其位于尼日尔河三角洲原始的中心开始传播，扩大到塞内加尔。但它从未传播太远，甚至没有和亚洲的物种杂交。

水稻从中国传入东西方文明交汇的中东地区之后，种植在伊拉克南部的两河流域下游区域。随着伊斯兰教的崛起与迁移，水稻的种植区北到现在土耳其的奴赛宾和伊朗北部，然后跨过地中海、黑海和里海，超越伊斯兰世界进入欧洲的西西里岛、伊比利亚半岛及伏尔加河流域。15世纪后，水稻从意大利传到法国，再向整个欧洲大陆蔓延。在埃及，水稻主要生长在尼罗河三角洲。在巴勒斯坦，水稻主要在约旦河谷种植，也门也种植水稻。

美洲本地不产水稻，欧洲早期殖民者在16世纪初期把亚洲水稻引入到墨西哥，并向拉美其他国家扩展。至今，巴西和其他美洲地区仍有以大米为主食的饮食习惯。

水稻是澳大利亚最早种植的作物。它是英国定居者带过来的。由于土壤环境和害虫的原因，最初种植时并不成功。后来当地引进了美国加州品种，水稻才开始获得丰收。澳大利亚水稻生产大大超过了当地的需求，大米出口日本已成为外汇的主要来源。

水稻是全球最重要的粮食作物之一。大米为33亿亚洲人提供了35%~80%的总卡路里，但需要注意的是，大米不是蛋白质、矿物质、维生素和膳食纤维等营养素的主要来源。水稻收获后可以无限存储在一个凉爽、干燥的地方。水稻的特性是喜高温、需水、肥量大。目前世界水稻产地集中于高温多雨、人口稠密的亚洲南部和东部地区，主要包括中国、印度、印度尼西亚、巴基斯坦、孟加拉、越南、泰国、缅甸、菲律宾、日本等国。亚洲大米的产量和消费量占全球的90%以上。

世界大米出口量每年有4000万吨左右，主要出口国有印度、泰国、越南、巴基斯坦、美国、缅甸、中国等。在美国，水稻主要生长于加利福尼亚州、密西西比州、得克萨斯州、阿肯色州和路易斯安那州。美国平均每亩（1亩=0.0667公顷）水稻种植花大约7个工时，而在亚洲约是300个工时，美国可以说是生产水稻效率最高的国家。

大米是大部分人的主食，是许多国家粮食安全的重要支柱。它是世界一半以上人口的粮食安全核心。全世界生产的大米已从1960年的2亿吨稳步上升到2019年的49.9亿吨。2019年水稻三个最大的生产地是中国、印度和印度尼西亚。除了耕作系统技术和知识，由于产地路况差、缺乏存储技术、供应链效率低下等原因，许多大米生产国在农场收获后损失巨大。世界银行和粮农组织的一项研究表明，每年发展中国家的水稻损失在8%~26%。

水稻有三个主要类别：籼、粳和糯米，是依稻谷的淀粉成分来区分的。稻米的淀粉分为直链及支链两种。支链淀粉越多，煮熟后会黏性越高。籼稻（Oryza sativa indica）有20%左右为直链淀粉，属中黏性。粳稻（Oryza sativa japonica）的直链淀粉较少，低于15%。糯稻（Oryza sativa var glutinosa）的支链淀粉含量接近100%，黏性最高。还有一些单分出来的类别，比如香米，是有特殊香味的米，其类型又分为香籼、香粳和香糯。水稻品种的最大基因库在菲律宾的国际水稻研究所，共收录超过10万种的国际水稻品种。2002年4月，科学家们成功绘制出水稻基因组测序草图，水稻成为第一个完成基因组测序的粮食作物。2002年12月16日，联合国大会宣布2004年为国际稻米年。

自绿色革命以来，人类一直在寻求通过生物技术培育出高产的品种。"非洲新稻"就是这样一个新品种，它可以大幅度提高非洲的水稻产量，并使非洲经济复苏。

中国在水稻育种和超级稻的研究上处于领先水平。袁隆平作为世界公认的"杂交水稻之父"，2004年世界粮食奖获得者，为我国粮食安全、农业发展和世界粮食供给做出了杰出贡献。从20世纪60年代初，他就在极其艰苦的条件下开始了水稻的杂交育种试验。在取得成果后又加以推广和应用。他认为："这么大一个国家，如果粮食安全得不到保障，其他一切都无从谈起。"他执着追求、大胆创新，建立和完善了一整套杂交水稻理论和应用技术体系，创建了一门系统的新兴学科——杂交水稻学。他发明"三系法"籼型杂交水稻，成功研究出"两系法"杂交水稻，特别是他还创建了超级杂交稻技术体系，为我国粮食安全、农业科学发展和世界粮食供给做出杰出贡献，使我国杂交水稻研究始终居世界领先水平。

超级稻是一种单产大幅提高、品质优良、抗性较强的新型超高产水稻品种。从20世纪70年代开始，中国的水稻育种一直居于世界领先地位。进入20世纪80年代后，全世界的水稻产量均出现了徘徊。1996年，中国农业部立项"中国超级稻"育种计划并组织实施。1997年4月，袁隆平院士领军拉开了"中国超级稻研究"的序幕，他提出了中国超级稻育种的一、二、三期目标：第一期育种目标到2000年亩产达到700公斤；第二期育种目标到2005年亩产达到800公斤；第三期育种目标到2010年亩产达到900公斤。第一期和第二期超级杂交稻都是采用常规手段，第三期则运用了分子技术。从野生稻里找到了两个增产能力在18%以上的基因，导入育种后又从稗草中寻找有利基因，将其导入水稻种子中，以选育优良恢复系。2011年，由袁隆平担任首席研究专家的超级杂交水稻研究取得初步成功，经过连续几年在湖南、江苏等地大面积示范，平均亩产超过900公斤，引起了国内外的高度关注。2017年10月，袁隆平团队选育的超级杂交稻品种"湘两优900（超优千号）"在试验田内亩产1149.02公斤。2020年6月，袁隆平团队在青海柴达木盆地试种的高寒耐盐碱水稻（又称海水稻）在盐碱地里长出了水稻。袁隆平为解决世界粮食问题做出了巨大贡献。

未来生物技术还会更多地运用于稻米育种中。德国和瑞士研究人员将维生素 A 的前体 β-胡萝卜素转基因入水稻，使其产生 β-胡萝卜素，用来帮助因缺乏维生素 A 的穷困地区儿童。另一些生物科学家则希望用转基因方式让大米产生人的乳铁蛋白、溶菌酶和人血清白蛋白，这些酶和蛋白具有抗病毒、抗菌、抗真菌的作用。这些关于大米充满争议的科研现今正经受着民众是否接受的考验。

1.2 小麦

小麦，是人类最早种植的粮食作物，也是世界上最重要的粮食作物之一。小麦起源于中东地区，被认为是最先被驯化的粮食作物，并且可以轻松地、较大规模地耕种，且丰收高产，还可长期贮存。史料表明，小麦是约公元前 10000 年由三种不同草类物种繁殖而成的产物。公元前 6700 年，石器时代的人用岩石把小麦粒磨成面粉。公元前 3000 年，古埃及人意外发现了酵母，并用来制作面包。公元前 3 世纪中叶，水磨被用来磨粉。公元前 200 年，罗马人开始使用畜力磨小麦，他们也利用筛子生产更精细的面粉。1180—1190 年，叙利亚、法国和英国推出了风车磨粉。在中世纪的欧洲，风车和水磨都被用于小麦种植和面粉加工，并开始了小麦、大豆等四种作物的轮作。随着人口的增长，面包烘焙成为稳定的商业和贸易。

18 世纪 60 年代工业革命开始，各种农机被发明，大大降低了农业劳动密集度，提高了作物的种植规模。1856—1863 年，格里高尔·孟德尔通过研究豌豆，发现了遗传育种规律，开启了现代的遗传学。进入 20 世纪后，作物育种研究进展迅速，提高了小麦的产量和品质。日本小麦育种专家培育的矮秆基因小麦，对全球小麦的产量产生了巨大影响，成为墨西哥和亚洲绿色革命取得成功的重要因素。矮化基因有助于防止倒伏的问题，加强光合作用，从而更好地利用氮肥，提高产量。

目前，世界小麦生产主要集中于温带地区和亚热带地区，可划分为五个小麦地带：一是从欧洲平原至西伯利亚南部的广大地区，二是地中海沿岸-土耳其及伊朗-南亚平原，三是北美洲中部平原，四是南半球的不连续生产地带，五是我国东北平原、华北平原和长江中下平原。世界商品小麦主要产区是美国、加拿大、法国、澳大利亚和阿根廷，其中美国约占1/3，欧盟各国约占1/3。2008—2018年，全球小麦出口由1.37亿吨增至1.74亿吨，印度尼西亚、埃及、巴西、阿尔及利亚和日本为前五强。2019年世界小麦的产量是7.64亿吨，在谷物中排第三。

小麦的营养丰富，富含淀粉、蛋白质、脂肪、矿物质（如钙、铁、镁、磷、钾、锌等）、硫胺素、核黄素、烟酸及维生素A等。小麦中的蛋白质主要来源于面筋，也就是谷朊蛋白。高筋面粉筋度强而有弹性，适宜烤面包；软、低蛋白小麦用于制作面饼、糕点和饼干等；硬粒小麦用于制作意大利面条、通心粉和鸡蛋面条等。小麦也可作早餐麦片粥，以及用来制作酒精饮料。

在工业上，小麦的面筋蛋白可用于制药业中的胶囊制造、造纸行业中的涂层纸，以及制造生物乙醇。有一部分小麦作为牲畜的饲料，其秸秆可以用作屋顶茅草施工材料。

小麦在中国有5000年的历史，是中国重要的粮食作物之一。小麦传入中国的时间较早，据考古发掘，新疆孔雀河流域新石器时代遗址出土的炭化小麦距今4000年以上。其他如甘肃民乐、云南剑川和安徽亳州等地也发现了距今3000~4000年的炭化小麦。小麦是外来作物中本土化最成功的一种。

在我国历史上，小麦的栽培主要分布于黄淮流域。在汉代，由于面食的发明，小麦的种植面积迅速扩大。南方地区虽然早有小麦种植，但并不普遍，只是由于汉末以后战乱频繁，北方人民大量南迁，刺激了南方小麦种植的发展，并形成了稻麦二熟制。汉代以后，小麦的种植技术更加成熟而丰富。

唐宋以后，小麦的地位越来越靠前。到了南宋，全国小麦总产量可能已经接近稻谷，或者超过谷子而居粮食作物的第二位。宋元以后，随着稻麦二熟制的盛行，南方种麦技术得以发展。中耕理沟是古代南方稻田种小麦的重要管理措施，不但有利于排水、压草、抗倒伏，而且还有利于下季种稻。和北方不同，南方由于实行稻麦轮作，不能依靠种植绿肥来提高麦田的土壤肥力，所以主要通过施肥来提高肥力。

明朝末年，虽然小麦在北方的主食中已占据半壁江山，但在南方，小麦从来都没有撼动过水稻的首要地位。明代只有大约5%的南方人种植小麦，面粉只用作副食。虽然小麦没有完全取代我国本土的粮食作物，但已成为大多数中国人的主食。

有人认为，小麦种植业与古代社会动乱之间似乎存在着某种因果关系。几次导致王朝覆灭的重大农民起义，几乎全部集中在安徽、河南、山东、陕西等地。这些地区处于黄河中下游流域，恰好是我国小麦种植历史最悠久的地区。古代西欧的人们与北宋以前的中国人一样，常常面对粮食供应不足的危机，然而他们并没有水稻来救急，于是便采取各种各样的方式解决生存问题，包括大力发展工商业，用工业产品从远方换来粮食，最终走上了工业化的道路。我们因为有水稻候补，守着踏实的农业，所以错过了工业革命的机会。这为我们研究历史问题提供了一个新的视角。

2010年，英国一组生物科学家宣布，他们已解码小麦的基因组。这标志着小麦的相关基础研究将由分子生物学来完成，主要目标是发展新的技术和知识,预测小麦品种今后育种条件下的行为方式。新技术将培育出高产、需要较少的除草剂和化肥的抗病品种。

1.3 玉米

玉米,原产于中美洲,是一种喜温作物,分布很广。玉米产量的80%集于北美洲中部、亚洲(中国的华北平原、东北平原、关中平原和四川盆地)、欧洲南部平原,形成世界三大玉米地带。玉米的种植面积仅次于小麦和水稻,种植范围从北纬58°(加拿大和俄罗斯)至南纬40°(南美洲)。世界上全年每个月都有玉米成熟。2019年美国玉米产量为3.47亿吨,占全球玉米产量的31.3%;我国玉米产量为2.61亿吨,占全球玉米产量的23.5%,位居世界第二;此外,巴西、阿根廷、乌克兰是重要的玉米生产国加出口国。

玉米距今已有4500~5000年的栽培历史,但其起源和进化过程仍无定论。考古学家从墨西哥史前人类居住过的洞穴中发现了一些保存完好的野生玉米穗轴,据判断为公元前5000年有稃爆粒种玉米的残存物,现代玉米的栽培种系由此进化而成。相对而言,我们中国人对水稻的驯化要容易许多,因为水稻的原始模样和野生相差不算太大;而野生玉米的模样则与今天相距甚远,完全见不到今天的模样,印第安人对其驯化的难度非常大。野生玉米像稻穗一般,一个穗上只长了一颗玉米粒,怎么看也不像是能被驯化为食物的作物,不知是哪个慧眼识珠的印第安人觉得这种植物有成为人类主要粮食作物的潜力。总之,经过长期不懈而又艰难的育种,印第安人比中国人多花了上千年的时间,终于从稻穗一般的野生原始玉米培育成了现在玉米棒子的模样。因为玉米是每颗谷粒单独授粉,所以同一个棒子里可以长出不同颜色的玉米粒。至今,墨西哥和秘鲁等地还能见到像稻穗或是豆荚一样的野生玉米，以及一些奇形怪状的玉米品种，虽然没有商业种植，但足以证明，玉米的祖先和今天的商业种植玉米品种很不一样。

1492年哥伦布在古巴发现了玉米。1494年他把玉米带回西班牙后，逐渐传到世界各地。我国玉米栽培已有400多年历史，估计传入的时间当在1511年前。传入的途径，有的说由陆路从欧洲经非洲、印度，传入西藏、四川；或从麦加经中亚细亚传入我国西北部，再传至内地各省。也有的说由海路传入，先在沿海种植，然后再传到内地各省。所以电视剧《水浒传》中梁山的好汉们在玉米地里打斗显然是穿越了，因为宋徽宗时期，玉米还没有传入我国。

根据各省通志和府县志的记载，玉米最早传到我国的广西，时间是1531年，距离哥伦布发现美洲不到40年。到明朝末年，它已经传播到河北、山东、河南、陕西、甘肃、江苏、安徽、广东、广西、云南等十省。还有浙江、福建两省，虽然明代方志中没有记载，但有其他文献证明在明代已经栽培了玉米。单就有记载的来说，在1531—1718年不到200年的时间内，玉米在我国已经传遍了20个省。玉米的迅速发展，是在18世纪下半叶以后。后来的玉米培育出许多基因突变的品种，有的适合黄土高原旱地，有的适合寒带，几乎在各个温度带上都有了适合生长的玉米，这不得不说是一个奇迹。目前我国各地都有种植玉米，尤以东北、华北和西南各省较多。东北地区普遍种植硬粒型玉米，华北地区多种植适于磨粉的马齿型玉米，品质次于硬粒型玉米。玉米在我国的产量远远超过水稻，仅次于小麦，位居粮食作物的第二位。

玉米的商业等级主要根据籽粒的质地划分，分为马齿种、硬质种、粉质种、爆裂种、糯玉米、甜玉米等。籽粒顶端凹陷，是由籽粒硬淀粉和软淀粉的干燥度不相等而导致的。硬质种玉米含软淀粉少，干燥后顶不凹陷。粉质种玉米主要含软淀粉，粉质易碾碎。甜玉米发皱，透明，糖分不转化为淀粉。爆裂玉米是硬玉米的极端型，籽粒小而硬，不含软淀粉，加热时细胞内水分膨胀，籽粒爆裂。

玉米是粗粮中的保健佳品，食用玉米对人体的健康颇为有利。玉米胚特别大，占总重量的10%~14%，其中含有大量的脂肪，因此可从玉米胚中提取油脂。由于玉米中含有较多的脂肪，所以玉米在贮存过程中易酸败变质。玉米既可制米，又可磨粉。玉米粉没有等级之分，只有粗细之别。玉米粉可制作窝头、丝糕等。玉米粉中的蛋白质不具有形成面筋弹性的能力，持气性能差，需与面粉掺和后方可制作各种发酵点心。用玉米制出的碎米叫玉米楂，可用于煮粥、焖饭。尚未成熟的极嫩的玉米称为"玉米笋"，可用于制作菜肴。玉米在许多地区作为主要食物，但营养价值低于其他谷物，蛋白质含量也低，并缺乏菸草酸，若以玉米为主要食物则易患糙皮病。玉米的谷蛋白质低，不适于制作面包。在拉丁美洲，玉米广泛用作不发酵的玉米饼。美国各地均食用玉米，做成煮（或烤）玉米棒子、奶油玉米片、玉米糁（在南方制成玉米粗粉）、玉米布丁、玉米糊、玉米粥、烤饼、玉米肉饼、爆玉米花、糕饼等各式食品。

玉米还可以用作饲料和工业原料，玉米叶子可编织工艺品，还能用于纺织，如制作口罩、皮鞋、睡垫、篮子或玉米娃娃等。玉米芯还能作为燃料、游戏飞镖或礼仪等用途。美国人生活中的方方面面都离不开玉米，比如，服装的面料里有强化玉米淀粉，打印用的油墨里含有玉米油。工业乙醇大部分是由玉米制造的，往返学校的校车可能会由含乙醇燃料供电。玉米也用于胶、鞋油、阿司匹林、墨水、冰淇淋和化妆品等产品。

2005年，美国国家科学基金会、农业部和能源部联合组团，开始玉米基因组的测序。2008年，玉米基因组的初步测序完成。2009年11月20日，《科学》杂志发表了测序的结果。

现在许多生长在美国和加拿大的玉米都是转基因抗草甘膦或 BT 蛋白抗虫品种。美国玉米种植高度机械化,从种到收割,生产 1 英亩(约合 4046.86 平方米)平均只需两个半小时。这样的高效率让美国成为玉米生产和出口大国。

1.4 薯类作物

1.4.1 甘薯

甘薯,又称红薯,原产于美洲中部墨西哥、哥伦比亚一带,在哥伦布发现新大陆后,才传播到其他国家。甘薯属旋花科,一年生或多年生蔓生草本。又名山芋、红芋、番薯、红薯、白薯、白芋、地瓜、红苕等,因地区不同而有不同的名称。甘薯是重要的蔬菜来源,块根可作粮食、饲料和工业原料,作用广泛。甘薯有很顽强的生命力,在恶劣的自然环境中都能生存,而且它的适应性很强,耐旱、耐瘠、耐风雨,病虫害也较少,收成比较有把握,适宜于山地、坡地和新垦地栽培,不和稻麦争地。甘薯是单位面积产量特别高的粮食作物,亩产几千公斤很正常。

关于甘薯如何传入我国,有两种流传较广的说法。一种说法是广东东莞县人陈益于明万历八年(1580 年)去安南,万历十年(1582 年)夏设法带着薯种回东莞,在家乡试种成功,之后很快向各地传播。另一种说法是万历初年(1572 年),福建长乐县人陈振龙到吕宋(今菲律宾)经商,看到甘薯,想把它传入我国以解决福建的饥荒。由于吕宋不准薯种出国,陈振龙第一次藏于箱篓中,被查获受罚。第二次藏在抬货物的竹杠内,又被查获。在万历二十一年(1593 年)五月,他再次用重价买得几尺薯藤,绞在船舷边的缆绳里,浮在海水中,冒着生命危险,避开出境检查,闯过途中层层关卡,经过七天七夜风浪的颠簸,终于安全回到福州。陈振龙的儿子陈经纶向福建巡抚金学曾推荐甘薯的许多好处，并在自家屋后隙地中试栽成功。金学曾于是让福建各县如法栽种推广。第二年遇到荒年，因为有了甘薯，使得灾荒的威胁大为减轻。至今，长乐还留有陈振龙的雕像，以纪念他的贡献。也有人说当时福建人侨居吕宋的很多，传入应当不止一次，也不止一路。

甘薯传入我国后发展很快，明朝末年福建成为最著名的甘薯产区，无论贫富都能吃得起。清初的一百余年间，即1768年以前，中国各地先后引种甘薯。台湾、广西、江西、安徽、湖南、云南、四川、贵州、湖北、山东、河南、河北、陕西等地陆续传入，之后一直在继续发展。甘薯先后在不少地区发展成为主粮之一，因此有"红薯半年粮"的谚语。

甘薯还有许多用途，既可用来酿酒、熬糖，又可以做成粉丝等各种食品。由于甘薯块根包含很多水分，容易腐烂，各地就创造出各种保藏的方法，如晒干成甘薯片、甘薯丝或粒子，晒干磨粉或去渣制成净粉，以及井窖贮藏鲜薯等。所有这些，都能很好地解决甘薯的储存和利用问题，让人们在饥荒的年代有粮食可吃。现在我国已经是全世界最大的甘薯生产国了。

1.4.2 马铃薯

马铃薯，又称土豆，多年生草本，可作一年一季或一年两季栽培。其块茎可供食用，是重要的粮食、蔬菜兼用作物。马铃薯是现今人类社会的四大粮食作物之一，产量仅次于水稻、小麦和玉米。位于秘鲁和玻利维亚交界处的安第斯山脉是最古老的马铃薯的故乡。在距今大约7000年前，一支印第安部落由东部迁徙到高寒的安第斯山脉，是他们最早发现并食用了野生的马铃薯。安第斯山脉、山麓上面有很多马铃薯的野生种。当时的印第安人主要采集野生种作为食物。到了距今大约5000年，印第安人开始逐步驯化野生的马铃薯，培育出了很多品种的马铃薯。印第安人走了数千年的岁月，经过漫长而艰辛的驯化，最终将马铃薯的种植扩展到了整个安第斯山区，选择并种植出了抗寒的品种。伴随着印第安人的生活，马铃薯在南美洲的大地上一直绵延生长了数千年，并不为外部世界所知。

马铃薯第一次被旧大陆认识是在哥伦布发现新大陆之后的1536年，西班牙考察队到达马格达莱纳河上游，在北纬7°的地方，惊奇地发现当地人都在吃一种叫做"巴巴司"的食物。1565年，统治南美的西班牙人将马铃薯当作贡品献给国王菲利普二世，这是马铃薯登陆欧洲的最早文字记录，也由此开启了马铃薯在世界的不凡旅程。马铃薯传到欧洲后，欧洲人认为印第安人不可能有什么好的食物，所以不接受它，只用来当饲料。

只有居住在偏高寒山区的爱尔兰人接受马铃薯，因为那样的地区种植其他农作物都不合适。马铃薯有良好的适应性和抗逆性，在爱尔兰贫瘠的土地和恶劣的气候中很容易生长。18世纪中叶，欧洲国家为了争夺殖民地爆发了长达七年的战争，长期的战乱严重地影响了农业生产，各国都面临着粮食紧缺的严峻考验。在这样的特殊时期，马铃薯的优势很快引起了欧洲各国的注意。在帝王们的意志下，马铃薯在欧洲各国自上而下地推广开来，并最终成为拯救欧洲的粮食作物。特别是在爱尔兰，原本用于解救饥荒的马铃薯几乎成为唯一的粮食作物。1845年暴发的马铃薯晚疫病造成爱尔兰连续几年空前的大饥荒，饿死了上百万人。大量爱尔兰的土著居民不得不迁徙到其他国家，其中一部分人漂洋过海，到了美洲新大陆。美国引进马铃薯后就开始利用先进的技术来培育新的品种。他们培养出来的新品种，在生产性、抗逆性、适口性等方面都比原来欧洲的品种好。

马铃薯传入我国的时间不详，大致是在明代万历年间。马铃薯在我国的华北和东南部地区一直都没得到很好的推广种植，却在土地贫瘠、干旱少雨的西北部地区扎了根。现在我国是全世界最大的马铃薯生产国，全世界 1/3 的马铃薯产于我国和印度。2019 年，全球马铃薯的产量为 3.71 亿吨。

现在全世界有 5 万余个马铃薯品种。设在秘鲁首都利马的国际马铃薯中心，拥有所有国际化标准组织认可的马铃薯物种资源。国际马铃薯基因组测序团队于 2009 年宣布，他们已经取得了马铃薯基因组序列草图。马铃薯基因组包含 12 条染色体和 8.6 亿个碱基对。所有马铃薯亚种都来自秘鲁南部和玻利维亚西北地区的单一起源。至今秘鲁还能见到许多稀奇古怪的马铃薯品种，有的像月牙，有的像葡萄串，有的像香蕉，五颜六色，都是市场上不常见的。世界上其他地方就只有几种商业种植的马铃薯。

马铃薯在欧美国家最常见的食用方式就是马铃薯泥、炸薯条和马铃薯片。马铃薯除了食用之外，还用来酿造伏特加酒和白兰地等，以及用作家畜的饲料。马铃薯淀粉还可用于食品工业中，例如，在汤和酱料中作为增稠剂，在纺织工业中作为胶黏剂。

在 20 世纪 90 年代，孟山都公司开发了几种转基因马铃薯，包含了 BT 抗虫品种和抗病毒品种。麦当劳、汉堡王、乐事和宝洁公司随后宣布，不会使用转基因的马铃薯。孟山都公司于 2001 年 3 月起宣布停止推广这些转基因品种。德国的化学公司巴斯夫研发出了淀粉含量很高的转基因品种 Amflora（转基因土豆），其仅包含支链淀粉，不适于食用，但在工业上很有用。2010 年，欧洲委员会允许转基因土豆在欧盟国家种植，不过，根据欧盟规则，成员国家有权决定是否让其种植在自己国土上。2010 年春季，德国、瑞典、捷克和荷兰开始了这个品种的商业化种植。

由巴斯夫开发的另一个添加了两个抗性基因、抗晚疫病的转基因品种"财神"（Fortuna）通过鉴定，于 2011 年 10 月被许可在爱沙尼亚作为饲料和食品而种植和销售。2010 年，印度科学家宣布他们已开发出蛋白质含量比非转基因马铃薯高 35%~60% 的转基因马铃薯，其产量比非转基因马铃薯高 15%~25%。研究人员预期这种转基因马铃薯将使发展中国家受益，解决超过 10 亿人长期营养不良的问题。但是这些转基因马铃薯都遭遇到一些消费者的抵制，并未真正进入食品体系。

1.4.3　木薯

木薯，原产于美洲热带地区，如今在全世界热带地区广为栽培，是这些地区居民重要的食物来源。木薯可在贫瘠的土壤中生长，在低降雨量的发展中国家，特别是在非洲撒哈拉以南国家的农业中发挥着特别重要的作用。木薯主要食用其块根，可磨木薯粉、做面包、提供木薯淀粉和浆洗用淀粉以及制作酒精饮料等。和其他根类和块茎食物一样，木薯中包含抗营养因子和毒素，处理不当会残余氰化物，造成急性氰化物中毒、甲状腺肿大或局部麻痹。木薯可分为甜木薯和苦木薯，其中苦木薯的毒素含量较高，但尽管如此，农民们依然喜欢种植苦木薯，因为这样可以防止害虫、动物和小偷的侵扰。尼日利亚是全球木薯的最大生产国，泰国是全球木薯的最大出口国。在我国南方的亚热带地区，木薯是产量排在水稻、甘薯、甘蔗和玉米之后的第五大作物。我国超过 60% 的木薯都集中在广西壮族自治区。我国、越南和泰国是三个最大的木薯出口国。

木薯可以煮熟食用，在炖菜中能够替换马铃薯，还可以作为肉菜的配菜或制成饺子、汤、炖菜、肉汤等。非洲传统食物"富富"就是由木薯根的淀粉做成的。木薯淀粉也用于制作西米露、布丁和珍珠奶茶里的珍珠。在印度尼西亚，有炸木薯和木薯蛋糕。圭亚那把木薯煮成浓糖浆，用于烹调，很像我们的红糖糖稀。巴西则把脱毒的木薯粉做成脆片食物当小吃。南美洲也有不少国家用木薯制作成含酒精的饮料。

木薯的主要成分是碳水化合物，蛋白质含量很低，但是质量还可以，含有一些人体必需的氨基酸，如蛋氨酸、半胱氨酸和胱氨酸等。木薯根含有丰富的钙和维生素 C，包含相当数量的硫胺素、核黄素和烟酸。

木薯是新一代乙醇生物燃料的原料，同时，也是世界范围内的动物饲料。茎叶含高蛋白质（蛋白质 20%~27%），是牛、羊很好的饲料来源。

1.5 其他粮食作物

1.5.1 高粱

高粱，又称蜀黍、芦稷、秫秫、芰子、芦粟等，是世界上重要的粮食作物之一，主要分布在亚洲、非洲和北美洲。产量居于前列的国家有印度、美国和中国。高粱可用于食品（如谷物和高粱糖浆或高粱糖蜜）、饲料、酒精饮料和生物燃料的生产。大多数品种耐旱、耐热，是许多热带地区牧场的重要作物。高粱在我国已有 5000 多年的栽培历史，由于其适应性强，在全国各地均有种植，但主要集中在东北各省，以及华北和西北地区，其他地区一般是零星种植。高粱原产于非洲中部，但从考古发掘的情况来看，我国可能也是高粱的原产地之一。现在高粱在东北和华北的部分地区是主粮之一，产量在全国粮食中次于水稻、小麦、玉米和甘薯，和小米不相上下而互有消长。但是高粱产量不及玉米，口感不如小米，近年来种植面积有减少的趋势。

1.5.2 大麦

大麦起源于西亚和非洲东北的尼罗河流域附近，在新石器时代就已被驯化，是人类最早用作食物的谷物之一。其重要用途包括作为动物饲料、啤酒和某些蒸馏饮料可发酵物料的来源和各种健康食品的重要成分，也可用于汤、炖菜和制作各种大麦面包等。大麦籽粒通常被传统方法制成麦芽。大麦具有坚果香味，碳水化合物含量较高，蛋白质、钙、磷含量中等，含少量B族维生素。因为大麦中谷蛋白（一种有弹性的蛋白质）的含量较低，所以不能做多孔面包，可制作不发酵食物。在北非及亚洲部分地区尤喜用大麦粉做麦片粥，大麦是这些地区的主要食物之一。珍珠麦（圆形大麦米）是经研磨除去外壳和麸皮层的大麦粒，可加入汤内煮食，也散见于世界各地。大麦麦秆柔软，多用作牲畜铺草，也大量用作粗饲料。

1.5.3 燕麦

燕麦，是世界上重要的粮食作物之一，原产于东欧及西亚。驯化的燕麦出现较晚，可能出现在近青铜时代的远东和欧洲。燕麦在我国很早就有栽培，《尔雅》里所说的雀麦就是燕麦。俄罗斯、美国、加拿大、法国、德国是燕麦主产国，其中俄罗斯燕麦的产量居世界首位。我国燕麦主要分布在北方的牧区或半农半牧区，如内蒙古、青海、甘肃等地，燕麦在河北、黑龙江、安徽、江苏、四川等地也有少量栽培。

燕麦富含脂肪、蛋白质、维生素，营养丰富且易消化，常制成麦片供应市场，营养价值较高，是理想的保健食品。由于燕麦缺少麦胶成分，难以制成品质优良的面包，一般磨成粉食用。燕麦是马、牛及其他牲畜的优良精饲料。燕麦的茎叶较其他麦类作物的茎叶更富于营养，而且嫩而多汁，可作青饲料或干饲料。燕麦种子催发而成的嫩苗通常也会作为猫草卖给宠物爱好者。

燕麦也被制成饮料，或用于酿造啤酒。燕麦提取物还可以用于皮肤祛皱,是美国著名润肤品牌 Aveeno 系列产品的主要原料。燕麦草在传统上有药用的用途,包括帮助平衡月经周期,以及治疗痛经、骨质疏松症和尿路感染等。在 20 世纪 80 年代末,研究报告显示膳食燕麦可以帮助降低胆固醇,由此掀起了席卷美国的燕麦食品风潮。

1.5.4 黑麦

黑麦,是一种被广泛种植的粮食和饲料作物。它起源于中欧、东欧和中东地区。在土耳其的新石器时代遗址中出土了最早驯化的黑麦。在中世纪,黑麦广泛种植于中欧和东欧。黑麦属植物有 12 种,分布于欧亚大陆的寒温带。栽培黑麦可能是从野生山黑麦等种类演化而来的,具有耐寒、抗旱、抗贫瘠的特性。它的分布可北达北纬 49°。俄罗斯黑麦的种植面积和产量均居世界首位,德国、波兰、法国、西班牙、奥地利、丹麦、美国、阿根廷和加拿大黑麦的产量也不低。我国黑麦种植较少,零星分布在黑龙江、内蒙古、青海、西藏等高寒地区与高海拔山地。黑麦的产量在全世界范围内连年下降。大多数黑麦在当地消费掉,少数出口到邻国。2019 年,全球黑麦产量为 1127.5 万吨。

黑麦用来磨面粉,做黑麦面包、黑麦啤酒、格瓦斯、威士忌酒、伏特加酒和动物饲料等。黑麦面包是北欧和东欧人广泛吃的食物。黑麦有较低的面筋含量和较高的可溶性纤维。

黑麦极易被麦角菌感染。被麦角菌感染的黑麦,人类和动物吃了之后,会造成严重的伤害,出现的症状包括抽搐、流产、组织坏死、幻觉甚至死亡。

1.5.5 荞麦

荞麦,原产于黑龙江至贝加尔湖一带。荞麦驯化约在公元前 6000 年,最有可能发生在我国云南西部,并从那里传到中亚和西藏,然后传到中东和欧洲。荞麦在我国史书上的记载最先见于《齐民要术》。但据考古发掘,在甘肃武威磨咀子东汉墓中,发掘出东汉前期或中期的荞麦实物。荞麦最迟在汉代就已传入中国,到唐代已有推广,到了宋元年间又有了进一步的发展,南北各地都有栽培,在有些地区甚至成为主粮之一。荞麦现在的主要产区是东北和黄河下游各省。俄罗斯荞麦的种植面积和产量长期位居全球首位,改革开放以来我国的荞麦产量已与俄罗斯并驾争先。

荞麦面、荞麦粉可制成韩国冷面和日本荞麦面条。在我国四川省还生产黑苦荞茶。俄罗斯、法国、比利时等国把荞麦面加酵母做成煎饼吃。荞麦没有小麦面筋,因此可以被患有面筋过敏的人食用,也被开发做出了无面筋啤酒。荞麦壳被用作各种软垫的填充物,包括枕头和靠垫。

荞麦包含芦丁、葡萄糖苷等物质,可增强毛细血管壁。临床研究显示,荞麦可用于慢性静脉功能不全的治疗。荞麦包含 D 手性肌醇,对 II 型糖尿病患者有治疗作用。高蛋白质荞麦粉被视为健康食品,可以降低或减少血浆胆固醇、身体脂肪和结石。

1.5.6 豌豆

豌豆,原产于地中海沿岸,最早发现于新石器时代的叙利亚、土耳其和约旦。豌豆在荷兰成功地育种和种植,并在亨利四世时代通过法国大使从荷兰引进到法国,在欧洲各国都很流行。豌豆后来传到北美,随着罐头和冷冻食品的发明,成为全年可食用的豆类。

豌豆传入我国较早。豌豆一词最先见于三国时期魏国人张揖所编纂的《广雅》,豌豆又名䇓豆,在东汉崔寔所著的《四民月令》中也有记载,可以证明最迟豌豆在汉代就已传入我国。元代农书中强调豌豆收获多,一岁之中成熟最早,近城市的还可以摘豆角卖,鼓励多种;并说山西人用豌豆掺上少量的麦混合磨成面，可作饼饵，在歉年也有产出，实在是救济饥荒的宝贝。豌豆在全国各省区都有栽培。

鲜豌豆可用于制作馅饼、沙拉、炖菜，豌豆荚可用作炒菜。在印度和有大量印度人口的圭亚那和特立尼达等国，鲜豌豆被做成咖喱，与马铃薯和奶酪同煮。在日本、中国和一些东南亚国家，包括泰国、马来西亚等，豌豆经过烤和盐渍，可作为零食吃。在英国和北美，用干的黄色豌豆拆分后做成豌豆汤。包括北欧、中欧、东欧、伊朗、伊拉克和印度在内的许多国家和地区也喝豌豆汤。在地中海地区的国家如希腊、土耳其、塞浦路斯等，豌豆用来与肉和马铃薯一起炖。在匈牙利和塞尔维亚，豌豆汤里还放饺子和辣椒粉。在我国人们也用嫩的豌豆苗炒菜吃。除了吃，豌豆还可以磨成豌豆淀粉制作生物塑料。

19世纪中期，奥地利修道士格里高尔·孟德尔从豌豆荚中建立了孟德尔遗传学，这是现代遗传学的基础。他采用各种颜色的豌豆进行杂交，并控制授粉，培育出了不同颜色和性状的豌豆花。他比较了后代与母本的相同与差异，提出了最基本的遗传概念，并为达尔文的进化论提供了强有力的证据。

1.5.7　蚕豆

蚕豆，原产于里海以南和非洲北部地区。蚕豆是古老的地中海文明中的主要食品之一，古罗马人和古希腊人都有食用。

我国明代以来的书中相传：蚕豆是张骞通西域时传入中国的。这完全是后人的推测，没有根据，古书中往往是豌豆和蚕豆的名称不一致，随俗而异，如王祯《农书》中所说的蚕豆，实际上是豌豆，不是我们现在所说的蚕豆（至今还有称豌豆为蚕豆的）。确指蚕豆的记载，最先见于北宋宋祁的《益部方物略记》，当时叫做"佛豆"。现在四川仍称蚕豆为胡豆，发音与佛豆极相像。蚕豆这一名词,最先见于南宋杨万里(1124—1206年)的诗序中。从我国的一些古书记载来看,这种作物可能在宋初或宋以前不久传入我国,最先栽培于四川、云南一带,元明之间才广泛推广到长江下游各省。现在主要产区为南方水稻区。

去皮的蚕豆,通过盐渍和加五香味,做成脆脆的小吃,广受中国、哥伦比亚、秘鲁、危地马拉、墨西哥、智利、伊朗和泰国等国的人喜爱。在我国,蚕豆还能做成川菜必不可少的豆瓣酱。在一些阿拉伯国家、荷兰、葡萄牙和拉丁美洲诸国的料理中也常见。蚕豆中含有生物碱,能使患有遗传性溶血症的人中毒。

1.5.8 绿豆

绿豆,原产于中国,也有考古证据显示同一时期印度也有发现,后来在东南亚地区蔓延。绿豆这一名词最先见于《齐民要术》(534年前后),当时已广泛用作绿肥作物。可能在秦以前已有栽培,秦以前到汉代的书中提到的小豆就包括了绿豆。元王祯《农书》也是把绿豆当作小豆的一种。元、明两代的书中说,南北都有绿豆,北方最多,用途很广,可作豆粥、豆饭、豆酒,可以炒食,磨粉可做面食,做粉丝、粉皮等。绿豆现在也是北方种的较多,在有些地区(如在河南西部)和玉米间作,成为当地主粮之一,在长江流域也种有相当数量。

绿豆常被用来制作甜品。在印度、缅甸、斯里兰卡、泰国、日本、韩国、菲律宾、孟加拉国、巴基斯坦、伊朗、伊拉克、印度尼西亚、越南等国家,都有用绿豆做的美食,有的还加椰奶等调味。绿豆的淀粉被做成凉粉和粉皮。绿豆还被发芽成豆芽菜,做成炒菜和一些食品的配菜,如越南春卷和泰国炒米粉等。

1.6 主要的经济作物和油料作物

1.6.1 大豆

大豆，原产于我国。我国有上千种古老的野生大豆物种，拥有全世界最丰富的大豆基因资源。大豆是我国最早的五谷之一。早年传入印度、日本、印度尼西亚、菲律宾、越南、泰国、柬埔寨、马来西亚、缅甸和尼泊尔等国，并因此建立了海上和陆上贸易路线。13世纪，大豆已抵达印度尼西亚。1765年，一个叫塞缪尔·鲍恩的美国人从访问美国的中国水手手里得到了大豆的种子。之后，他就在乔治亚州开始种植大豆，甚至做成酱油出口到英国。大豆于18世纪初传到欧洲在北美洲的殖民地。1767年大豆抵达加勒比地区。1855年，加拿大第一次培育大豆。1857年大豆抵达埃及。1876年大豆第一次在中亚地区耕种。1877年大豆到达墨西哥。1879年，来自日本的驯化大豆第一次抵达澳大利亚，1882年抵达阿根廷。

大豆在中国很早就作为食物食用，西汉的淮南王刘安发明了豆腐，并很快传到邻近国家。但是在美国，1910年之前，大豆还只是作为工业产品和饲料。大豆含脂肪约20%，蛋白质约40%，还含有丰富的维生素，以及大量植酸、α-亚麻酸和异黄酮。大豆除直接食用外，还可做成酱、豆豉、味噌、纳豆、天贝、酱油等各种豆制调味品。大豆的茎、叶、豆粕及粗豆粉可作肥料，同时也是优良的牲畜饲料。豆粕经加工制成的组织蛋白、浓缩蛋白、分离蛋白和纤维蛋白可作为人造肉、干酪素、味精、造纸、塑胶、人造纤维、火药等的原料。大豆榨出的豆油除主要供食用外，可以加工成人造黄油、人造奶酪，还可制成油漆、黏合剂、化肥、上浆剂、油毡、杀虫剂、灭火剂等，并作为润滑油、油漆、肥皂、瓷釉、人造橡胶、防腐剂等的重要原料。大豆榨出豆油后的下脚料可提取许多重要副产品，如用于食品工业的磷脂，以及利用豆甾醇、谷甾醇作为医药工业所需的廉价甾醇激素原料。大豆在工业上的用途约有 500 种以上。美国福特汽车公司甚至研发出了大豆做成的纺织纤维和汽车零件。

大豆种植遍及全球，其中北美洲、南美洲和亚洲的种植面积较大。大豆主产国为美国、巴西、阿根廷和中国，其中南北美以转基因大豆为主，我国全部为非转基因大豆。由于单产提高等因素，近 30 年全球大豆产量迅速提升，从 1992 年的 1.17 亿吨上涨到 2019 年的 3.42 亿吨。

1995 年，孟山都公司推出基因改造的抗草甘膦大豆。目前美国 94% 以上是转基因大豆，转基因大豆在一些供应商和消费者中产生争议。大豆大致上可以分为蔬菜型和榨油型两种，大部分转基因大豆是榨油型，约 85% 的大豆作物加工成大豆粕和植物油，大多数是转基因大豆。蔬菜型多为非转基因大豆，在美国数量很少，主要来自进口。它们更容易煮熟，含较高的蛋白质和较低的油脂。未生长成熟的蔬菜型大豆就是我们通常所说的毛豆，日本人叫作枝豆。豆腐、豆浆生产者更喜欢选中国的非转基因高蛋白质大豆。转基因大豆较适合大规模机械化种植，蔬菜型大豆则不适宜机械联合收割，因为豆荚会被机械手损坏。美国的大豆油除了供人食用之外，还作为生物燃油替代石油。美国的转基因大豆榨油后，大部分豆粕被作为饲料，少量制成大豆组织蛋白进入食物链。

2010 年，一组美国科学家宣布他们已解码大豆的基因组排序。同年，大豆在芝加哥证券所可作为期货交易。

1.6.2 棉花

棉花的原产地是印度和阿拉伯地区。美洲、非洲，以及澳大利亚都发现了野生棉花物种，可见棉花是在旧和新的世界里分别独立驯化的。在棉花传入我国之前，我国只有可供充填枕褥的木棉，没有可以织布的棉花。"棉"字是从《宋书》起才开始出现的，可见棉花的传入最迟在南北朝时期，但是多在边疆种植，棉花大量传入内地是宋末元初。棉花的传入有海、陆两路，泉州的棉花是从海路传入的，并很快在南方推广开来，至于全国棉花的推广则迟至明初，据说是朱元璋用强制的方法才推广开的。

中世纪后期棉花被引进北欧，很快代替羊毛在欧洲流行起来。棉纺织业在工业革命中起到了引领的作用。

棉花大量用于生产纺织品，包括高吸水型浴室毛巾和龙袍、牛仔布制作的蓝色牛仔裤、用于制造蓝色工作衬衫的亚麻布，以及灯芯绒、泡泡纱长裙和棉斜纹布等。棉花可用于制作袜子、内衣、T恤、床单等。棉花也和人造丝、合成纤维等其他纤维材料混合，制成有弹力的面料和服装。除了纺织行业外，棉花还可用于制作渔网、咖啡过滤器、帐篷、炸药（硝化纤维）、消防喉辘、棉花纸和装订材料等。最早的中国纸是由棉纤维做的。轧花后的短绒棉可做脱脂棉，用于医疗和化妆品行业。

棉籽可用于生产棉籽油，精炼除去对人有害的棉酚后，可供人类食用。棉籽粕用来喂反刍家畜，棉籽壳可以作为粗饲料添加到奶牛口粮中。

为了减少棉花对农药的严重依赖，科学家们培育出插入了能够杀死鳞翅目害虫的BT毒素的转基因棉花。有人认为这会导致螨和蚜虫等次生害虫的危害，然而，中国科学院、斯坦福大学和罗格斯大学2009年的研究驳斥了这一观点。2018年，全世界转基因棉花种植面积占总棉花种植面积的76%。我国最初引种孟山都的转基因棉花，后来有了自主研发的转基因品种，目前我国种植的大部分是自己的转基因棉花了。

近年来，有机棉花的增速非常快。有机棉一般理解为没有转基因，并经认证不使用任何合成的农药、肥料或除害剂的棉花。有机棉花种植园都必须执行国家有机程序，按规定灭虫、种植、施肥及处理有机作物。

世界上棉花种植跨度大，其中北美洲、亚洲、欧洲、南美洲、大洋洲都是棉花的主产区。棉花分布在北纬40°~南纬30°之间的广阔地带。从各大洲的分布看，棉花生产相对集中，主要在亚洲，我国和印度的棉花种植面积最大，其次是北美洲，如在美国有大量种植。棉花在南美洲的巴西也有较多种植，在非洲的种植面积很小。亚洲既是棉花的生产大洲，也是消费大洲，占全球棉花消费量的50%以上；北美洲和南美洲的棉花大部分用于出口，美国棉花的出口量最大。

2019年全球棉花总产量达到1.22亿包。棉花主产区是：印度（占比24.3%）、中国（占比22.4%）、美国（占比16.3%）、巴西（占比10.7%）、巴基斯坦（占比5.4%）。

1.6.3 花生

（一）花生的种植

花生为豆科作物，历史上曾叫长生果、落花参、落地松、长寿果、无花果等。花生滋养补胃，延年益寿，民间又称"长生果"，并且和黄豆一样被誉为"植物肉""素中之荤"。花生的营养价值比粮食类高，可与鸡蛋、牛奶、肉类等一些动物性食品媲美，它含有大量的蛋白质，特别是不饱和脂肪酸的含量很高，很适合制作各种营养食品。

花生是一年生草本植物，也是重要的油料作物，在各种油料作物中，花生的单产高，含油率高，是喜温耐瘠作物，对土壤要求不严，以排水良好的沙质土壤为最好。花生的品种繁多，难以一一叙说。一般花生的化学成分为：水分5.33%~9.16%，油分44.27%~53.86%，碳水化合物9.89%~23.62%，蛋白质23.96%~33.94%，磷脂0.5%~1.5%，粗纤维2.67%~5.26%，灰分1.75%~2.58%。由此可以看出，花生含有大量的油分（脂肪）和蛋白质，是良好的油料作物，其中蛋白质比瘦猪肉、牛肉和羊肉的蛋白质高1.5~2.5倍；比大米、面粉高5~13倍，且蛋白的消化系数很高，它富含人体所需的氨基酸，维生素 B_1、维生素 B_6 和维生素 D、维生素 E 及钙、磷等矿物质。长期以来花生系列产品深受广大消费者的欢迎。但美中不足的是花生脂肪含量较高，食用时口感过腻，从而导致人体一系列多脂肪疾病的发生。

我国是世界花生生产和消费大国，花生种植面积仅次于印度居全球第二位，总产量、总消费量和出口量均居世界首位。花生作为我国的主要油料作物之一，目前的单位面积产油量约是大豆的 4 倍，油菜籽的 2 倍。

我国与美国、阿根廷是世界三大花生出口国，约占全球花生出口总量的 80%。其中，我国花生的年出口量约为 70 万吨，占整个国际市场的近 40%；而在我国花生主产区之一的山东省，花生年出口 50 万吨左右，占全国的 70% 以上。

我国古代油料作物的种植历史可以追溯到秦汉以前，油料作物（包括脂麻（即芝麻）、油菜、花生等）和植物油（包括菜油、花生油、豆油等）的出现、加工、生产、使用及商品化，先后经历了从无到有（包括引进）、由小面积种植到大范围普种、由自食自用到进入市场的过程。

花生作为我国重要的油料作物之一，跟其他农作物一样，也是一年一季作物，不过由于种类繁多，种植广泛，不同品种以及地区之间种植周期存在差异。花生在我国的用途具体体现为压榨消费、食用消费、饲用消费三大类。

花生具有较高的营养价值、药用价值和食疗价值，是我国产量丰富、使用广泛的一种坚果。从营养价值来看，花生中含有 23.96%~33.94% 的蛋白质，其蛋白与动物性蛋白营养差异不大，而且不含胆固醇，营养价值在植物性蛋白质中仅次于大豆蛋白。另外，花生果实还含脂肪、糖类、维生素 A、维生素 B_6、维生素 E、维生素 K，以及矿物质钙、磷、铁等营养成分，含有 8 种人体所需的氨基酸及不饱和脂肪酸，含卵磷脂、胆碱、胡萝卜素、粗纤维等物质。从药用价值和食疗价值来看，花生具有抗老化性、凝血止血、滋血通乳、促进发育、增强记忆的功效，能够降低胆固醇、延缓人体衰老、促进儿童骨骼发育、预防肿瘤。

（二）花生的用途

基于花生丰富的价值含量，在我国，花生主要有以下几种用途。

第一，油用。传统上，花生主要用作榨油，约占花生总产量的 60%。目前，加工利用水平不断提高。提取花生油主要有压榨法、溶剂浸出法（或称萃取法）和水溶法。

第二，食用。我国传统的食用方法包括生食和经过煮、炸、炒、烤等简单加工处理食用，或经过专门加工成食品。加工食品主要包括糖果类、糕点类、小吃类，粥、汤、饮料类，西式类等。

第三，深加工食品用。最常见的花生深加工食品包括花生酱、花生蛋白饮料、果茶、速溶花生乳品等。

第四，花生蛋白质加工利用。花生蛋白是满足人们蛋白质要求的重要来源，具有营养丰富、可消化率高、味香可口等优点。花生蛋白产品多种多样，以粉状花生蛋白为主要产品，如花生粉、浓缩蛋白、分离蛋白等。

第五，花生副产品的综合利用。花生饼、粕蛋白质含量 50% 以上，目前主要用作饲料或肥料。除此之外还有更广阔的利用前景，如可加工成食用粉，广泛用于食品加工，也可直接食用。用花生饼作配合饲料，制作酱油等。花生壳具有众多用途，如用作食用菌栽培、饲料，工业上用于制造胶粘剂、碎料板、活性炭、制药等。花生种衣含有一些对治疗人体血液病效果良好的成分，能抑制纤维蛋白的溶解，促进骨髓制造血小板，并能加强毛细管的收缩功能，对各种出血性疾病有良好的止血作用。已有医药生产，如宁血片、止血宁注射液、宁血糖浆等。

我国有七个花生种植主产区：黄河流域花生区、长江流域花生区、东南沿海花生区、云贵高原花生区、黄土高原花生区、东北花生区和西北花生区。其中，黄河与长江流域花生区的种植面积与产量在全国占据大部分比重。

黄河流域花生区包括山东、天津、北京、河北、河南等地。这一区域气候温和土壤条件适宜，适于各种类型品种栽培，是全国各花生产区中种植面积最大、总产量最高、提供商品量和出口量最多的花生产区。花生种植面积较大的主要是普通型种质，约占70%，珍珠豆型占16%，龙生型占5%，其他为中间型和多粒型种质。

长江流域花生区包括湖北、江西、浙江、上海、安徽等地。本区域适于各类型花生生长，资源较丰富，单产面积较高，花生种植面积和总产分别占全国花生面积和总产的15%左右。普通型占44%，珍珠豆型占38%，龙生型占12%，其他为多粒型和中间型种质。

我国发布的全国大宗油料作物生产发展规划（2016—2020年）中提出，要适当扩大大宗油料种植面积，稳步提高单产水平。到2020年，油菜籽、花生、大豆、油茶籽四大油料作物播种面积力争达到2666万公顷左右，总产量5980万吨，分别比2014年增加416万公顷和1440万吨。

1.6.4 油菜籽

油菜籽，是十字花科作物油菜的种子。油菜又叫油白菜，苦菜，原产于我国，颜色深绿，帮如白菜，属十字花科白菜变种，南北广为栽培，四季均有供产。油菜分芥菜型、白菜型和甘蓝型3种。因其籽实可以榨油，故得油菜之名。油菜是人类栽培最古老的农作物之一，以其重要的经济价值和广泛的适应能力遍植世界各地，与大豆、向日葵、花生一起，并列为世界四大油料作物。

中国是油菜起源地之一，现在已广泛分布于世界各地。在陕西半坡新石器时代遗址发掘出的陶罐中，科学家发现了大量炭化的芥菜籽，碳14测定表明这些种子距今有7000年。

我国是世界最大的油菜生产国，种植面积和产量占世界的1/3左右。油菜在我国分布极广，北起黑龙江南至海南，西起新疆东至沿海各省，不论是海拔4000米以上的青藏高原，还是地势低平的长江中下游平原，均有大面积的油菜种植。

我国油菜种植区分为冬油菜区和春油菜区，其分界线为东起山海关，经长城沿太行山南下，经五台山过黄河至贺兰山东麓向南，过六盘山再经白龙江上游至雅鲁藏布江下游一线。分界线以南以东为冬油菜区，以北以西为春油菜区。菜籽油中含有多种维生素，如维生素C、维生素A、维生素D和维生素E，是人体脂溶性维生素的重要来源。菜籽油中维生素E含量丰富，达60毫克/100克油，尤其是甲型维生素E含量高达13毫克/100克油，为大豆油的2.6倍，而且在长期储存和加热后减少不多，可作为食品中维生素E的来源。

油菜籽含油45%，亚油酸含量也上升到20%左右，致使低芥酸菜籽油脂肪酸的组成与茶油、花生油相似。近几年低亚麻酸油菜的培育成功，使得极易氧化变质且妨碍亚油酸代谢的亚麻酸含量降低了3%左右，这样，原始的常规菜油存在的芥酸和亚麻酸含量过高的弊端被完全克服，菜油90%以上的脂肪酸是必需的脂肪酸——亚油酸和营养价值较高的油酸。

油菜除供作油用和饲料外，在食品工业中菜籽油还可以加工成人造奶油、起酥油、色拉油、蛋黄酱和凉拌酱等多种油脂制品。油菜蛋白质中含有各类必需氨基酸，营养价值堪与大豆蛋白相媲美。菜籽油还可以作为机械工业润滑油、橡胶添加剂、塑料增塑剂、人造高级香料等。特别是利用菜油精炼生物柴油工艺的成熟和应用,为油菜的综合利用展示了一幅美好的发展前景。

菜籽油是脂肪酸组合最合理的食用油。其饱和脂肪酸含量较少,7%左右,油酸含量为60%左右,亚油酸含量为20%左右,还有9%的亚麻酸。现在主要种植的双低油菜,组合更加合理。

第 2 章

粮食的力量

民以食为天，国以粮为本。粮食问题始终是人类生存发展面临的首要问题。正是有了粮食，人类社会才得以建立了璀璨的文明；也正是有了人类文明，粮食才被赋予了无可替代的历史地位。从四大文明古国到各个邦国、王国、帝国、合众国、共和国，从原始社会到奴隶社会到封建社会到资本主义社会再到社会主义社会，从农耕时代到工业时代再到后工业时代。粮食兴则文明兴、国家强、民用足，粮食发展水平代表了一个社会的发展水平。农耕时代固然以农业生产为主导，现在已进入后工业时代，我们仍然强调以粮为本。

2.1 粮食与人类文明发展

2.1.1 粮食是人类早期文明的"种子"

推动人类历史进程的最根本问题是什么？是粮食的发展。人类文明的发展始终伴随着粮食的发展，从餐桌上就可以体现。可以这样说，粮食是文明的"种子"，是人类由野蛮走向文明的物质基础。

纵观整个人类社会发展史，从人类诞生的那天起，吃就是最重要的行为活动了。5000年的中华文明乃至世界文明都贯穿着粮食文化史。以宇宙大爆炸为起点，地球诞生；从无机到有机，生命诞生；从简单生物，到低等动植物、高等动植物，随后早期人类诞生。最初的人类是无法创造文明的，因为那时候为了生存，除了休息就是找食物，没有时间和精力去做别的事情。古人类一直生活在茹毛饮血的野蛮时代。

周口店发现的北京猿人遗址，是世界闻名的早期人类发源地之一。

第 2 章　粮食的力量

在遗址中，发现了 10 多万件石器、大量的用火遗迹及上百种动物化石，证实了距今 70 万年的早期人类，他们过的是以采集植物的块茎和野果为主、狩猎为辅的生活。当时的人类只能在自然界中找到可以吃的任何食物。最早的人类虽吃杂食，但是吃素居多。最早的野生粮食作物和今天也有着巨大的差异，野生谷类大多果实瘦小，产量不高，也不抗病虫害，天生天养。所以那时候，人类的食物既不充足，也不稳定。人类几乎花了全部的时间去寻找食物，填饱肚子。

直到后冰河时代，人类吃肉的数量和比例才大幅增加。吃肉的好处很快就凸显出来，不仅能够提供更高的热量，增加食物的美味，还能让人更加健壮，从而促进四肢发育，更为有效地支配肢体的活动，让人类更为有效地战胜自然的灾害。营养增加的同时，也让人的脑容量增加变得越来越聪明。

早期文明是随着食物工具的发展而诞生的。遗址中的石制品，早期的都比较粗大，用于砍砸敲击兽骨等。到了中期石器就变小了，可以做更精细的活动，尖刃器发展迅速，可宰割兽肉。晚期石器更趋精巧，出现了薄石片、骨针等用具。至于后来出现的各种陶器也和吃有关，不是用来盛食物的，就是用来饮水的，亦或用来烹煮食物或存放食物的。人类在追求吃饱饭的同时，也想到了打扮自己，用兽皮树叶缝制衣服，把兽骨和贝壳串起来当装饰品。许多早期的艺术品其实都从食物而来，将食物剩下的不可食部分加工成装饰品，或者将用不掉的食物器具改制成摆设品。

为了打猎方便，人类用尖利的石头、骨头、角和木棍来制造长矛。长矛在当时是很有用的工具，可以猎到许多动物，但是长矛投得还不够远，不够快，不够有力。于是人们找到有弹性的树枝和绳子制造出弓，把削尖的树枝当作箭，这样就可以射杀远程的动物了。这两项为了吃而衍生出来的工具，最后在现代奥林匹克运动会上成为传统比赛项目。

在文明形成的过程中，人们逐渐发现，与其在野外辛苦地觅食，不如把一些好吃的东西留在身边，种植起来，养殖起来，这样就能保证一直有东西吃了。中国人的祖先很早就懂得怎样进行选种，怎样通过栽培植物和驯养动物从而提高作物和饲养动物的产量。达尔文在他的著作《物种起源》里还特别提到这件事。到了这时，人类在动物界获得了绝对优势，开始成为这个世界的主宰。他们不但能够生火，而且还知道利用野兽的脂肪来做燃料和照明，也有了初级的绘画雕刻技巧。

我国古代很多传说都和食物有关：旧石器时代的代表是巢氏"构木为巢"、燧人氏"钻燧取火"和伏羲氏"以佃以渔"，神农氏等传说则是原始农业的开始。考古发现表明，半坡（今陕西省西安市东郊浐河东岸）人曾种植粟、菜、麻，河姆渡（今浙江省宁波市余姚市河姆渡镇河姆渡村的东北）人曾种植水稻，早期的中国古代农业就这么发展起来了。中国是全世界水稻的故乡，野生水稻品种堪称世界第一。然而，早期的水稻就像稗草那样，谷粒小，粒数也少，茎叶长，和草的区别不大。经过人类的长期驯化，不断杂交选育，才有了今天的稻米模样，像更短、更结实的茎干，更饱满的谷粒，以及各种不同的口味及颜色。早期的野猪性情凶猛，肉质粗硬膻腥，和今天柔嫩可口的家猪肉相比，真有天壤之别。在半坡已有猪、狗、牛、羊、鸡等动物被驯养，在河姆渡也有猪、狗、水牛等动物被驯养，有些动物不仅用来吃，而且也帮助人类做事。自从人类懂得了畜牧和种植以后，他们的生活比以前大大进步了，人口增加了，生活更有组织了。集体有组织的劳动和经验知识的积累提高了生产力，也促进了社会的发展。

2.1.2 以粮食生产为基的四大文明

人类最早的农业文明，如古埃及、古巴比伦、古印度和中国都在大河流域附近诞生，他们都在孕育自己文明的母亲河流域内种植粮食，可以说这些辉煌的古代文明都建立在粮食生产的基础上。在华夏文明开始的时候，世界上其他不同地方也陆续开始出现了不同文化的人类文明。公元前3500年，在幼发拉底河和底格里斯河两河冲击而成的美索不达米亚平原（大致在当今的伊拉克的位置）上，诞生了古巴比伦王国。这里曾流传着最早的史诗、神话、药典、农人历书等，是西方文明的摇篮之一。两河流域曾经存在特别湿润的气候，那时，亚美尼亚山区丰沛的降水源源不断地注入幼发拉底河和底格里斯河，两条母亲河又滋养着平原肥沃的土地。在这个气候湿润的关键时期，古代美索不达米亚人创造了人类历史上最古老的文明之一。靠着两河流域充沛的流量，美索不达米亚人有足够的水去灌溉农田；如果没有这一切，在干旱荒芜的土地上是不会产生这样的辉煌文明的。

历史学家通过大量的研究证实，那时在两河平原上曾经是一片林木繁茂、垄亩青青的绿野；它曾经河网密布、沟渠纵横、人烟稠密。古巴比伦发达的农业是古巴比伦文明诞生的基础。主要有以下几个方面的表现。

（1）灌溉方面。由于这里干旱少雨，河水水量又不稳定，所以两河沿岸的农业更多地依靠人们修建的灌溉系统。和其他早期农业文明一样，两河流域的古巴比伦文明也发展了发达的灌溉沟渠；合理的选种和培育，使得农作物产量远高于新石器时期在高地播种所产。

（2）作物方面。粮食作物有大麦和小麦，蔬菜有蚕豆、豌豆、大蒜、韭菜、洋葱、小萝卜、莴苣、和黄瓜等，水果有甜瓜、椰枣、石榴、无花果和苹果等，牲畜有山羊、牛等。

（3）冶金术方面。较早地掌握了早期的冶铜技术，还会掺入其他金属，发展出青铜。赫梯帝国（公元前17—前12世纪）垄断的冶铁技术也较早地传入了古巴比伦，大大促进了其农耕文明的发展。

（4）农技方面。发明了牛拉犁、抽水风车和车轮，这几样发明都具有非凡而重要的意义。

可惜的是，古巴比伦文明并没有像华夏文明那样一直延续下来，而是消亡了。原因据说是多方面的，但是与粮食问题有着重大关系。古巴比伦由于城市的发展，人口的增加，导致对耕地和木材的需求增大，于是开荒伐林，改森林为农田。由于没有森林固定水土，因此开始出现土地沙化、水土流失等现象，导致大量农田逐渐变为沙漠。农田不足自然造成粮食不足，粮食不足便又造成了国家的内乱，国家内乱自然使国力衰退，予周边蛮族以可乘之机。

再来看看四大文明之一的古埃及。古埃及王国诞生于公元前4000年，位于非洲东北部的尼罗河流域，它是世界上奴隶制历史最悠久的国家，于公元前525年为外族所侵占。在技术方面，古埃及曾在很长时期内影响了周围的民族，为人类文明留下了宝贵的遗产。在整个历史中，古埃及以其耕作与尼罗河的紧密联系而闻名。尼罗河是世界上最长的河流，滚滚大河为埃及众生带来了生命的希望。古埃及人很早就清楚了农业与季节变化密切相关。古埃及的农业生产需要掌握尼罗河泛滥的确切日期，因而根据天象来确定季节就成了十分重要的工作，天文学知识因此而不断积累和丰富。古埃及人在公元前2787年创立了人类历史上最早的太阳历。由于尼罗河每年泛滥之后须重新丈量和划定土地，年复一年地工作使古埃及人在几何学方面比当时的任何民族都做了更多的实践练习，积累了很多的数学知识。修建水利设施以及建筑神庙和金字塔，使这些数学知识得到应用，并且进一步丰富和发展。古埃及人十分注重谷物的耕作，他们以这些谷物为食。大麦和小麦被用来制作面包和啤酒。额外的谷物被出口到周边国家，使埃及的国库收入增加。

在古埃及，大多数的人都会从事与农业相关的事情。农业对于古埃及来说是一个社会性的经济活动。古埃及人食用的蔬菜主要有：洋葱、韭、豆子、小扁豆、大蒜、萝卜、卷心菜、黄瓜和莴苣等。他们食用的水果有：枣子、无花果、葡萄、石榴和各种瓜类。由于埃及有着种类繁多的各类花卉，因此，蜜蜂有能力传播花粉和制作蜂蜜。古埃及的妇女们养蜂并采集蜂蜜，并且用这些蜂蜜来制作甜点。古埃及生长亚麻和纸草，古埃及人便用亚麻来制布，用纸草来做鞋子、小船、纸和席子。

古埃及人饲养动物，有的是作为食物，有的是为了利用它们的皮革，有的是用来取奶，而且动物的粪便可以用来烧火。公牛被用来增加农业生产，其他动物被古埃及人驯化和饲养。古埃及人饲养的动物有：牛、山羊、猪和鸭子等。

这样一个文明古国为何后来消失了呢？之前人们对消失的原因做了种种猜测，也许是战乱，也许是外族入侵和征服。20世纪90年代考古学家们在埃及南部发掘了一座古墓，在墓壁上发现的一段象形文字记述了一件事件：在古王国末期，整个古埃及发生了极其严重的大饥荒。考古学家们一直在苦苦寻找相关证据。他们根据世界其他地区的气候记录，寻找从花粉、泥土到冰中包含的古代气泡等种种证据，结果都印证了4200年前的一次剧烈的气候变化，让当时的古埃及受害尤深。全球性气候灾变，导致尼罗河越来越缺水，古埃及王国大片土地沙漠化，整个国家陷入大饥荒，一个伟大的古代文明随之崩溃。

再来看看古印度。古印度文明最早在印度河流域兴起。由于它的遗址首先在印度哈拉巴地区发掘出来，所以通常把它称为哈拉巴文明；又由于它主要集中在印度河流域，所以也称其为印度河文明。哈拉巴文明大致出现在公元前3000—前1750年。哈拉巴文明的主要经济部门是农业，栽种的作物有大麦、小麦等。除田间作物外，椰枣、果品也是人们喜爱的食物。棉花的栽培是古印度文明最突出的农业成就，个别地区还种植了旱稻。畜牧业也得到了较大发展，人们已经驯养了黄牛、山羊、绵羊、猪、狗、象、骆驼、鸡等。狩猎物有鹿、野牛、虎、熊、野兔和鱼类。哈拉巴文化遗址中出土了大量铜器，这表明古印度人已经掌握了对金属的加工技术。从出土的各种美妙绝伦的手工艺品和奢侈品中，可见当时工匠的精巧技艺。制陶和纺织是哈拉巴文明的两个重要部门，染缸的发现表明当时已掌握纺织品染色的技术，纺织业与车船制造业也高度发达。城市的繁荣使哈拉巴的商业盛极一时，不仅国内贸易活跃，国际贸易往来也特别频繁。大量古迹遗址的发掘充分证明了它与伊朗、中亚、两河流域、阿富汗，甚至与缅甸和中国都有贸易往来。

古印度文明的消失，同样与粮食有关。哈拉巴文明于公元前1750年因环境恶化等问题而消失。有充分的证据表明，哈拉巴文明后期无论是耕种的土地还是城市所占地区的面积都在逐渐缩小。印度河流域的居民遇到了沙漠或半干燥环境引起的一些特殊的、短期内难以克服的困境。任何干旱地区经长期灌溉后，必然逐渐积累起因水蒸发又无雨水有效冲刷而留下的盐碱。灌溉使地下水位提高，甚至可能上升到作物根部。当积累的盐碱达到对作物有害的水平，或作物根部被淹时，当地的农业很可能就突然地宣告完结了。曾经辉煌的古印度文明就这样因环境变化伤及农业，加上战乱等因素而消亡了。

那么，作为四大文明古国之一，为什么我们中国的华夏文明却延续至今呢？同样，也是与粮食有关，因为在我国任何一个历史时期，统治者都非常重视粮食生产，中国的农业在近代之前，一直都在全球处于领先水平。

在夏、商、周时期，我国发明了金属冶炼技术，青铜农具开始应用于农业生产。水利工程也开始兴建。春秋战国是我国社会大变革和科技文化大发展时期。炼铁技术水平的提高带动了铁农具和畜力在农耕中的利用，大力推动了农业生产的发展。之后的秦、汉至南北朝时期则出现了不少大型复杂的农具。著名农学家贾思勰的农业百科全书《齐民要术》就诞生在这个时期。当时的农作物主要有：①稷。稷是小米，又称谷子，在我国农作物中长时期占主导地位，是五谷之长。质优的叫黄粱，成语里的黄粱美梦就是指的稷。②黍。黍是大黄黏米，仅次于稷。脱粒的黍称作粟。③麦。这里的麦指的是大麦，那时候小麦还没在我国大规模引入。④菽。菽是豆类的总称，当时主要是黄豆和黑豆。⑤麻。可食用部分是麻子。菽和麻都是百姓穷人吃的。⑥稻。古代稻是糯米，普通稻叫粳秫，周代以后中原才开始有现代的稻子，但数量较少，比较珍贵。⑦菰米。菰米是一种水生植物茭白的种子，黑色，特别香滑，很可惜，现在失传了，连张画都没留下，现在已无法得知菰米的模样。

汉代是我国饮食文化的丰富时期。张骞出使西域，西汉与西域正式开始了友好往来，促进了东西方经济文化的广泛交流，开拓了丝绸之路，也促进了中西饮食文化的交流。中国从西域引进了石榴、芝麻、葡萄、胡桃（即核桃）、西瓜、甜瓜、黄瓜、菠菜、胡萝卜、茴香、芹菜、胡豆、扁豆、苜蓿等农作物，以及葱、蒜等调味料，一些烹调方法也随之传入，如炸油饼，胡饼即芝麻烧饼。东汉时期，淮南王刘安发明豆腐，使豆类的营养变得容易消化，并由此衍生出许多种菜肴，丰富了餐桌。东汉还发明了榨植物油。三国两晋南北朝时期，与食物有关的战争此起彼伏。因粮食而引起的社会动乱严重破坏了社会经济，但客观造成的人口大迁徙也促进了各地区、各民族的融合及农业文化的交流，让更多人投入到种植中来。

在政治逐渐稳定之后的隋唐，直至宋、元，是南方水田精耕细作的形成时期。这一时期，稻、粟、麦占主导地位。为了灌溉稻田，人们兴修了许多水利工程，特别要提的是都江堰。都江堰虽然建成于秦朝，但是历朝历代都把维护都江堰作为当时的一件大事。由于有较好的灌溉系统，四川变成了富庶的天府之国。此外，隋唐大运河的开凿不仅促进了南北交流，也有助于沿途的农业灌溉，对当时的经济文化都有较大的推进作用。

宋元时期，农业生产进一步向精耕细作化发展。稻麦两熟制逐步形成。北方黄河流域小麦的比例大幅度提高，面成为宋以后北方的主食。明朝后期美洲新大陆的许多作物，如马铃薯、甘薯等被引进我国，对我国的农作物结构产生重大影响。

2.1.3 科技兴粮食足则文明昌

哥伦布的远航开启了大航海时代。新航路的开辟，把美洲和欧洲，进而把新大陆和旧大陆紧密地联系起来，改变了世界历史的进程。它使海外贸易的路线由地中海转移到大西洋沿岸。从那以后，西方世界开始迅速发展，崛起于世界。一种全新的工业文明成为世界经济发展的主流。

新航路的开辟被称为"哥伦布大交换"，这是关于生态学、农业、文化等许多项目的一件重要的历史事件，是人类历史上生物、农作物、人种、文化、传染病以及观念在东半球与西半球之间的一场引人注目的大转换。新大陆的物种被带到了旧大陆，旧大陆的物种也被带到了新大陆。同时欧洲人所带过去的细菌，也杀害了无数美洲印第安人。大交换的利与弊一直都在争论中，但是无论如何，谁也无法否认，这个奇异的大交换，主导着我们如今所生存的世界，影响既长远又全面，甚至今天都还在进行着。

早在公元前1000年前，美洲的印第安人就已培育出玉米、西红柿、马铃薯、甘薯、南瓜、辣椒、可可、棉花和烟草等农作物，为丰富人类生活作出了重大贡献。很难想象，一个没有美洲的世界，我们的餐盘还

第 2 章 粮食的力量

能如现在这样丰富多彩吗？欧洲人用枪炮征服了新世界，美洲则用植物丰富了我们餐桌上的风景乃至日常生活的文化。

这次大交换，改变了欧洲人、美洲人、非洲人和亚洲人的生活方式。大量驯化动物通过移民和贸易被带到另一地。欧洲最早引入美洲的物种之一——马，使大平原上的美洲原住民部落，变成使用马匹狩猎美洲野牛的游牧民族。同时带来的还有传染病（例如天花）。经过多个世纪的发展，很多欧亚大陆上的人已经拥有很高的免疫力对抗新疾病。然而，美洲原住民免疫力不足，导致他们无法对抗来自旧世界的传染病，天花的流行给美洲原住民带来了灾难性后果，死亡人数远远超过任何一场战争所造成的伤亡。而后来由于马铃薯歉收造成的爱尔兰大饥荒，引发了新的移民新大陆热潮，并带起了另一波饮食和生活方式的改变融合。

新大陆的作物传入旧大陆，引起了全球生活文化、饮食风俗的大转变。玉米已成全世界人类与牲口最重要的粮食之一，也是全球最热门的生物能源。玉米和木薯被引入非洲，取代了原有的农作物，成为非洲大陆最重要的主食农作物。马铃薯已变成全世界快餐店的必备主食，辣椒也已成全世界各国餐饮中不可或缺的调料。烟草让无数人上瘾，也让不少烟草公司荷包满满。可可被做成了巧克力，成为人们无法抵御的甜品。来自美洲的西红柿，在意大利成为制造西红柿酱的原料，并且成为商标。番薯被哥伦布当成海外奇物带回西班牙献给女王，又被西班牙水手带到亚洲，明末传入我国福建。我们国家的玉米也是印第安人培育的，之后由哥伦布等人在 15 世纪末从美洲带到欧洲，在明朝末年传到我国的。马铃薯也是明朝末年来到我国的。这三种能在恶劣条件下快速生长的作物，让我国人口第一次突破 1 亿，直至晚清的 4 亿。

除了改变世界的物种交换外，大航海也催生了许多新的食物储藏方式，这对人类的发展起到了重要的推动作用。

由于需要在海上航行较长时间，船员们的食物就成了大问题。以往都是食用饼干和晒干的咸鱼，既不美味，也不营养。时间久了，饼干被虫子咬得千疮百孔，盐水里的肉也逐渐腐烂。没有新鲜蔬菜，很多船员都生病乃至死在途中。1497 年，达伽玛带了 170 人从葡萄牙到印度，回来时只剩下 54 人。大多数人因为一种怪病而死去。许多年后，一个名叫詹姆士·林德的随船医生发现船员们缺少了一种营养素，维生素 C 就是这么被发现的。之后，英国皇家海军舰队规定船员要有水果配给。

同一时期，在许多战事中，由于没有好的方法储备食物，战士们死于营养不良和疾病的比在战场上的还多。为了解决这个问题，1795 年，法国政府出资 12000 法郎，悬赏可以解决食物储藏的好方法，让食物既健康营养，又容易携带，还不昂贵。1803 年，一个名叫尼古拉·阿佩尔（Nicolas Appert）的法国厨师勇夺金奖。他把食物装进罐子里煮熟，然后用软木塞塞住，外面封上蜡。法国海军带着他的发明穿越赤道，远渡重洋，历经 3 个月再回到法国，食物吃起来仍然新鲜。后来几年，他陆续做了罐头肉、牛奶、果汁等，都有较好的储存效果。早期的罐头都是玻璃做的，英国人加以改造，变成铁皮的，并且在外面镀一层锡防腐。铁罐头有更多优势，既不容易破碎，又轻便易携带。1821 年，英国人威廉·安德伍德（William Underwood）把这个发明带到了美国，在波士顿开了罐头厂。这些罐头在后来美国的内战中起到了关键作用，许多士兵由于得到充足的食物而得以活命。

罐头的发明不仅仅节省了时间和劳力。以往，储藏肉食都需要手工腌制，而储藏水果就只能晒干。现在人们有了更多选择，口味也更加丰富。罐头不仅能让人们自由地在海上和陆地旅行，还能在各个季节都能吃上反季节食物。例如，在冬天没有水果收获的时候，也能吃上夏季的水果罐头。特别是在天灾的时候，灾民马上就有储藏食物吃。罐头总是最好的救灾食物。因为发明了罐头，法国政府授予这个法国厨师金质奖章，以表彰他对整个人类社会的贡献。

罐头的诞生也引发人们去思考，食物储藏的科学依据是什么。1857年，法国科学家路易斯·巴斯德在发酵的甜菜汁中发现了微生物，他发现这种小小的生命在冷藏和沸腾状态下就失活了。巴斯德在此基础上发明了巴氏灭菌法给牛奶消毒，这种方法至今还在应用中。早年食物多半靠冰窖里的冰延长储藏时间，到了19世纪初期，科学家发明了可以制造冷气的机器，即冰箱。那时候的冰箱很笨拙，里面的液体如果渗漏，就会对人体有害，不适于家庭，不过在肉联厂、轮船上等已开始使用了。冰箱的发明保持了食材的新鲜，减少了腐烂变质的损失，大大降低了食物的损耗，从而降低了食物的价格，让更多人都吃得起肉了。冷藏技术让人们可以吃到来自不同地区的食物，1920年左右，纽约人就可以吃到来自世界19个国家的水果和蔬菜。20世纪30年代，家庭轻便式冰箱诞生，让人们储藏食物更加方便，不必每天跑菜市场，可以一下子买一星期的食物了。1930年3月6日，美国第一个冷冻品品牌食物BirdEye诞生。同时，冷藏也用于火车和卡车运输中。到了20世纪50年代，全美各地就能吃到不同产地的冷冻食品了。

1916年，一种新的购物方式诞生了。在美国田纳西州的孟菲斯，一个叫克拉伦斯·桑德斯（Clarence Saunders）的食品店工作人员发现，顾客在等待结账过程中的排队时间太长了，因为顾客要什么，他就一次次回货架拿什么，还要给他们称重、包装，这样太耽误时间。要是能把货物都包装好，摆在架子上，贴上价格，让顾客自己索取，再统一结账，这样可以省不少时间啊！于是，他就这么做了。这样不仅降低了成本，还让营业额增加，因为顾客在商店逛的时候，总是拿比预期更多的东西，看到什么都想买的心理，让他们总是比平常多买很多东西。这样，店主不必把价格定得很高，薄利多销，赚得一点儿也不少。桑德斯把这种类型的店叫作现购自运（Cash & Carry），他给自己的店命名为小猪店（Piggly Wiggly）。1917年，桑德斯将这种由消费者自行在货架上挑选商品最后结账的零售店经营模式申请了专利，这就是超市的雏形。后来，超市的东西越来越多，又增加了熟食部和烘焙部，人们不仅可以买到各种食材和加工食物，还能买到现场做好的食物，省时、省力。超市的布局也日趋合理，小孩子的食物都放在货架下端，比较容易拿到。散发奶油香味的蛋糕放在出口的地方。快结账的地方有冷饮和零食。20世纪70年代，条形码的发明让结账更加方便，只要扫描一下，货品的名称、价格就会出现在收银机上，省去读标签的麻烦。结账速度加快，意味着人们花在购买吃上的时间减少，可以有更多余下的时间做别的事。

快餐流行则引发了另一个工业革命。随着汽车的价格回落，它逐步走进了普通的美国家庭。第一次世界大战之后，汽车餐馆出现了。由比利·英格拉姆和沃尔特·安德森在堪萨斯州的威奇托成立的白色城堡是全美第一个汉堡连锁店。很多人以为麦当劳才是第一个，这是历史资料有误。1916年，第一个白色城堡餐厅在威奇托就已经建成，菜单上仅是有限的几种选择，餐馆走高流量、低成本、高速度的汉堡餐馆路线。它的创新之处在于，公司允许客户看到正在准备的食物。那时候一个汉堡只卖5美分。白色城堡的成功，让这个1904年在圣路易斯世界博览会时出现的，在两片面包之间夹上牛肉饼的被称作汉堡的食物，一下子流行了起来，并催生了众多的竞争对手。后来者居上的麦当劳很快超越众多对手，成为汉堡快餐业的龙头老大。现在，美国有世界上最大的快餐业，分布于100多个国家。快餐大大缩短了人们用餐的时间，让人们有更多时间从事其他工作。本来需要花几个小时做饭吃饭，现在只要几分钟就能搞定。汽车缩短的是交通时间，而快餐缩短的是吃饭时间。汽车和快餐的兴起带动了美国的工业革命,第三次工业革命的浪潮就在人们吃行习惯的改变中开始了。

始于18世纪60年代的第一次工业革命是从发明和使用机器开始的,其标志是蒸汽机的广泛应用,人类得以摆脱繁重的手工劳动。始于19世纪70年代的第二次工业革命,其标志是电力的广泛应用,让机器运转更加有效率。始于20世纪四五十年代的第三次科技革命,其标志则是原子能、电子计算机、空间技术、分子生物学和生物工程等领域取得的重大突破。

其中,DNA双螺旋结构的发现获得了1959年的诺贝尔医学奖,开启了分子生物学在日常生活中的应用,包括各种基因药物的诞生,使得许多疑难病得以治疗,人口大幅增加,人们的寿命延长,对食物的需求增加。分子生物学也开启了在育种方面的应用,转基因作物在争议中艰难上市。转基因技术主要是把一些控制我们期望表达性状的基因转到作物体内,以期得到我们希望的结果。最开始的是耐储藏西红柿,目的是让西红柿在运输过程中抗压,减少损伤。后来的转基因玉米是转进了能够杀死玉米钻心虫的苏云金芽孢杆菌(Bacillus thuringiensis,BT)的基因片段。BT曾经作为绿色有机农药,20世纪50年代在美国得以大规模应用,来代替当时的主要农药DDT。因为DDT很难降解,严重破坏环境,而且特异性不强,不仅能杀死节肢动物,还能在鸟类的身体中积累。BT农药由于具备很强的特异性,很快成为农药新宠。但问题又来了:它的价格很贵,并且在自然环境中很不稳定,易被雨水冲走,在紫外线的照射下也很快被分解。于是,科学家运用分子生物学技术,把这个蛋白克隆出来,通过转基因技术,转入玉米和棉花中。这样,就不需要人工喷洒BT农药了。经历了10年的检验,1996年,美国国会在经过4次慎重的听证会之后,同意转基因玉米和棉花在美国上市。从此,美国的玉米产量节节上升，逐渐称霸全球，如今全世界没有任何一个国家种植玉米的成本与效率可以超越美国。

除了玉米外，另一大宗转基因作物是大豆。美国很早就发现大豆的好处，虽然引进大豆的历史不过区区百年，但是美国大豆的产量却跃居全球第一，转基因技术使其更上一层楼。杂草是农业耕种中非常头痛的问题。除草剂大多对人体有害，严重的可以导致人体畸形。后来人们发现了一个相对低毒的除草剂——草甘膦，但是草甘膦也会杀死农作物。于是，科学家把一种能够分解草甘膦的细菌转到大豆植株中，这样喷洒除草剂就不会伤及大豆植株。美国土地平整，非常适合大机械化作业。加之美国中部和东北部的气候也非常适合大豆生长，美国的大豆产量稳居全球第一。转基因技术给美国农业带来巨大效益，但也让许多民众非常担心。有人觉得，对虫子有害的毒蛋白，会不会对人体也有害呢？虽然做了小白鼠急性毒性实验，也通过了安全测试，但这毕竟是一项新技术，没有经过长时间的考验，不知是否会出现新的情况。万一最后发现对人体也有毒，那该怎么办？这是人类每天要吃的东西啊！一顿都少不了，无论如何都要慎重。再说，如果这种含有杀死鳞翅目昆虫的毒蛋白的植物的花粉被风传到其他地方，和其他作物杂交，也许会对生态环境造成难以预估的影响。比如一些珍贵的蝴蝶品种可能会消失。再说转基因技术把粮食的价格搞得太低了，人们开始乱吃东西，变得肥胖，反而不利于健康。一些地方不再种植其他品种的玉米，而只种转基因玉米，想吃其他品种的玉米就不容易了，物种的多样性受到进一步的威胁。

开始美国政府并没有花很多时间去说服民众，而是大力推广到老百姓的餐桌上，并且规定自愿标记。但大多数厂家都选择不标记，人们在市场上无法选择吃的是否是转基因食物。每年美国都有人提案，要求标识转基因。虽然后来有关转基因标记的法案通过，但是具体执行并不顺利。关于转基因问题的争议从未停止过，并且还在继续中。

自获批商业种植的那天起，转基因作物就爆炸式增长，至今二十多年过去了，转基因作物的种植面积增加了上百倍，耕种的成本大大降低。现在的农民活得很轻松，他们用从气象卫星得到的资料，用云计算加以分析，推算出来年的天气和作物的市场情况和收成，选择未来的耕种种类和规模，有大型机械帮忙耕作，有电脑控制和卫星导航定位。在某些种植步骤上，农民可以足不出户，只在家里轻松按按键盘，成千亩的农作物就轻而易举地完成了耕作。当然这样的耕作，对农民的教育水平要求也不低，农民也是高科技人才。现代社会，人们花在种植粮食上的时间大大缩短，一个农民种的粮食不但可以养活自己，还可以养活许多人。社会分工越来越细，人们不必再像过去那样，面朝黄土背朝天，把每天大部分时间都用在辛苦劳动觅食上。人们从土地中解放出来，有时间做研究，终于逐渐发展到今天有高度科学技术的世界；而高科技也彻底改变了我们的生活，人与人之间不必相见，隔着太平洋，我们有网络，有手机，有视频……全球连在了一起。

展望不远的将来，还不知道将有多少蕴藏极大潜力的科学技术即将破茧而出，释放出巨大的生产力。

2021年9月24日，国际权威学术期刊《科学》发表中国科学院天津工业生物技术研究所的重大突破性进展，他们在实验室里首次实现了二氧化碳到淀粉的人工全合成。这个新技术不仅对未来的农业生产、特别是粮食生产具有革命性影响，而且对全球生物制造产业的发展具有里程碑式的意义。淀粉是最主要的碳水化合物，是粮食的主要成分，也是全球几十亿人口最重要的食物原料之一。同时，它还是重要的工业原料。目前淀粉主要由种植玉米等农作物，通过自然光合作用固定二氧化碳生产。农作物的种植通常需要较长周期，还需要使用大量土地、淡水等资源，以及肥料、农药等农业生产资料。这项影响世界的重大颠覆性的新技术，不依赖植物光合作用，通过设计人工生物系统，固定二氧化碳合成淀粉，且效率比植物高出数倍，其淀粉人工合成效率是玉米作物的 8.5 倍。如果未来这个技术可实现工业化应用，将可节省超过 90% 的耕地与淡水资源。

粮食危机、气候变化是人类面临的重大挑战，粮食淀粉可持续供给、二氧化碳转化利用则是当今世界科技创新的战略方向。合成生物技术的应用，颠覆了农业传统产业模式，为社会经济问题提供解决方案，创造价值链高端的新经济增长点。未来，人类可进一步优化种植业结构，减少资源高消耗、化学品大投入的农作物种植，以工业化生产满足人类部分的粮食需求，同时保护了环境。

2.1.4　国家强，首重粮

全球一体化的一个重要特点是人们日常生活中你中有我，我中有你。计算机的核心技术可能是美国的，外壳和零件可能是中国制造的。全世界的油价变动，牵动的却是粮价。因为种粮食需要机器，机器需要石油，石油的价格直接影响粮食的价格。土地资源广阔，耕种效率极高的美国又把粮食变成了能源。酒精燃料来自玉米，生物柴油来自大豆和油菜籽榨的油。美国把粮食能源化，能源粮食化，粮食等价于能源。美国财政部和美联储通过美元向世界征收铸币锐，进而补贴美国的农业生产并获取石油，然后再通过粮食来生产汽油。美元霸权、粮食霸权与石油霸权完美融合，让美国得以独霸全球。

我国是个人口大国，也是粮食进口国。有限的土地要生产足够的粮食，养活全世界 1/5 的人口，这的确是一个极大的考验。在国际纷争中，如何能独善其身，既不被美国的粮食政策左右，又不受其控制，保证十几亿人的粮食。是接受新技术，努力迎头赶上，还是摒弃美国的工业化农业方式，选择欧洲的精耕细作方式？也许中国人还在摸索，还在尝试，但历史已经到了非选择不可的地步了，因为我国面临的就是这样的国际形势。随着房地产市场的迅速扩张，我国的耕地面积呈现逐步萎缩的趋势，只有提高单位亩产，才能在未来获得生产足够粮食的保障。除了人吃饭，还有畜牧业的饲料也需要土地种植。面对美国强大的压力，我国必须通过智慧走出一条自己的路来。既不能完全照搬美国的政策，也不能不借鉴先进国家的宝贵经验。

有人说，21世纪是中国人的世纪，我国正在一步步走向世界强国。然而，没有一个强大的农业，何以成为一个强国？如果连人民基本的吃饭问题都解决不了，还要受人控制，又怎么能有粮食安全、国家安全？

回看整个人类的发展历史，粮食一直在改变着世界的格局。即使在今天，也是如此。谁掌握了别人口中的粮食，谁就主宰了世界。中国面临着巨大的考验，能否真正让21世纪称为中国人自己的世纪，在很大程度上就要看我们如何解决自己的粮食问题了。

2.2 粮食与国家兴衰和朝代更替

几乎所有的文明古国，都处于土地肥沃、水源充足的河流冲积平原，因为有足够好的条件可以生产很多粮食。一旦粮食充足，人口就会增加，国力就易昌盛，可见粮食是一个政权乃至一个国家的元气，在以农业为主的年代里，粮食产量很大程度上决定了国力的强弱，决定了国家的兴衰。更具体一些，古今中外，任何一次朝代更替，几乎都与粮食脱不了关系。可以这样说，朝代更替与其说是政治问题，不如说是吃饭问题引发了政治问题。

2.2.1 来自我国气候学家的发现

气候变化和自然环境变化，造成粮食产量下降乃至歉收，往往伴随着的就是社会动荡。气候学家的研究表明，过去2000多年的气候冷暖变迁，与我国历史上一些朝代的兴衰更迭存在对应关系，大多数朝代的垮塌都是发生在气候变冷的低温区间。秦朝、三国、唐朝、宋朝（北宋和南宋）、元朝、明朝和清朝的灭亡年代，都是处于过去2485年来平均温度以下或极其寒冷的时期。当然，影响历史进程的原因有很多方面，气候只不过是其中的一个方面。由于封建王朝自身政治上的腐败，加之低温导致的粮食歉收、造成饥饿，都极可能引发农民起义和战争，导致朝代更迭。此外，在寒冷时期，草原牧场向南迁移也会导致北方游牧民族的入侵和南迁。北方少数民族地区因为是游牧经济，完全靠草原来养活自己，当气候变冷时，草原生长很差，得不到充分的食物供给，他们就会向南方的汉族政权发起进攻以获得食物。而南方此时也变冷，粮食等物资大幅减产，从而导致综合国力下降。北方外族入侵频繁的时候，往往是在气候变冷的大背景下，是迫于生存压力造成的。所以，在气候寒冷期，中原王朝愈将面临内忧外患的窘境。

著名科学家竺可桢在研究我国5000年的气候变迁时发现，我国有过四个温暖期和四个寒冷期。宋之前的唐代，不仅都城长安冬天没冰没雪，而且在开元十九年，扬州甚至出现双季稻的记载。处于我国第三个温暖期的隋唐，平均温度比魏晋南北朝高3℃左右，由于天气温暖，粮食产量充足。由此可见，中国历史上最强盛的朝代之一的唐代，之所以国力那么强，与粮食充足有很大关系。

而华夏文明起源之一的仰韶文化，恰恰处于气候温湿的历史时期，这样的气候适合万物生长，人类可以获得较多的粮食，吃饱肚子才可以创造文明。仰韶遗址里发现的精美陶器，完整的社会群体村落，各种狩猎和渔业工具，均显示当时的人类已经使用较为先进的生产工具。所以，仰韶文化提供了充足的证据，证明中国是文明古国。

2.2.2 我国的第一次冷暖变迁

1. 尧舜禹、夏、商时期

公元前 3000—前 1100 年，我国历史上对应的时期是尧舜禹、夏、商，黄河两岸曾经长满青翠的竹子。科学家竺可桢绘制的历史气温变迁图显示，夏、商、周三代文明的发展高于汉唐，是中华民族的文明奠基期。这是中国文明史上记载的第一个温暖期，它长达 2000 年以上，这也是历史上的"气候最宜时期"。

竺可桢从殷墟出土的象、貘、竹鼠、犀牛和野猪等热带和亚热带动物的化石判断，黄河流域当时的气候比现在温暖湿润得多，大部分时间年平均温度高于现在 2℃左右，1 月份平均温度大约比现在高 3~5℃。

殷商时期有熟练的铸铜技术，有独立发展的文字体系，有复杂而有效率的军事和政治组织。这种文化表现出殷商时期富庶的物质生活，表现出高度成熟的民族艺术以及明确的社会组织，对于后世有着巨大的影响。

2. 西周时期

殷商时期是全新世大暖期的最后一个时段，自此以后气候总的趋势是变冷、变干，自然条件变得恶劣，农作物受损严重，经济开始凋敝，国力衰退，从此进入我国历史上第一个寒冷期。这个时期约 250 年，结束于公元前 8 世纪中叶，相当于西周时期。

先秦文献记载周王"驱虎豹犀象而远之"，其实应该是中原地区气候转寒，迫使喜暖动物南迁的结果。《竹书纪年》记载周孝王七年"冬，大雨雹，牛马死，江汉俱冻"，而江汉流域现在都不封冻，说明当时寒冷气候已经影响到了长江流域。

2.2.3 我国的第二次冷暖变迁

1. 春秋、战国、秦、西汉时期

我国的第二个温暖期涵盖了春秋、战国、秦和西汉，至公元初结束，持续 700 多年，这也是我国历史上的繁盛时期。

春秋时期（公元前 770—前 476 年）气候逐渐变暖，农业得以发展，齐鲁地区又可以一年两季收获粮食。齐、晋等诸侯国逐渐强盛，兴建大量城市和宫殿。中国传统农业在这个时期开始形成，人们发明了铁犁铧、铁锄、连枷、石磨等新农具。青铜器铸造也很有水准。春秋是中国文化发展的重要时期，涌现了许多重要人物，如道家的老子、儒家的孔子等。老子著有《道德经》，阐述了中国古代朴素的宇宙观、世界观、人生观，对后世中国文化影响深远。孔子创办私学，促进教育事业的发展。孔子的弟子将孔子的主要言行记录下来整理成《论语》，奠定了儒家文化的基础。尤其至汉武帝"罢黜百家，独尊儒术"后，儒家文化更是占据中国文化的统治地位，长达 2000 余年。

春秋之后是战国，虽然纷争不断，战争绵延，但却是一个去旧换新的时代。战国时期确立了我国传统农业发展的基础，在此之后的数千年里，农业经济的发展形势长期保留着原先的面貌。战国时期对农业发展做出过突出贡献的有两个人，一个是魏国的李悝，一个是秦国的商鞅。李悝是历史上第一个提出重农抑商政策的人，魏国是历史上第一个进行变法的国家。魏国成为战国前期最为强盛的诸侯国，原因就在于李悝的变法，而后期魏国的衰弱，也是因为没有彻底地贯彻落实李悝的政策。秦国是战国中后期最为强盛的国家，更是在最后建立了大一统的国家。它的强盛是从商鞅变法开始的。商鞅变法的核心是对从事农耕事业的人采取奖励机制，从而大大提高了农民的积极性，为社会创造了更多的财富。战国时期，各诸侯国之间的征战，往往是粮草充足的一方取胜。当时秦国开辟了许多道路，解决了交通运输问题，保证了粮草的调配供应，这也是秦国能够最后统一中国的关键。秦统一中国之后，中央集权的封建君主专制制度成为主流的政治制度，这也是封建社会进行发展和传承的根本。

古老的华夏文明发源于黄河流域，自秦统一中国，历代王朝出现了向长江流域倾斜的趋势。我国的小麦种植区主要集中在黄河流域，这些地区种植的其他粮食作物如小米、高粱等也都是旱地种植作物。这些作物都是大量消耗土地肥力的植物，不宜在同一块地上连年耕种，通常是种植一季就得休耕1~2年。这就意味着，这些地区每年大约只有一半，或者更少的土地能够生产粮食。因此就不难解释为什么从秦统一以来，我国的经济战略重心南移了，因为立足于黄河流域的王朝面临着巨大的粮食供给压力。由于黄河流域气候干燥，降雨量偏少，这些地区的农业生产主要依靠灌溉。干燥的环境又使水分蒸发得非常快，碱性的黄土地失去水分很容易结块，使土地盐碱化，一年比一年贫瘠，以致不能耕种。原本产量就不高的耕地面积不断减少，再加上土地兼并的矛盾越来越尖锐，就不可避免地导致激烈的社会政治冲突——农民起义，使得强大的秦帝国短短两个朝代就彻底灭亡。

汉（分为西汉和东汉）是继秦之后又一个大统一王朝，是我国封建社会的第一个鼎盛时期。汉朝文化统一，科技发达，以儒家文化为代表的汉文化圈正式形成，华夏民族自此以后逐渐被称为汉族，汉朝为华夏文明的延续和挺立千秋做出了巨大贡献。作为封建社会农业特征的个体小生产农业在汉代得到很大发展，我国此后2000年封建社会的传统农业的发展道路就是在汉代形成的。汉代的人均粮食生产能力、人均粮食占有数量、对荒地的开垦以及精耕细作的水平，都是非常高的。一个有意思的数据显示，从汉朝到我国改革开放前的2000年间，我国农业虽然有所发展，但农业劳动生产率、每个农业人口的口粮数和全国每人平均占有的粮食数，仍在汉代已经达到的水平上徘徊。当然，农业劳动生产率徘徊了2000年，并不等于我国农业生产没有发展。为了适应人口较多、耕地较少的情况，我国农业的发展一方面靠扩大耕地面积，另外更重要的则是走精耕细作、提高单位面积产量的途径。这样的农业发展途径，在汉代已经形成了。

2. 东汉、魏晋南北朝时期

我国的第二个寒冷期约在东汉、魏晋南北朝时期，到公元6世纪末结束，持续了600年。

到了东汉末年，气候再次发生变化，农业歉收，还出现了严重的旱灾和蝗灾，造成大规模饥荒。同时瘟疫流行，张角创立了太平道，公元184年发动黄巾军起义，导致东汉灭亡，形成了后来的三国两晋南北朝、历时400多年的全国大分裂，经济文化破坏严重，百姓痛苦不堪。

三国时期曹操（155—220年）在铜雀台种橘，只开花而不结果，唐代李德裕在《瑞橘赋·序》中说："魏武植朱于铜雀，华实莫就"，可见气候已比前述汉武帝时代寒冷。

黄初六年（225年）冬十月，魏文帝曹丕陈兵广陵（今淮阴），准备大举伐吴。这一年大寒，水道结冰，兵船无法从淮河进入长江，魏军不得已退兵。这是我们所知道的第一次有记载的淮河结冰。竺可桢据北朝贾思勰《齐民要术》记载的桑、枣、桃的开花时间，推测当时的黄河以北地区，物候比现代推迟半个月到一个月，气候也比现在寒冷。

据《资治通鉴》记载，公元334年开始，渤海连续三年结冰，前燕慕容皝率兵马、辎重从昌黎出发，踏冰行军三百余里，奔袭辽东，讨伐叛将慕容仁。对这次渤海结冰，当时人的理解是，慕容仁"叛弃君亲，民神共怒"，前此大海从未封冻，而自慕容仁造反后，渤海连续3年封冻，这是天意"欲使吾乘海冰以袭之也"。

在北方海水结冰足以承载大军行进时，南方长江流域结冰也不薄。南朝这时在南京覆舟山建立冰房，用以保存食物新鲜，使其不致腐烂。

2.2.4 我国的第三次冷暖变迁

1. 隋唐时期

在我国文明史上记载的第三个温暖期，迎来了隋朝的统一，更迎来了大唐盛世。这个时期持续了400多年，到9世纪末结束。唐朝的长安，数冬无冰雪，可种梅花与柑橘，柑橘的味道与产自四川的柑橘无异。温暖的气候有利于农业的发展，唐朝国力逐渐强盛。

隋唐的统一，结束了分裂割据的局面，为农业生产的发展提供了和平的环境。隋朝和唐朝初期所实行的土地政策"均田制"，以及检括人口、减轻徭役等措施，也在客观上为农业生产的兴盛创造了一定的社会条件。隋唐统治者还鼓励垦殖，把增加人口、发展农业生产作为考核地方官吏并进行奖惩的标准。这一切都对农业生产的恢复和发展起到积极的作用。隋唐时期大修农田水利，水利建设遍及黄河流域及西北各地。在兴修水利的同时，灌溉工具也得到发展，比较广泛地使用了水车。

随着农业生产的发展、农业技术的进步、作物栽培种类和品种的增加，以及文化的发达，农书比过去任何时代都多。畜牧业开始受到重视，马一直是战争的工具，唐代的畜牧业中尤以养马业最为发达。唐代还订立了家畜饲料定额标准，据《唐六典》的记载，这一标准考虑到了不同的家畜（象、马、驼、牛、羊、蜀马、驴、骡等），还考虑到了家畜的齿龄（乳驹、乳犊）。饲料则主要有藁、青刍、水稻、大豆、盐、粟、青草、禾和青豆等。为了保证冬季的饲料供应，还建立了家畜饲料基地。据《新唐书·王毛仲传》记载："初监马二十四万，后乃至四十三万，牛羊皆数倍，苜蓿麦、苜蓿千九百顷，以御冬。"唐代还利用水草、浮萍、水藻等水生植物养猪。隋唐时期，养羊和养牛也受到重视，培育出著名的羊种——苦泉羊。

唐朝中期之后，由于黄河中下游地区在"安史之乱"期间遭到破坏，淮河以南的土地得以大量开垦并大修水利，插秧移植水稻，江淮的粮食产量大幅增加，成为全国重要的粮食产区。唐代水稻种植的兴起，对中华文明的延续非常重要。当时在小麦产区的中原，战乱不断，民不聊生。世界上许多文明古国因为粮食品种单一，一旦发生饥荒战乱，就走向灭亡了。而华夏文明之所以延续至今，是因为除了小麦外，还找到了另一种非常重要的粮食作物——水稻。这样的主粮交替，使得华夏文明并没有因为战乱饥荒而灭亡，从而成为四大文明古国中唯一一个延续下来的国家。

唐朝末年关东地区饥荒，落第秀才黄巢聚众起义。随后，五代十国纷立，国家又陷入动乱期。

2. 两宋时期

公元 1000—1200 年的两宋时期，我国气温又趋寒冷，这是我国的第三个寒冷期。11 世纪初期，华北地区已不知有梅树，其情况与现代相似。苏轼咏杏花诗有"关中幸无梅，赖汝充鼎和"，哀叹梅在关中消失。同时代的王安石写诗咏梅"北人初未识，浑作杏花看"，嘲笑北方人常误认梅为杏。从这种物候常识，就可见唐宋两朝温寒的不同。

北宋开国不久，在短短的几十年里农业就取得了非常高的成就，这很大程度上要归功于宋太祖赵匡胤对农业的重视。没有什么事情能像粮食这样能够引起赵匡胤的高度重视，建国第二年起，他就派官员丈量土地，并通过鼓励农民开垦荒田和对土地进行改良，扩大了耕地面积，为当时农业生产的恢复与发展提供了基本条件。北宋还大力疏浚河道，修筑河堤，大搞农田水利建设。在王安石变法时，作为改革主要措施之一的"农田水利法"于熙宁二年（公元1070年）十一月颁布，各地"开垦废田，兴修水利，建立堤防"，取得了很好的效果。这说明北宋的有识之士都重视水利的兴修。

自北宋从越南引进优质的占城稻之后，水稻的产量大增，自然分担起承载中华文明的重任。水稻的产量非常高，播下去的种子通常可以收获20倍以上的水稻，与小麦4倍于种子的产量要可观得多。长江流域及以南地区气候温暖湿润，一年可以种植两季，部分地区甚至可以种植三季，同样面积的土地可以产出比小麦多出几倍的水稻。更重要的是，种植水稻的土地不需要休耕，只要每年适当补充养料就可以持续不断地耕种。另外，水稻通常浸泡在几十厘米的水中生长，避免了麦田反复灌溉使水分大量蒸发而造成的土地盐碱化的问题。因此，我国从北宋开始，各王朝的经济重心便正式从黄河流域转移到长江流域。伴随着小麦一同衰落的中华文明却因水稻农业的兴起而重新获得了生机。

水稻支撑起我国农业之后，我国统一王朝的更迭周期比过去延长了。从秦始皇建立中央集权的统一王朝算起，到北宋建立之前，我国共经历了10个朝代更迭，历时1180多年，平均每一个朝代只有118年的时间。而从北宋到清朝共有5个朝代，历时950余年，平均每个朝代约为190年。北宋以前朝代更迭频繁，与黄河流域的小麦农业有着莫大的关系。我国自北宋之后，以长江流域的水稻作为国人生存的基础，这在很大程度上改善了百姓的健康状态。从历史的大数据来看，北宋以前我国的人口从未突破过6000万，但是从北宋开始，我国的人口数量急剧增加，到清朝末年达到了4亿。作为人口增长的基础，主要粮食作物种类的变化无疑具有决定性的意义。

这样一个强大的国家，最后却因为没有重视北方游牧民族的侵略，没有强大的骑兵军队，而被小小的金国打败了。

北宋之后是南宋，水稻种植在长江流域继续得到了长足的发展。后来因为气候的原因，北方游牧民族粮食短缺，不得不多次南下找活路，最终打败了安逸的南宋，建立了元朝。

2.2.5 我国的第四次冷暖变迁

1. 宋末元初时期

宋末元初，我国气候又经历了大约100年的短暂温暖期，但这第四个温暖期的回暖程度远不及前三个温暖期。在公元1200年、1213年、1216年和1220年，杭州无任何的冰和雪。道士丘处机（1148—1227年）这时正住在北京长春宫，公元1224年寒食节作《春游》诗云："清明时节杏花开，万户千门日往来。"可知那时的北京物候，与今日北京相近。

元初因为战争破坏，加之人口大量南流，导致北方有不少田地荒芜，但南方受战乱影响较小，发展尤快，故全国总的农业生产形势仍较为可观。元朝统治者本以游牧为生，故重畜牧成为广义农业的一个重要组成部分。中央设专职机构主管马政，下属大牧场，散布云南、甘肃、漠北等处。元朝是中国历史上疆域最大的大一统王朝。元朝的前身为大蒙古国，在成吉思汗与子孙的征伐中，建立了一个地跨亚欧大陆的超级大国，其疆域东起日本海、东海，西抵地中海、中欧，北至北冰洋，南临波斯湾。虽然元代整体生产力大幅低于宋代，但是在生产技术、垦田面积、粮食产量、水利兴修等方面取得了较大的进展。忽必烈重视农业，把农田改成牧场；在中央设置司农司，掌管全国的农桑水利事务；大力提倡开垦荒地；派劝农官到各地检查农业生产情况，作为评定地方官政绩的重要依据。司农司搜集古今农书,采访民间农耕经验,编成《农桑辑要》一书,颁行全国,指导生产。《农桑辑要》共7卷,包括典寻、耕垦、播种、栽桑、养蚕、瓜菜、果实、竹木、药草、孳畜等部分,它总结了我国13世纪以前农业耕作的经验,是我国古代农业科学的一部重要著作。

元朝开凿并挖通了多条运河,解决了粮食运输问题,也促进了商贸发展。元朝大德末年,以江浙行省为中心,爆发了第一次全国范围内的大饥荒。此次由自然引发的饥荒波及范围从南至北,对两浙和周边地区及大都民众的生存环境均造成了明显的影响。自然灾害造成粮食减产,导致国家财政收入及北运粮食减少,引发物价上涨,米价腾贵,人口锐减,城市萧条。并产生了数量庞大的流民,社会矛盾全面凸显。天灾和政治腐败是导致特大饥荒的直接原因,但灾害如此严重,也与两浙地区的财富分配结构和区域产业结构的不合理直接相关。丁未大饥荒将元王朝统治的诸种弊病全面暴露,其中的诸多因素一直延续到元末。

2. 明清时期

公元1400年至1900年,我国迎来了第四个寒冷期,也是历史上持续时间最长的寒冷期。各地方志对此多有记载,竺可桢称其为"方志时期"。1329年和1353年,太湖两次结冰,"冰厚数尺,人履冰上如平地,洞庭柑橘冻死几尽"。1873年,西安府三原县连续"大雪六十余日"。最冷的冷锋出现在1620—1720年,期间汉水7次结冰,淮河8次结冰,太湖与洞庭湖4次结冰,北京的冬天也比现代冷2℃左右。

明朝是我国历史上最后一个由汉人建立的大一统封建王朝,是继汉唐之后的黄金时期,也被称为最后一个可以和汉唐媲美的盛世。元朝末年政治腐败,天灾不断,民不聊生,农民起义屡扑不绝,朱元璋加入红巾军并在其中乘势崛起,一路打到了集庆(今江苏南京),他采取朱升所建议的"高筑墙,广积粮,缓称王"的政策,以巩固根据地,让士兵屯田积粮减少百姓负担，以示自己为仁义之师而避免受敌。在扫除各路势力之后，朱元璋称帝，立国号为明。后以"驱逐胡虏，恢复中华"为号召北伐中原，最终统一中国。

经过朱元璋的休养生息，社会经济得以恢复和发展，国力迅速恢复，史称洪武之治。明成祖朱棣时期，开疆拓土，又派遣郑和七下西洋，此后许多汉人远赴海外，国势达到顶峰，史称永乐盛世。其后的仁宗和宣宗时期国家仍处于兴盛时期，史称仁宣之治。明神宗在位的时候，推行万历新政，国家收入大增，商品经济空前繁荣，科学巨匠迭出，社会风尚呈现活泼开放的新鲜气息，史称万历中兴。万历一朝成为明朝由盛转衰的转折期。

明代农业无论是产量还是生产工具，都高于前一朝代，番薯、南瓜、蚕豆、马铃薯、玉米、棉花等美洲高产作物在16世纪中叶时由国外陆续传入，尤其是棉花，已在全国普遍栽种。当时主要的米粮生产区已经转移到湖广地区。

明代在中国农村社会经济发展史上是一个非常重要的时期。一方面，农业生产力已达到或接近传统技术条件下所能达到的最高限度；另一方面，在农业经营和生产关系方面都出现了一些前所未有或以前不太明显的新因素。特别是商业性作物的广泛种植，为工商业的发展和市镇经济的繁荣提供了动力。从明代后期开始，作为核心经济区的江南地区进入了"早期工业化"阶段，无疑是以其发达的农业经济为基础的。到明代后期这种已趋于定型的农村发展模式，直到今天还有其现实意义。

明代水利事业也得到进一步发展，各地兴修的众多小型水利工程尤其引人注目。在农业技术方面，明代虽缺乏突破性革新，但仍有明显进步，南方一些地区充分利用传统农业技术并加以改进，形成了一套效率较高的集约化耕作体系。在工具使用、土壤改良、选种育种、间作套作、施肥追肥等方面，也都有一定程度的改进。按保守估计，明代后期江南的亩产量，比宋代大约增加了 50% 以上。特别值得注意的是，到明代中后期，以生产粮食为主、家庭纺织原料为辅的自给自足性质的经营格局被逐渐突破，经济作物的种植日益普遍，形成了一种与商品生产密切相关的经济作物以及加工这些经济作物的手工业为主体的新型农业结构，较大地改变了农村的生活模式。不过，在取得显著进步的同时，由于自然因素和人为因素的交互作用，明代的生态环境日益恶化，自然灾害的发生频率日益增加。党争又起，政治腐败以及连年天灾，导致国力衰退，最终爆发大规模民变。外有后金崛起之外祸，内有频频发生的天灾，都加速了明朝的衰亡。

明朝之所以那么快灭亡，与明末所发生的一场灾害密不可分。这场灾害由老鼠引发，又随跳蚤肆虐而祸遍全国，造成了明朝国力及明军实力的衰弱，才使明朝走上了穷途末路，而这场灾害的名字就叫作：鼠疫。

明朝中后期旱灾频发，仅万历年间就发生过 3 次大旱灾，每一次都引发过鼠疫，崇祯十四年肇始的那场大旱，更是历时 4 年之久。

历时 4 年之久是什么境况呢？大旱 4 年，田地荒芜，颗粒无收，原本的百姓成为难民，因为逃难，人都没得吃了，老鼠自然也一样。不幸的是，明朝旱灾偏偏又赶上"小冰河期"，这个才是历史上绝无仅有的。大旱加上大寒，直接造成粮食绝产，而粮食绝产，百姓无奈，只能与老鼠抢食，这就最终引发了鼠疫大暴发。鼠疫最初在山西北部出现了些许苗头，随着时间的推移，山西北部已然沦陷，不少人都遭到感染。此事一度引起了当地的恐慌，但由于只是局部出现的问题，再加上古代消息并不灵通，因此全国处在饥荒中的人们对此并不在意。为了活下去，不少百姓啃树皮，吃蚂蚱，抓老鼠，而聪明一点的则去寻找老鼠和其他动物藏起来的食物。这样一来，便使得鼠疫迅速扩散，而老鼠身上的跳蚤因病菌感染，变得愈发疯狂，开始大量袭击活着的一切生物，这就使得鼠疫迅速暴发开来。不仅严重影响到了百姓生活，更对大明军队造成了沉重的打击。如曾是大明军事重镇的大同等地，都在这场灾害中损失惨重。再如明朝的精锐之师曾一度以炮击败清军，却在灾祸的影响下，严重丧失战斗力。鼠疫使得农民为求活路，纷纷涌向李自成军，而与清军交手的明军亦是脆弱无比。仅在这次大灾劫后，明朝人口便足足锐减了40%，崇祯十七年，李自成亲率大军到达北京城时，北京城几乎已是一座空城，百姓死于鼠疫者不计其数，原有的三大营也早已彻底丧失战斗力，以至于最后连皇宫锦衣卫和太监都上去守城。1644年，明朝最后一任皇帝崇祯在煤山自缢，清军入关，标志着统治中国276年的明朝灭亡。

农业是清代社会的重点，尤其是在清代人口为中国封建社会之最的情况下。鸦片战争前，来源于农业的田赋，亦是国家财政收入的主要来源。清军入关后，顺治帝颁布圈地令，大量农民不得不弃家逃亡，直到1685年康熙帝宣布废止而终。至于全国其他原明朝皇室或地主的土地，清廷称其为"更名田"，分配给无地农民使用，或是被新地主霸占。清代也拥有不少屯田，屯区多在新疆等边疆地区。清帝推行了令民垦荒的政策，华北、华中地区先后着令准垦，一些边疆地区如新疆、青海、海南、台湾等省于清朝中叶先后实行开垦政策，而东北地区直到清朝后期才准许大量汉人前往开垦。明末清初，我国的耕地面积已有7亿多亩（4666多万公顷），到民国初年，达到14亿亩（9333万公顷）。其间约7亿亩是为清代开辟，清朝300年土地开垦，与以前3000年所垦约略相当，成就极为可观。民国初年14亿亩耕地中，可能有12亿亩（8000万公顷）是乾隆年间就已经开垦。

在康熙时期进行了多项水利兴修，主要是大力修治黄河，减少了水患的威胁。

第 2 章 粮食的力量

至此,清朝进入辉煌的康乾盛世,国家政治逐步稳定,经济发达,人口大增——乾隆时期已达3亿,相对粮食作物的产量需要更加提升。占城稻在清朝时期发展成30~50天即可收获的品种,使得二次收获甚至三次收获变成可能。此外,早熟稻耐旱,可在高原或山坡地种植。一些从美洲引进的粮食作物也开发了许多原先难以种植的地形,大大提高了粮食生产面积。例如,比较干旱的高原有赖玉米与甘薯,更加崎岖的山地则依靠马铃薯。到嘉庆年间,这些高原都种满新一代的粮食作物。而河川沿岸的沙地则大量种植花生。清朝的经济作物种植面积也逐渐扩大,促进了商品经济的活跃。棉花在清朝已是十分重要的经济作物,其产地遍及全国。烟草种植和制糖业也非常发达。

清代是我国传统农学的大发展时期,首先表现在农书的大量增加。我国历代所编著的农书共714部,其中清代以前的2100多年间编著的农书为231部,清代267年,编著的农书为483部,可见清代农学发展之快。

就像历朝历代,清朝的灭亡也与粮食关系紧密。光绪元年的华北大旱,是一场200余年未有之灾。1876—1879年,直隶(今河北)、山东、河南、山西、陕西等省,持续4年遭受大面积干旱,农产绝收,田园荒芜,饿殍载途,白骨盈野,因饥荒及疫病致死的人共约1300万。此次灾害是有清以来最大的一场劫难,因以1877年(丁丑年)和1878年(戊寅年)最为严重,故称为"丁戊奇荒"。受干旱影响,大部分地区的粮食全面歉收,引发了饥荒,灾民有数百万之众。

除了天灾,人祸也是造成饥荒的重要原因。自古以来,完善的仓储制度和充足的粮食储备是国家稳定的重要保证。与历朝历代一样,清王朝也在各省、州、县设置了粮仓,并形成了一套较为完备的管理制度。但随着清朝的日益腐朽,仓储制度也渐趋衰败。各级官吏非但没有及时采买仓谷,反而借机变卖、挪用、侵盗粮食。国库的银两也被权贵们贪污挥霍一空。加之内忧外患，内有太平天国起义，外有帝国主义列强的侵略，让晚清政府焦头烂额。特别是鸦片战争之后，大量的良田被用来种鸦片以供应西方列强国家的需求，造成粮食不足，而且诱使相当一部分农民自种自吸，影响了健康和劳动能力。结果是产烟最多的地方，饿死者也最多。清王朝的灭亡就不可避免了。

2.2.6 从民国到中华人民共和国

辛亥革命之后，我国进入民国时期。由于受到帝国主义和封建势力的双重压迫，我国农业出现持续而急剧的衰落。农民普遍贫穷，农村资本外流和大量农民为求生计背井离乡，另谋出路造成近代农业衰落，加之我国农业改良受阻和农业商品经济出现病态发展，导致农业发展严重滞后。

直到1949年，中华人民共和国成立，中国的农业翻开了新的一页，从此国人摆脱了饥饿的威胁，特别是改革开放以后，我国再次成为粮食生产大国，不但让14亿人吃饱、吃好，还对解决全球粮食问题有所贡献。

2.3 粮食与经济、政治、军事和文化

纵观世界史，由粮食引发的危机或政局变换屡见不鲜，而最有效、最厉害的武器从来都是粮食或者是与粮食供应有关。

这个世界上，最厉害的武器不是刀剑，而是粮食。我国有"兵马未动，粮草先行"的成语，英语中也有类似的说法。历代纷争，深究起来，总是和粮食脱不开干系。粮食的重要性历来为兵家所重视，粮食供应不仅关系到军队战斗的胜利，更能够影响到历史的发展。

2.3.1 我国古代因粮制胜的故事

我国古代用粮食策略取胜的例子不胜枚举。比如，齐国名相管仲曾

用粮食战略征服周边几个国家。

鲁国和梁国的老百姓平常织绨,绨是一种棉和丝做的衣服料子。管仲让齐国上下都穿这种料子做的衣服,还让鲁、梁两国的商人贩卖这些料子到齐国,并给予重金购买。这两国的老百姓看到绨比较赚钱,就忙着织绨,荒废了种田和粮食生产。时机成熟以后,管仲又劝齐桓公改穿帛料衣服,也不让百姓再穿绨,又关闭齐国与鲁、梁两国边境。10个月后,由于没有粮食,两国老百姓只得返回农耕,但为时已晚,粮食不是马上就能生产出来,只好向齐国高价买粮,没多久就撑不住了,不得不归顺齐国。

齐桓公欲伐楚,又害怕楚国强大而不获成功,向管仲请教办法。管仲让齐桓公以高价收购楚国的活鹿,并且告诉楚国商人,贩鹿到齐国可以发大财。于是楚国的男女几乎全国总动员,全都为捕捉活鹿而奔忙,放弃了粮食生产;而齐国却早已"藏谷十之六"了。当楚国的百姓无粮可食时,管仲又关闭了国界,终止活鹿和粮食交易。结果,楚人降齐者,十分之四。经过三年时间,楚国就降服了。

代国出产狐皮,管仲劝齐桓公令人到代国去高价收购,造成代人放弃农业生产,整天在山林之中捉狐狸,但狐狸却少得可怜,"二十四月而不得一"。结果是狐皮没有弄到,农业生产也耽误了,没有粮食吃,导致北方的离枝国乘虚侵扰。在此情况下,代国国王只好投降于齐国。齐国一兵未动而征服代国。

还记得越王勾践的故事吗?勾践战败给吴王夫差,被迫称臣求和,跟着吴王去了吴国,在吴国饱受羞辱。回到越国后,勾践卧薪尝胆,发誓要消灭吴国,一雪前耻。他重用文种、范蠡等人,励精图治,增强兵力。恰逢吴国遭遇灾荒,勾践向吴王进贡煮熟的种子,造成吴国第二年饥荒,削弱了其实力。

东汉末年著名的官渡之战,战争的核心也是粮食。建安元年(公元196年)曹操迎献帝迁都许县,挟天子以令诸侯。袁绍倚仗兵强马壮,进攻曹操。曹操集中3万多人在官渡正面,依托鸿沟水系运输军粮,他要求所有的粮食必须集中在一起运输,以增强防护兵力,防止袁绍偷袭。相对于袁绍,曹操分兵把守的地方太多,周边兵力不及袁绍;而正面军队人数及装备上,曹操都比袁绍少,唯独粮食运输较易。但是曹操的粮食储备量有限,长期对峙作战势必受到影响。曹操和袁绍交战,失利后坚壁不出。曹军俘获袁绍军中的仓储吏,审问得知袁绍有运粮车队将在傍晚时分到达,运粮官韩猛是一个刚愎自用之人。曹操立派徐晃、史涣截击袁绍的车队。两员猛将带领精锐骑兵百人快马加鞭,在故市(今河南延津县附近)截击运粮车队,将韩猛斩杀,然后一把大火烧掉粮食。袁绍粮食供应出现短缺,曹操的粮食一样不多,两军拼的就是意志了。

建安五年十月,袁绍派千余车辆运输粮草。吃了上次的大亏,这次袁绍特别小心,让淳于琼带领步兵、骑兵近1万人接应粮草。沮授对袁绍说:"将军派兵押运粮草能防止曹操截击,但并非万全之策,建议再派蒋奇率领步兵在外围守卫,防止曹操抄了后路。"袁绍不同意。谋士许攸也提出了类似的建议:"淳于琼以万人接粮食是比较有把握的,曹操人数比我们少,而且他的军队全部在我们正面,可以确定他们在许都的驻军一定很少。咱们可以立即攻打许都,打下许都后,迎天子宣告天下曹操为逆贼。如果我们没有捞到什么便宜,也必让曹操分兵救援,这样我们同样可以击败曹操。"袁绍还是不听。袁绍不听许攸的建议不要紧,可他还得罪了许攸家人。当时许攸的家人犯法,被袁绍的人羁押了,袁绍没管这个事,许攸一怒之下投奔了曹操。

曹操知道许攸来了,喜出望外,满脸笑容地迎上前:"有许攸先生来,我曹操一定能成大事。"许攸单刀直入:"曹公,现在袁绍的军队士气正盛,你们有几日的粮草供应？"曹操说："我们尚有一年的粮草可以支撑。"许攸说："不对，说实话！"曹操咧了一下嘴，说："大概半年的粮食吧。"许攸看了看曹操的营地，又看了看曹操的士兵，说："曹公，您是不是想打败袁绍啊？如果您真的想打败袁绍，为什么不跟我说实话？我已然在你的营地，你又有什么不好说的呢？"曹操搓搓手，他知道很难瞒过许攸的眼睛了，这才不好意思地从牙缝中挤出："我这里仅可支撑一个月，先生您看怎么办啊？"许攸说："您现在是孤军独守官渡，且没有外援，粮食也用得差不多了，非常危急。而袁绍的几千辆运粮车在乌巢驻扎，由淳于琼接应，但是没有军队守卫，如果您以轻骑兵偷袭，烧其辎重粮食，不出三日，袁绍一定不战自溃。"曹操大喜，立即选派精锐步兵、骑兵5000人，打着袁绍的旗号，一路杀向乌巢。到了乌巢营地后，立即放火焚烧袁绍军粮。曹操军队士气大振，无不以一敌十，杀得淳于琼军片甲不留。袁绍远远看到乌巢起火，火速派兵救援，并且派张郃领兵攻打曹营。结果曹操夜战得利，在天亮前已回到营地。张郃看曹操回营，袁绍又无粮，干脆就地投降。袁绍军中知其粮草悉数被烧，张郃阵前倒戈，顿时大乱。曹操立即发兵，袁绍兵败官渡。

历史就这样被粮食改写，官渡之战成为曹操统一中原的决定之战，从此袁绍退出北部的争夺，而曹操彻底稳固了北方的统治，然后就是向南攻打刘表和孙权。

2.3.2　美国以粮食为武器的故事

在美国也有类似的故事。在黄石公园里你到处都能看到美洲野牛，那弯弯的角，长长的毛，很像藏区的牦牛。早年，美国北部到处都是这种野牛。印第安人过冬就靠这种野牛过活。以前怀俄明州有一个很大的印第安人部落，领头人叫"疯马"，骁勇善战。本来美国的殖民者和印第安人达成了互不侵犯协议,但是后来这里发现金矿,美国政府想把地收回去,因此双方发生冲突,打起仗来。疯马居然打败了西点军校毕业的美国政府将军。政府看到凭打仗这招不灵,就找个枪法好的士兵,但不是让他去杀印第安人,而是去杀他们的食物野牛。这个人功绩显赫,杀死了很多野牛。冬天来临,印第安人没有食物,只好投降。

美国海拔500米以下的平原占国土面积的55%,耕地面积28亿多亩(1.87亿公顷),占国土总面积的20%以上,占世界耕地总面积的13%,而且,70%以上的耕地都是以大面积连片分布的形式集中在大平原和内陆平原,便于机械化大规模作业,且土壤多以草原黑土(包括黑钙土)、栗钙土和暗棕钙土为主,有机质含量高,特别适宜农作物生长。

美国1/3的土地处于休耕状态,农作也是一熟制,合理密植技术也远远没有达到我国这样淋漓尽致的利用水平,所以美国可以轻而易举地在短期内提高30%~50%的粮食产量,从10年以上的长期来看,提高100%的粮食产量也并非难事。若真如此,低价的美国农产品充斥世界,对农业不发达国家的农业和自然禀赋差国家的农业将是毁灭性灾难。从竞争的角度来说,美国农业具备摧毁当今世界绝大多数国家农业体系的能力。

美国最大的战略优势,不是美军,美军与中俄对战,必将损失惨重;不是美钞,金融战争必是两败俱伤;不是战略核武器,核战争必然相互摧毁;美国的优势是农业和粮食,农业是美国最大的战略资源,是美帝霸权的基石。

长期以来,美国的粮食产量高居榜首,其农产品在国际市场上拥有强大的竞争力,美国人也凭借较强的科技实力和金融实力掌握着国际粮食贸易的定价权与话语权。大量的过剩粮食在海外市场销售,也成为美国实现贸易顺差、平衡国际收支的重要工具。

第二次世界大战之后,日本经济凋零,粮食短缺问题严重,国民生计惨淡,社会矛盾丛生。为了解决这些问题,美国占领当局分别从外部和内部开展粮食援助和粮食强征。这一系列政策在实现美国自身的经济需求与政治目的的同时,也确实对日本的农业与社会步入正常化发挥了重要作用,为之后日本的经济腾飞奠定了坚实基础。战后初期的粮食政策连同日本经济复苏后美国长期实施的粮食倾销,共同构成第二次世界大战后美国对日本粮食战略的主要内容。美国的粮食战略缓解了战后初期日本严重的粮食危机,解决了美国国内的粮食过剩问题,改变了日本人的饮食结构与饮食习惯,挤压了该国粮食的生存能力和发展空间,影响了日本的粮食安全乃至政治、经济主权与独立发展进程,也加剧了美日间的贸易摩擦。

1945年,粮食还被当作武器用于离间两个社会主义国家。由于南斯拉夫与苏联之间的分歧日益严重,为了"支援"南斯拉夫彻底与苏联"闹掰",美国为南斯拉夫提供了大量的粮食援助,在一定程度上导致了苏联对南斯拉夫的严重不信任,最终导致两个国家彻底决裂。

1949年10月,中华人民共和国成立,美国等西方盟国随即对中国实行包括粮食在内的全面封锁和商品禁运,妄图通过破坏这个百废待兴的新生国家的粮食供给,引发社会动荡而颠覆红色中国。美国对中国的禁运一直延续到20世纪70年代初期,此时,恰逢中苏决裂,美国拉拢中国对抗苏联。

1962年,在中国遭受严重灾害的情况下,美国依然不忘来敲竹杠:(仅)允许中方用非常有限的硬通货黄金向美国购买300万~500万吨小麦。不仅如此,美国还曾经企图在交易中加入所谓"中国大陆同意放弃对台湾以及邻国的军事政治压力"的政治条件。

1963年,苏联遭禁运。该年全球粮食危机,苏联粮食严重短缺,以美国为首的西方国家对苏联实施严厉的粮食禁运。苏联不得不编造粮食增产的谎言，骗过了美国，同时动用了 1/3 的黄金储备购买粮食。等西方国家反应过来后，苏联已经度过了最艰难的时期。

1965—1967 年，印度遭受粮食援助胁迫。受气候影响，印度粮食严重短缺，爆发了独立以来最为严重的粮食危机。1965 年，印度还与美国的盟国巴基斯坦发生战争，美国一度停止对印度的粮食援助，以此向印度施压。1971 年，印巴战争再次爆发，美国故伎重演。此后，美国还对印度采取过限制粮食出口的政策，最终迫使印度改变了反对美国入侵越南的外交政策。

1970 年，智利成为美国粮食援助的又一个受害者。当阿连德当选为智利总统后，为了防止美洲地区出现第二个古巴，美国立即停止了对智利的粮食援助。阿连德在美国支持的反对派发动的军事政变中死亡后，美国的粮食援助很快恢复，而智利进入了漫长的军事独裁统治。

1973 年，日本遭盟友的粮食"误伤"。日本 97% 的大豆依靠进口，其中 92% 来自美国。美国由于国内食品价格史无前例地上涨，对大豆、棉籽及其制品实行了禁运。

1980—1981 年，苏联在粮食危机中解体（至少是主因之一）。这一年，苏联入侵阿富汗，美国对其实行谷物禁运。20 世纪 80 年代末，西方世界最喜欢的苏联领导人戈尔巴乔夫上台，开启了所谓的改革。美国和西方立刻对苏联改变态度：苏联需要多少粮食就卖给多少粮食。苏联得到了粮食，付出的代价却是整个联邦的解体。

另一个例子发生在非洲的毛里塔尼亚。2008 年 8 月，毛里塔尼亚因粮食危机引发政变，政变军人冲进总统府和总理府，占领了总统官邸，逮捕了总统阿卜杜拉希和总理瓦格夫。这次改变是因为毛里塔尼亚经历了严重的旱灾，干旱造成农业的大幅减产和牧业养殖困难，给原本就脆弱的粮食供给体系带来极大的影响。毛里塔尼亚开始出现粮食危机，加剧了人们对政府的不满,从而引发了政变。

2.3.3 我国党和政府高度重视粮食问题

自中华人民共和国成立以来,党和政府非常重视粮食问题,在中国共产党领导下,经过艰苦奋斗和不懈努力,中国在农业基础十分薄弱、人民生活极端贫困的基础上,依靠自己的力量实现了粮食基本自给,不仅成功解决了 14 亿人口的吃饭问题,而且居民生活质量和营养水平显著提升,粮食安全取得了举世瞩目的巨大成就。

党的十八大以来,以习近平为核心的党中央始终把粮食安全作为治国理政的头等大事,提出"确保谷物基本自给、口粮绝对安全"的新粮食安全观,确立了"以我为主、立足国内、确保产能、适度进口、科技支撑"的国家粮食安全战略,走出了一条中国特色粮食安全之路。

2.4 粮食与我们的生活

2.4.1 手中有粮,遇事不慌

饮食需求是人类最基本的生理需求,粮食在我们的日常生活中扮演着非常重要的角色。

将亚伯拉罕·马斯洛需求层次理论具体化、"粮食化",可以较好地理解粮食在我们生活中的地位。马斯洛效应,即马斯洛需求层次理论,由美国人本主义心理学家亚伯拉罕·马斯洛在 1943 年发表的《人类激励理论》中提出。他将人类需求像阶梯一样从低到高按层次分为五种,分别是:生理需求、安全需求、社会需求、尊重需求和自我实现需求。生理需求属于人类最基本的需求,人类在生活中只有满足最基本的生理需求,才能追求更高层次的需求,其中尤以对食物的需求最迫切;安全需求即人们追求安全、稳定、和谐的社会环境，保证自身安全不受威胁；社会需求指个体渴望得到家庭、团体、朋友、同事的关怀、爱护、理解，包括社交欲与归属感；尊重需求包括自我尊重、自我评价和尊重他人，尊重需求得到满足，能使人对自己充满信心，对社会满腔热情，体验到自己的用处价值；自我实现需求处于最高层次，满足这种需求就要求完成与自己能力相称的工作，最充分地发挥自己的潜在能力，这样才会使他们感到最大的快乐。人本主义认为，一切经济发展、一切经济制度的安排都要围绕人的实际需要而实施。粮食从满足人类最基本的生理需求开始，不仅在人类发展中处于不可或缺的地位，更是关系国计民生的重要战略物资。

我国是一个人口大国，也是一个农业大国，农业支撑着我国半壁江山，如果没有足够的粮食生产，一旦遭遇自然灾害就可能面临"吃饭难"的问题。一些上了年纪的人都会记得，1959—1961年的三年自然灾害，曾给我们造成了重大吃饭问题。追根溯源，人为因素和自然因素都有。

坊间百姓说得好，"手中有粮，遇事不慌"。如果对粮食问题不够重视，当我们真的再遇到了自然灾害，出现粮食缺口时，其后果将不堪设想。同时，农业是第一产业和基础产业，没了农业也就没有了其他行业发展的基础。只有重视农业、始终不忘发展农业，我们的国家才能有光明的前途和未来。常言道："人是铁、饭是钢，一顿不吃饿得慌"，粮食安全是当前最大的民生。从1982年以来，我国每年发布的中央一号文件都是有关"三农"问题。近年来，全国人大、政协会议的"一号议案"不仅锁定了"粮食安全"，也成了代表、委员们热议的话题。

仓廪实，天下安。手中有粮，喜气洋洋；无粮不稳，无粮不安。粮食是安天下之本，古今中外概莫能外，所以，粮食生产的重要性怎么强调都不过分。

2.4.2 粮食结构的差异在南北饮食文化差异上的表现

由于我国自然环境、气候条件、民族习俗等的地域差异，各地区和各民族在饮食结构和饮食习惯上有所不同，其饮食文化更是丰富多彩，各个地区别具风格。

秦岭-淮河一线把我国分成了南北两部分，不同的地理位置、气候环境造成了不同的粮食结构，同时与人文历史相结合，从而形成了各具特色的饮食习惯与文化。

我国的南北饮食文化随地域的不同而存在很大差异。气候是造成这种差异的主要原因，直接体现在对粮食作物有决定性影响的水热条件上，自然地导致了主食的不同。正如建造一座大厦，地基的结构性设置决定了上层建筑的结构样式，整个南北饮食的结构以及吃法自然有着巨大差异。

南方人爱米饭，北方人喜面食，这主要与南北方的农业生产结构不同有关。我国南方的气候高温多雨，耕地多以水田为主，所以当地的农民因地制宜种植生长习性喜高温多雨的水稻；而我国北方降水较少，气温较低，耕地多为旱地，适合喜干耐寒的小麦生长。所谓"种啥吃啥"，长此以往，便养成了南米北面的饮食习惯。

北方的气温比南方低，尤其冬季十分寒冷，因此北方人的饮食中脂肪、蛋白质等食物所占比重较高，尤其在牧区，牧民的饮食以奶制品、肉类为主。南方人的饮食以植物类为主，居民有喝菜汤、吃稀饭的习惯。而在高寒的青藏高原上，青稞是藏民主要种植的作物和主食，同时为了适应和抵御高寒的高原气候，具有增热活血功效的酥油和青稞酒成为藏族人民生活中不可或缺的主要食用油和饮料。

南方和北方，除了食米食面、食鱼食肉的差异外，在烹调习惯、口味风格方面也有很大不同。比如稀饭，北方主要是小米粥、大米粥，通常最多放几颗枣。但在南方，不仅粥里放菜，就连火腿、松花蛋等，都一股脑往里放,甚至粽子里都裹香肠等。另外,南方人喜甜,北方人喜咸。南方人吃菜喜欢分别炒,北方人则偏爱一锅炖等。就总体来讲,南方饮食讲究的是精细,而北方体现的是粗犷。

南方人喝汤是作为一个菜上桌的,更多的是在夏季天气炎热的时候喝汤,广州、福建一带在饭前、饮酒前喝汤,尤其广州人煲汤是出了名的;而北方人一年四季都喝汤,但是汤是在饭后喝,一般不是作为一道菜上桌,而且主要在冬季喝汤,觉得热乎、暖和。

南方人的菜肴,多以精致细巧见长,并格外讲究情致,最大的特点就是选料讲究。广东的粤菜、四川的川菜、湖南的湘菜、江浙的杭帮菜等都属于南方菜。也许是南方山水清秀、色彩丰富的缘故,南方人的美学理念也多以柔和淡雅见长。南方的菜肴自然也打上了这鲜明的地域烙印,不但色、香、味俱全,而且盛放器具的花色、装饰,以及就餐的环境等,都格外讲究。就烹饪方法来讲,无论是烤、焖、蒸、炖,还是炙、熘、炒、拌,南方人都有一套繁杂而讲究的程序,追求的是鲜、嫩、香、滑,以求满足味蕾的各类微妙体验。南方菜量小而精,一年四季蔬菜丰富,品种繁多。

北方人的菜肴,则以色、香、味重取胜,最大的特点就是就地取材,讲究火候。北方做菜的原料没有南方的种类丰富,也没有太多花样,可即便是极其普通的食材,北方的厨师也能做出与众不同的味道来。譬如说兰州有名的烤羊头,先将羊头煮得半熟,然后一刀剁成两半,刷上一层羊油,再放在烤炉上用急火烧烤。烤羊头的整道工序很是复杂,共计要刷油九次,刷酱油两次,刷醋两次,刷孜然两次,刷辣椒油三次。做好后,整个羊头呈紫黑色,虽不是很好看,但味道却格外诱人。东部广大平原地区适宜种植小麦,因此面食比较多。北方食物多而粗,北方到了冬季就数大白菜最多,要不就是大棚的蔬菜,但是品种相对还是少了些。北方几乎没有独立的菜系,虽然北方各地都受鲁菜的影响,又都有各自的特色,但不像南方菜系区分得那么明显。

从喝酒来看,北方人豪爽,平均酒量大于南方人,特别是山东、东北和内蒙古人酒量惊人。南方生产白酒,有名的如贵州茅台、四川五粮液等。夏天可能南北都以啤酒为主,但是冬天北方人更喜饮白酒,而冬天南方的江浙一带喜喝黄酒,比如,绍兴女儿红、上海的和酒、石库门等。北方人大碗喝酒,大口吃菜,大声说话。南方人相对内敛、细腻。

南方人喜欢吃葱,北方人喜欢吃蒜。南方人更多吃泡菜,北方人更多吃咸菜。

至于鸡鸭,北方人多喜欢吃鸡,南方人多喜欢吃鸭,这是由于南方水多,出产鸭类多,而北方陆地饲养鸡类容易,除了北京烤鸭是个另类。

2.4.3　生活中要时刻关注粮食安全

当下我国粮食供需总体仍处于紧平衡状态,"靠天吃饭"的局面并没有根本改变,今后粮食消费还会刚性增长。人口大国的吃饭问题,谁也"背"不起,只有靠自己。粮食生产这个经济基础,任何时候都不能削弱。粮食增产支撑着经济社会发展,始终发挥着重大作用,是治国安邦的头等大事,不可动摇。坚持不懈地抓好粮食问题,把粮食生产放在科学发展全局中统筹兼顾,必须把好18亿亩(12亿公顷)耕地红线,打牢农业基础,确保粮食安全。

在一些地方土地利用粗放浪费,城镇盲目扩张,建设贪大求洋;城市土地利用结构和布局不合理,产出效率低;农村空闲住宅多,空心村多,人均用地逐年扩大;土地供需矛盾突出,违规违法用地屡禁不止……随着土地作为生产要素的进一步稀缺,坚守耕地红线的任务还十分艰巨。否则,粮食安全生产就成了一句空话。

吃饭问题关系到粮食安全，粮食安全关系到耕地问题，这是一条周而复始的链接，缺一不可。因此，我们必须有一个清醒的认识，重视农业，重视农村，重视土地，对我们这样一个人口大国来说，永远是一个中心话题，既不能回避，也不应该回避。必须充分认识保护耕地的极端重要性，切实保护好中华民族赖以生存和发展的土地资源。

有道是，吃一堑，长一智。我们已经吃够了自然灾害带给我们的苦头，我们不能也不应该再继续吃下去了。严重的自然灾害告诉我们，即使我们的城市少发展一点，公路、铁路少建设一点，城市亮化工程停建一点，也应该把"三农"放在最突出的位置。

有粮不忘无粮日，丰收应记歉收时。落实粮食安全生产，不仅需要继续加大土地生态保护力度，改造中低产田，推广作物良种，推广新型种植养殖技术，扩大规模化生产，还要用科技手段提升农业综合生产能力，为农业现代化创造条件、提供市场。

中国人的温饱问题虽然基本解决了，但与粮食相关的粮食安全、健康养生等问题已成为新的焦点。粮食是改善人类健康及地球环境可持续性的最强杠杆，然而目前它却同时威胁着人们和这个星球。人类所面对的一大挑战就是为不断增长的世界人口提供产自可持续粮食系统的健康膳食。虽然以热量（卡路里）计算的全球粮食产量总体增长跟上了人口增长，却仍有超过 8.2 亿人得不到充足的食物（2018 年联合国粮农组织发布），并有更多的人在消费低质量食物或过量食物。当前，不健康膳食在造成疾病、死亡方面的风险数值超过不安全性交、酗酒、吸烟、滥用药物的总和。

全球粮食产业威胁着气候稳定和生态恢复力，是构成环境退化和星球边界被侵犯的最大动因。综合以上因素，现状令人心惊，对全球粮食系统的大力改造势不容缓。若不采取行动，这个世界势必落后于联合国

第 2 章 粮食的力量

的可持续发展目标。继承一个严重退化的地球，届时将有大批人口遭受营养不良和可预防疾病的折磨。

有充分的科学证据表明膳食与人类健康及环境可持续性之间的联系，然而健康膳食、可持续粮食生产方式都缺乏全球认同的科学标准，这妨碍我们对全球粮食系统进行大规模、协作性的改造。为应对这一紧急需要，EAT-Lancet 委员会（即挪威智库"Eat"与英国医学杂志《柳叶刀》合作成立的委员会）召集了来自 16 个国家的 37 名顶级科学家，学科领域包括人体健康、农业、政治科学、环境可持续性研究等，协力提出了健康膳食和可持续粮食生产的全球科学指标。这是为粮食系统制定普遍适用于全世界所有人的科学指标的首次尝试。

EAT-Lancet 委员会聚焦于全球粮食系统的两个"末端"：最终消费（健康膳食）和生产（可持续粮食产业）。这两个因素对人类健康和环境可持续性有着的重大影响。粮食系统的环境影响作用存在于供应链全程的各环节，从生产到加工、零售，并延伸到人类及环境健康以外，同时触及社会、文化、经济、动物健康及福利等。

建立可持续的粮食系统并为不断增长的人口提供健康膳食是艰巨的挑战，要寻找可用方案就需要了解各种行动的环境影响。EAT-Lancet 委员会考察过的可立即着手推行的措施包括：全球转向健康膳食；改进粮食生产方式；降低粮食损失与浪费。EAT-Lancet 委员会致力于找到满足健康膳食与可持续粮食生产科学指标的行动方针，使全球粮食系统得以过渡到安全运作空间之内。

第 3 章

大国粮策

3.1 美国：粮食发展与贸易

3.1.1 美国农业领先全球的原因

美国以农业立国、兴国、富国，是全球农业最发达、生产力发展水平最高的国家之一。美国农业的生产效率高是毫无疑问的，故美国农业人口才不到全国人口的2%，他们不仅能为全美供应充足的粮食，还能每年把超过1000亿美元的农作物出口到其他国家，每年的农业贸易顺差额超过百亿美元。美国的农业还非常环保、高效。美国建国也不过200多年，却在很短时间内超过许多像中国这样的传统农业大国，一跃成为世界第一，美国是怎么做到的？

1. 政策支持扶持

美国在建国初期就意识到农业的重要性。在19世纪80年代以前，农业是联邦政府主要的收入来源，在经济中占有重要地位。美国对农业的干预在以下几个方面：制定有关农业立法保护农业集团的利益；发展农业科学研究和农业教育；资助、扶持灌溉和垦荒事业；扶持农村道路、通信、电力等基础设施建设；农产品价格的直接补助；较低的农业税收政策；积极开拓农产品国内、国际销售市场；良好的技术服务，建立农业技术指导员制度；等等。美国是世界上通过农业立法对农业进行保护程度最高的国家，美国农业立法最大限度地保护美国的私有农业。从立法上看，美国的国家干预政策和对美国农业的保护是不可忽视的。联邦政府对农业管理机构不断调整、充实和完善，以及对农业生产的干预，强有力地促进了美国农业生产的蓬勃发展。

美国在赢得独立之后不久就致力于解决土地的分配和使用问题。《1784、1785暨1787年法令》规定要对西部地区进行勘测，为家庭农场开发土地。在向西部发展的过程中，许多拓荒者没有钱买土地，占了一片地就定居下来，对自己的农场没有明确的所有权。他们安家落户之后就发起一场运动，要求修改法律，宣布一部分土地为免费分配，另外一些土地可以最低价格购买，并在几年内陆续付清欠款。政府在连续通过了几项有关法律之后，于1862年制定了《宅地法》，规定把土地免费分配给同意在这片土地上"安家"达到一定年份的拓荒者。这项法律及以后通过的另外几项法律都是为了使家庭农场主得到土地。

在《宅地法》的吸引下，美国东部地区和欧洲各国移民大批西进，开拓了中部大平原和落基山脉地区。横贯北美大陆的五条大铁路的修建也为移民们西进创造了便利条件，进一步推动了西部开发。这些因素都促成了后来的农业规模化和工业化。在19世纪的最后20年间，美国新垦殖的土地面积超过了英、法、德三国土地的总和。农民的人数激增，土地面积迅速扩张，产值也连年翻番。

有人认为，《宅地法》的颁布和实行的伟大历史意义和影响，仅次于《独立宣言》。虽然一部分土地投机商和大公司抢夺了大片土地，但广大的劳动者毕竟也得到了土地，部分满足了农民的土地要求，为农业发展创造了有利的条件，在后期也促进了资本主义大农场的发展，农业商品率不断提高。

1862年通过的《莫理尔法案》把联邦政府的一部分土地分给各个州政府，用来建立一系列农业和技术学院。根据这一法案建立起来的69所"接受政府赠予土地兴办的学院"，在开展农业科学研究和培养一代又一代农民方面起到了很重要的作用。这一系列政策非常有效，南北战争后到20世纪初，美国农业生产得到了飞速发展。对1860—1913年数据的综合统计表明，美国主要粮食作物和经济作物的小麦、玉米和棉花产量在资本主义世界生产总额中分别占23%、66%和58%，居于世界农业生产的前茅，成为世界市场上粮食等的最大供应国家之一。

1862年5月，林肯政府为了加强对农业生产的领导，对管理农业的行政机构的职能和活动范围进行调整，颁布了《农业部组织法》，并在中央政府设立农业部，在农业部下面设立农业化学和工程局、昆虫与植物检疫局、农业统计局、森林局、农资局、气候局、果木和蔬菜局、牲畜工业局、农产品销售管理局、垦荒服务局以及农业实验站管理局等。所有这些部门各司其职，负责制定和执行农业发展规划，进行科学研究和推广科学研究成果，传播农业生产的成功经验，引进国外优良的品种，改良农业生产技术。1889年，联邦政府提高农业部的级别，使之与其他各部的地位平等。20世纪末期，美国在全国各州县也相应地设立了管理农业的机构，从而逐步地形成了从中央到地方的农业管理组织系统，这对农业的管理、监督和指导有重要意义。

随着人口大批向西部迁移，大片土地被开拓，由于西部地区水源有限，用水问题频繁引起了严重的冲突。1877年，联邦政府颁布了《荒芜土地法》，鼓励人们进行水利灌溉工程修建。1894年，国会在对农业灌溉情况做过调查之后通过了《凯里法》。该法令规定，允许私人经营灌溉系统，但必须在州政府的监督之下；中央拨给各干旱州100万英亩土地用于水利灌溉工程的建设；使用灌溉设施的农户要按规定缴纳费用；等等。

1902年，联邦政府颁布了《新垦荒法》，宣布增加对西部农业区的水利工程资金的提供，并且还从法律方面加以保护。与此同时，各州根据各自的具体情况采取了相应的干预措施，如科罗拉多州政府于1879年和1881年先后通过法律，决定建立地区水利委员会，由其制定利用水流的计划和分配水流，并授权法院对水利案件进行优先审理。1887年，加利福尼亚州运用《赖特法令》授权地方政府建设灌溉工程并通过特别税收来筹措所需资金。中西部和东部各州政府也利用权力杠杆对水利进行干预，采取了各种措施，目的在于加强潮湿地区组织和管理排水系统，充分发挥水利设施的作用。由于从中央到地方各级政府对水利灌溉非常重视，并进行了各种形式的干预，有了足够的水源和灌溉系统，大大促进了农业的发展。

后来的美国总统都非常重视农业，制定了一系列的政策扶植农业。美国实行的是"以工补农"政策，发达的工业和高科技产业扶持起了一个发达的农业。20世纪初，农业界的领导人担心政府的科研成果不能传播到农民那里。为了证明新的技术可以帮助农民提高产量，政府成立了一定数量的"示范农场"，并与地方企业和农场集团一起雇佣了一批"示范代理人"。1914年，国会设立了一个新的"农业发展服务"项目，从而把上述计划推广到全国。在联邦政府和各州的"政府赠予土地学院"的共同资助下，"农业发展服务"雇佣代理人在各地区设立办事处，为农民及其家属提供咨询。

1933年，美国通过了《农业调整法》，该法是保护农业基础地位和增加农业收入的重要法律，经过日后的不断修正和调整，还有一系列的专项法，它们一起构成了农业法的完整体系。美国政府的农业政策通过这些法律得以实现，它们既可帮助减少政府的开支，不断增加农户的收入，又可加强环境的保护和实现农业的可持续发展，建立效益型农业。美国的农业法对于建立健全农业产品市场机制，保护美国的农业来说，发挥着农业法律的作用和影响，对走法制化道路有着积极的作用。

美国的农业法是一个独立的法律部门，得到农业界、法律界和社会各层的大力支持。其作用为：淡化行政力量，靠法制和经济手段去调整；以法制经济来规范农产品的市场贸易行为和市场要求。美国农业法的调整范围大体包括以下几个范畴：国家对于农业的计划和宏观调控，包括国家的农业税收政策和贸易计划；国家土地资源的利用和开发及保护；农业的市场经济和市场管理及计划。

比较大的改革在1996年，克林顿总统签署了《联邦农业改进和改革法》（也叫《农业自由法》），首次从法律上把政府对农业的支持和补贴同农产品价格脱钩，将原来的按农产品价格变动补贴，转变为不受变动影响的向农民支付固定现金补助的政策。这样虽然增加了农民的风险，但是导入作物收入保险计划，又降低了农民的风险。从1996年到2002年，政府补贴总额下降了十几亿美元，但是美国农业却获得了有史以来的最高产出。此次改革在当时被誉为是自罗斯福新政以来农业政策的重大改革措施。

2002年5月13日，布什总统签署的《2002年农场安全及农村投资法》（也叫《新农业法》）将政府对农业的补贴和支持同农产品价格变动挂钩。《新农业法》包括10个方面，分别是商品计划（即对产品的补贴）、生态保护、贸易（指出口补贴）、营养计划（即食品消费补贴）、信贷、农村发展、森林、能源、杂项等。它将美国农业政策史上很广泛的补贴政策细化，增加了许多新的农产品，几乎覆盖了所有的农产品种类。《新农业法》还设立了"营销援助贷款和贷款差价支付""直接支付""反周期支付"三道保护线，构成严密的收入安全保护网。提高了除大豆之外的大部分农产品的贷款率，新增了大豆、花生和其他油料作物的补贴，同时提高了原有产品的直接支付。提高农产品的目标价格水平，降低农场主的生产成本。

美国自建国以来也十分重视交通建设，在早期就采取了一系列的措施来发展工业和交通运输业。1869年，横贯北美大陆的第一条铁路建成通车后，又有四条这样的铁路干线相继竣工并投入运转。重工业如生铁、钢和石油开采都有大幅增加。同一时期，机器制造工业特别是农业机器制造业有了一个较大的发展。新兴的汽车工业也飞速发展。这就为农业提供了先进的技术装备和廉价的能源，加快了农业的技术改造，推动了农业机械化的发展。铁路的发展既扩大了国内市场，也扩展了国外市场。四通八达的运输网让农民可以在较短时间内把农产品运到较远的市场，让农民可以因地制宜地在当地种植最适宜的农作物，实现了农业的地区专业化。随着铁路运输和远洋航运业的改进，农产品的运输费用大大降低。这一切都为美国今天强势的农业格局打下坚实的基础。

2. 重视农业教育

美国是世界上发展农业教育较早的国家之一，其规模和成就在世界农业教育史上是其他国家望其项背的。美国农业教育对美国农业现代化有着深远的影响。美国自建国初期就十分重视农业教育和农业科学研究，重视农业人才的培养，加强对农业的领导。

1785年，费城成立了农业协会，开国元勋华盛顿、富兰克林都是该协会的成员。农业协会的主要工作是促进农业教育和推广农业科学技术知识。在农业协会的帮助下，美国一些大学和中学开设了农业技术课程。大学的农业学院除了完成自身的教学科研任务外，还要组织力量在各小学里讲授农业课程，以推动建立农业中学的工作。1888年，美国规定在普通中小学、中等师范学校开设农业课程。1917年，国会通过了《斯密斯-休斯法》（Smith-Hughes Act），规定联邦政府拨款与各州政府合作改进职业教育，州政府每年必须按联邦补助数拨相应的经费用于职业教育。

美国农业教育最初是为了适应当时农业增长的社会需求。西部开发之后，农业种植面积不断扩大，粗放式经营已经不能满足需求。基于地广人稀的现实，农业技术改革问题被提上了日程。农业机械大批引入，收割机、脱粒机等农机需要有生产技能的人操作，使得专业人员的培训问题迫在眉睫。1822年缅因州建立了一所专门培养农业人才的专科学校——加德纳学院。之后，康涅狄格州、纽约州、密歇根州等相继建立农业学院，到南北战争之前，几乎各州都有一所州立农业学院，其中，不少学院后来也成为常青藤学院，如康奈尔大学，至今都是美国最好的农业大学，许多先进的农业技术都是在那里完成的。比如今天我们在市场上见的紫色和红色的马铃薯，就是在康奈尔大学培育成功的。

美国大规模兴办农业教育是在1862年的《莫里尔法案》出台之后。该法要求从联邦公有土地中拿出部分土地拍卖，筹集的基金给每州至少办一所设有农业和机械课程的学院。这项法令出台后69所学院成立，西部许多州也因此建立了州立大学。例如，今天农业科技水平相当高的加利福尼亚大学戴维斯分校，当年为美国葡萄种植作出了巨大贡献。电影 Bottle Shock（《酒业风云》）里讲了加州葡萄酒如何在世界葡萄酒盲测中击败传统的法国酒，成为世界冠军的故事。其中，不少情节都是讲述主人公在酿酒时遇到问题，去加利福尼亚大学戴维斯分校找教授求助的事。这从侧面反映了这些农业院校对本地农业的巨大帮助。当主人公捧着金奖回来的时候，他一定不会忘了教授对他的帮助。加利福尼亚州纳帕谷成为举世闻名的酒乡，农业科技和农业教育起了决定性作用。

美国农业教育除了培养专科人才，如育种、畜牧、农学等，还非常注重农业管理，实行农业专业技术教育和管理教育并重的双学位制，培养能够参与决策、应付国内外市场变化、协调内部产供销和人、财、物的综合型人才。这种培养模式极大地推动了美国高等教育和美国经济的发展，使得美国成功地走上教育与社会经济发展相结合的道路。

在农学院刚开始建立的时候，学院委员会在社会需求下要求教职员承担室内和田间试验研究的任务。美国在东海岸的康涅狄格州和西海岸的加利福尼亚州建立了两个最早的农业试验站。1887年又在联邦资助下，在各州立学院普遍建立农业试验站。这一做法大大推动了农学院的教学与研究工作，也促进了农民和农村青年教育，有利于向他们宣传和推广新技术和新设备。

在20世纪30年代，农业部和各地学院推出系列研究项目，为农民和一般民众提供帮助。例如，从欧洲大陆进口的猪与本地猪经过杂交之后产生出一种生长快消耗饲料少的新品种猪，土壤经过检验之后决定采用什么样的肥料来增加粮食产量，以及在杂交良种、植物营养、动植物疾病防治及控制虫害等方面都对农民有极大帮助。

如何有效地推广新的农业知识和技术，以便新成果能够迅速而有效地为农民掌握和应用，是农业教育很重要的一个环节。那些研究出来的新品种、新工具、新观念、新方法怎样才能有效地为农民所接受？为了推广科研成果，康奈尔大学下属的纽约州立农学院在1911年设置县一级推广站和技术推广员，并兴办示范农场。1914年，美国国会通过了《史密斯—利弗法》(Smith Lever Act)，由联邦政府拨款，由农业部与各州农学院合作开展推广工作，在各县普遍配备农业推广员。州立农学院通过通信联系、出版图书和讲演，以及演示新农业技术和农用设备，把他们的科研成果直接交给农场主，用浅显易懂的语言传授最新的农业技术知识，帮助农场主和广大农民运用到实际生产中去，形成了以州立大学为主体的教学、科研与推广相结合的三结合体制，成为美国农业教育的特色亮点。

最有说服力的例子莫过于利用生物技术加强农作物育种。玉米和大豆就是最典型的成果。1918年，康涅狄格州农业试验站培育成的杂交玉米代表着美国农业生物技术革命的开始。杂交玉米的培育和推广，让玉米单位面积产量增加数倍，年产量多出几百亿千克，效果十分明显，而对大豆更专注育种，因此在20世纪40年代大豆年产量就超越中国，达到世界第一，并且保持至今。

　　三结合体制对农业现代化产生良好影响。农业教育的发展大大提高了美国农业从业者的文化技术素质，促进了现代农业的发展，对农业发展和现代化起了巨大作用。农民教育程度的提高，让他们更加容易理解并接受新的科学技术。加上完善的农业推广体系，农民能够在农业生产中真正采用最新的科学技术，提高生产效率和产值。农业教育使美国农业从业者的素质无论是与发达国家或是发展中国家相比都是比较高的，美国农业因此以高效率的现代化产业成为世界农业霸权。而农业发展也带动了其他科学技术的渗透，从而使全社会的整体科学技术全面进步，促进了国家经济发展。

　　3. 农业科技的运用

　　美国的农业发达与农业现代化分不开。美国自建国初期就致力于把传统农业改造成现代农业。传统农业是凭借传统种植经验，以牲畜为动力，以简单农具为工具的小农生产，只能满足自给自足的自然经济；而现代农业则高度机械化，采用各种先进现代农业机械，在育种、作物栽培、动物饲养、土壤改良、植物保护等多个领域，广泛应用新的科学技术，同时引进原子能、激光、卫星遥感、云计算等最新技术以及经济数学方法，在农业生产与管理上高度专业化，让农业生产过程同农产品加工销售以及生产资料的制造和供应紧密结合，实现了农、工、商一体化发展。农业现代化就是各种现代科学技术在农业中的综合应用。

　　美国的农业革命，始于农机的大量应用。农业机械化对美国农业生产率的提高和对其社会的影响非常深远。从 20 世纪初到 21 世纪初，美国农民占全美总劳动力的百分比从 38% 下降到 3%。农民生产力得到释放，从而促进了制造业和服务业的发展。

　　随着西进运动的发展，美国西部地广人稀的问题非常突出。这时恰逢钢铁工业因为西门子等公司冶炼方法的改进及应用而迅速发展,使得美国开始了一场农业技术革命。双人打包机即"马希收割机"的发明,以及大规模的使用和推广,开启了美国农业科技的革命。

原始农业是用牛、马和骡子等牲口拉犁耕种土地,拉车装载收获物,而其中大多数的粮食要用来喂养牲畜。播种、除草、收获、脱粒及打包等都是依靠人力。20世纪初,内燃机的发明带动了拖拉机的发展,拖拉机则引发了农业机械革命。拖拉机牵引犁进行耕地,带动了播种机、中耕机、收割机、摘棉机、脱粒机、割草机和打包机等农业机械的诞生和应用。美国工程师一直在对拖拉机和农机具不断创新。早期拖拉机特别笨重,个头也很大,使用起来非常不方便。1902年,工程师查尔斯·哈特和帕尔兄弟发明了小巧轻便的内燃机驱动拖拉机。福特公司对此进行了改造,推出了更加轻便且价格低廉的拖拉机,很快占领了大部分市场。拖拉机设计得越来越精细,向小而轻发展,既可以避开地面障碍物,准确耕种所需之地,又能穿过未收割的谷物。农用的橡胶轮胎,让拖拉机能在坑坑洼洼的泥泞田地里行驶。

20世纪30年代,康拜因联合收割机的发明产生了划时代的历史意义。之前,依靠动力牵引,通过万向节将发动机的动力直接传输给牵引的机具的收割机只有一个功能;而联合收割机将谷物收获的两个过程合二为一,将收割谷物和脱粒结合在一起。柴油机驱动的联合收割机能自动收割、脱粒和筛选,还能利用传送带将谷物送上卡车。如果你参观过玉米的收割,就见一望无际的金黄玉米地,在巨大的联合收割机走过之后,只剩下整齐划一的玉米秆,一只大烟囱模样的铁管伸出,往旁边的卡车斗里吐出瀑布般的玉米粒。没多久,一片地就收割完成,整车的玉米粒拉到谷仓,通过传送带装进去。转基因玉米也是这样收割的,所以有人说市场上这个像转基因玉米,那个像转基因玉米的,其实他们说得都不对。因为转基因玉米是边收割，边脱粒，而且玉米本身就是种子，按照种子专利协议，不能外流，转基因玉米是不可能流传到市面上的。

现在的自动联合收割机可用全球卫星定位系统操纵其移动，并能测量和分析收割情况。美国农民坐在带有空调的舒适的驾驶舱中，听着音乐干农活，甚至都不必出门，在家按按键盘和电钮就可以让户外的农机运转起来。从19世纪末到现在的120多年里，谷物收获生产率提高了600倍。

1938年，爱德·诺尔特发明了自动打捆机，让干草的收获全部自动化。之后几乎所有的作物都可以实现自动化收获。诸如樱桃、柑橘及核桃等都实现了机械化采摘，甚至很容易挤伤的西红柿、葡萄和黄瓜也实现了机械化采摘和分类。就像一个西红柿采摘机，当西红柿顺着传送带送到分拣机里的时候，经过一个光传感器，青的西红柿走一条通路，红的西红柿走另一条通路，大小也能分开。这样一套机器，一小时可以分拣几吨西红柿。

大豆和玉米的收获也差不多，边收割，边脱粒，旁边的卡车收集脱粒好的大豆。只是如果是转基因大豆，规则和转基因玉米一样，不能外流，因为大豆也是种子，如果运输中出现状况，有大豆外流，必须要报告。因此，我们在市场上几乎见不到转基因大豆的豆荚或者豆粒。真正的转基因大豆收获之后，直接入仓。进口到我国的要直接进到港口装进货柜，再运到中国。在中国海关报关之后，也是不得在港口外停留，而是直接进榨油厂。因此，我国市场上，理论上也见不到真正的转基因大豆粒。

机械采摘棉花的发明也非常有意义。棉桃有很强的黏着力，一直很难机械化采摘。20世纪30年代，得克萨斯州的约翰和马克兄弟设计出了"轴型棉花采摘器"，由可加湿的转动轴从棉桃中仅抓出棉纤维，比手摘棉花还干净。1943 年，国际收割机公司经过改进，做成了棉花的自动采摘流水线，彻底改变了棉花的收获方式，极大地促进了美国棉花产业。

自动挤奶机已在美国遍地开花。这样的机器上带着奶泵，在泵奶的过程中，有对牛奶的自动冷却系统，让牛奶保持低温，防止腐败变质。新技术提高了奶泵的频率，让运输更快，降低牛奶在中途变质的概率。

水的灌溉自动化也具有重大意义。1952 年，泽巴赫设计出了"自推进喷灌器"，从而使美国的农田灌溉率增加了 4 倍。这种灌溉器还可用于喷洒农药和除草剂。后来的滴漏灌溉，用计算机控制，也能施化肥，节省水源，现在美国的不少地区都用计算机控制灌溉系统，有些甚至发展到了手机 App。

美国现代化农业还非常注重环保。美国养牛的农场会考虑保护环境和持续发展的问题。有的把牛粪尿通过沼气池发酵处理，沼液、沼渣作为有机肥施于农田，沼气用于发电。有的把冷却牛奶的冷却水，再用来冲洗牛舍，废水排到沼气池又被利用。农场主都在努力使资源能够得到多次利用，以减少浪费，节约能源，保护环境，增加收入。

美国卫星遥感器、无人机在美国农场的应用非常普遍。他们利用无人机，飞过田野，制作 3D 地图，设法提高作物产量。喷洒农药的小飞机也可以无人驾驶，只靠遥控。在虫害精确防治方面，卫星也大显神通。新技术可以根据卫星照片绘制出耕地的鸟瞰影像，再将地块的害虫数据放在影像之上，让种植者能够追踪害虫是如何生长或减少的进程，以便评估杀虫剂在清除害虫方面的作用。这样可以帮助农民做出更精确、更有针对性的害虫控制决策。使用者通过计算机或者无线上网的智能手机输入数据，算出耕地中每种作物遭受虫害的情况。这样的系统还可以用于 GPS 导航的播种机控制系统、绘图、耕地监控和无线通信等。新的用于化学品直喷装置的产品，还能在喷洒杀毒剂和液态化肥时实现更精确的剂量控制，不需要预先在储罐中调配化学品。这种产品能确保农药用量更精确、安全，也让成本更低。毫无疑问，美国的农业技术革命，使美国农业生产发生了巨大变化，劳动生产率成倍地提高，也让生产更加精准。美国东部的乳制品，南部的棉花，中西部的小麦，玉米带上的玉米，中西部的畜牧产品，西部太平洋沿岸地区的蔬果，都实现了农业区域专业化生产。这样有利于发挥各地区之间的潜在优势，提高劳动生产率，使农产品成本大大降低。同时，也极大地促进了农业生产的集约化、机械化和科学化，从而提高了整个农业的生产力。

美国还有一个 Check off 制度也对美国农业科技的发展帮助很大。其基本运作方式是，成立各种农业行会，并实行会员缴费制度。农户在销售特定产品时，销售额的一定比例强行由专业行会扣除，用于行业内的公益项目，如科研、产品开发、市场推广、公共关系等。根据不同的农产品，分别在联邦、州，或者更小的区域制定和实施。有些甚至是以联邦立法的形式实施。大豆是实行这种制度成功的典范。

1990年，美国通过了《联邦大豆推广、研究、消费者信息法案》。1991年开始施行。大豆在销售时，销售额的0.5%自动扣除，被大豆联合董事会所征用。大豆联合董事会代表28个产豆州的豆农，每年所征费用上亿美元，资助的科研项目接近上千个。研究的项目以生产研发技术以及大豆的综合利用为主，也包括了大豆的推广、公关、宣传等。据研究，每征用豆农的1美元费用，给豆农带来的效益是6.4美元。其他农产品也有类似的制度，如美国鸡蛋董事会，鸡农每销售30打鸡蛋，扣10美分给董事会，董事会一年可费收2000万美元；牛肉董事会每头牛代扣1美元；猪肉董事会，每100美元猪肉销售价代扣0.4美元；羊肉董事会，每100磅羊肉代扣0.5美元；棉花董事会每480磅原棉收1美元，另外生产、进口和加工的棉制品的产值的0.5%；收费金额较大的是联邦奶类管理公司,每 100 磅牛奶代扣 15 美分,一年可收费 4 亿多美元。此外,蜂蜜、蘑菇、蓝莓、爆米花、高粱、西瓜、花生、杏仁、土豆等,都有自己的行会缴费制度。美国还动用国家机器把这样的制度用立法的形式实施推行,如 1974 年,美国国会通过了《鸡蛋研究和消费者信息法》,1987 年,又通过了《蜂蜜研究、推广和消费者信息法》。

在美国,农业生产资料的生产、供应体系,农产品加工、销售体系,农业科研、教学、技术推广体系,农作物种子、家禽畜种的培育、繁殖、加工、销售体系,农产品质量检测、监督体系,农业信息服务体系都很健全。这些体系与生产者形成了一个庞大的农业产业体系。这个农业产业体系经过不断完善,使得生产、加工、流通、销售等诸环节有机结合,流程顺畅;不同产品有不同产业化经营形式,有力地支撑着农业生产,促进了农业的发展。

3.1.2 美国主要粮食作物的生产和贸易情况

首先说说美国小麦的生产和贸易。美国是小麦生产和出口大国,近年来小麦年产量约为 6000 万吨,出口量约占其年产量的一半。所产小麦近 50% 出口海外,30% 以上用于国内食品消费,近 10% 用作牲畜饲料,约 5% 作为种子。

1. 美国小麦的基本分类和用途

美国小麦按硬度、颜色和播种季节的不同,分为硬红冬麦、硬红春麦、硬白麦、软白麦、软红冬和硬质麦 6 个基本类别,每类小麦都有其特定的加工、烘烤和食用特性。

硬红冬麦播于秋季,蛋白质含量较高,平均在 11%~12%,具备良好的加工和烘烤特性,主要用于制作面包。

硬红春麦播于春季,除具备良好的加工和烘烤特性外,蛋白质含量最高，平均在 13%~14%。根据色度、硬度和透明度的不同，进一步细分为深北春麦、北春麦和红春麦 3 个子类。硬红春麦主要用于磨制面包和饼干所需的高等级面粉。

硬白麦用于面条、发酵面包和普通面包，是从美国白麦类新分出的种类。

软白麦的蛋白质含较低，通常只有 10% 左右，并进一步细分为软白麦、白棒麦和西部白麦 3 个子类。

软红冬的蛋白质含量相对较低，也只有 10% 左右。软麦主要用于制作蛋糕、糕饼、普通面包、松脆和快餐食品。

硬质麦主要播于春季，也有少量播于冬季。硬质麦是美国小麦中硬度最高的品种，主要用于制作意大利面条和空心粉。

2. 美国小麦的生产情况

美国小麦分类种植地域分布的大致情况为：硬红冬麦的种植量占全美总量的近 40%，分布于美国大平原地区，即从密西西比河向西到落基山脉，从南达科他州、北达科他州和蒙大拿州向南至得克萨斯州；硬红春麦主要分布于南达科他州、北达科他州、蒙大拿州和明尼苏达州等中北部地区；硬白麦产于加利福尼亚州、爱达荷州、堪萨斯爱达荷和蒙大拿爱达荷等地；软白麦主产区是美国太平洋沿岸北部地区；软红冬产于美国东部，从得克萨斯州中部向北到大湖区，向东到大西洋沿岸，集中产于伊利诺伊州、印第安纳州和俄亥俄州，该品种产量较高；硬质麦产区与硬红春产区大致相同，但有一小部分冬播麦产于亚利桑那州和加利福尼亚州。

美国小麦主产区大致有两大一小共三个三角地带：一是以北达科他州为主，连带蒙大拿州、明尼苏达州和南达科他州所形成的大三角地带；二是以堪萨斯州为主，连带俄克拉荷马州、科罗拉多州、内布拉斯加州和得克萨斯州所形成的大三角地带；三是以华盛顿州为主，连带爱达荷州和俄勒冈州一部形成的小三角地带。

美国小麦中冬麦种植面积占 70%~80%。硬红冬麦生产占全美的近 35%，是美国种植面积最大、分布最广的小麦种类。硬红春麦生产占全美的近 30%，居全美小麦生产的第二位。白麦生产约占全美的 17%，其中硬白麦约占 3%，软白麦占约占 14%。软红冬生产占全美的 16% 左右。硬质麦生产约占全美的 5%。

美国农业部国家农业统计司的资料显示，20 世纪 80 年代初以来，美国小麦种植面积呈下降趋势。从 1982 年的 8600 多万英亩（1 英亩 ≈0.4 公顷）降至 2018 年的 4601 万英亩。

3. 美国小麦的产量变动

美国小麦生产规模列在中国、独联体和欧盟之后，是世界第四大小麦产区。从近几年小麦产量的变动情况看，美国小麦占世界的比重约为 7%。

20 世纪 90 年代以来，美国小麦产量呈波动状变动趋势，产量变动幅度相当大。1998 年产量达到 25.4 亿蒲式耳的峰值，2002 年跌至 16.2 亿蒲式耳，跌幅高达 36%。2003 年又升至 23.4 亿蒲式耳，在上年基础上大涨 25%。美国农业部公布的 1 月供需报告显示，美国 2019/2020 年度小麦产量预估为 19.2 亿蒲式耳。（1 蒲式耳小麦 = 60 磅 = 27.24 公斤）

4. 美国小麦的仓储情况

美国小麦仓储大致分为两级。第一级是乡村仓储。全美有 1000 多个乡村仓储点，其中很多归属麦农合作协会，另一些归大型谷物出口公司，还有一些归谷物公司、面粉厂或本地商人。第二级是终端仓储。终端仓储商从乡村仓储商那里收购小麦，经定级后一般是进行分级存储。终端仓储一般坐落在小麦交易中心和港口，有些终端仓容量可达百万吨以上。

美国小麦仓储绝大部分是出于商业目的私人仓储，政府部门只保持很小一部分仓储小麦，主要用于国际粮食援助。

5. 美国小麦的贸易情况

麦农是小麦贸易的起始点。小麦收获后，麦农有多种选择，一是直接按市场现价卖给乡村仓储商；二是自储或是由乡村仓储商代储，待价而沽；三是卖小麦期货。乡村仓储商的小麦一般面向面粉或食品加工厂，或是卖给终端仓储商。大型小麦加工企业小麦用量大，一般都从终端仓储商处直接购买小麦，而不从乡村仓储商处采购。

美国农民的小麦销售价格变动幅度相当大，价格走向呈 U 形变动趋势。价格变动幅度大，意味着小麦交易的风险也较大。为避免价格风险，小麦交易中一般都采取套期保值方式。

小麦交易分为现货交易和期货交易。现货交易多数情况下出现在麦农与乡村仓储商间。大宗小麦贸易一般都采取套期保值手段，因而与期货交易密切。美国小麦期货交易全部通过芝加哥交易所、堪萨斯城交易所和明尼阿波利斯谷物交易所进行。在长期的实际运作中，形成了三家交易所对不同小麦品种期货交易的自然分工。软、红、冬麦在芝加哥交易所交易，硬、红、冬麦在堪萨斯城交易所交易，硬、红、春麦和白麦在明尼阿波利斯谷物交易所交易。

美国小麦生产量大大高于其国内消费量，有近一半出口国外。从小麦分类出口情况看，硬、红、冬麦出口量占全美小麦出口的近 40%；硬、红、春麦出口量占全美的 20% 多；软、白麦出口量占 20% 左右，主要出口地区是亚洲和中东；软、红、冬麦出口占 14% 左右；硬质麦出口约占 5%；硬、白麦主要供应美国国内市场，出口量很小，但预计今后出口比例会逐渐增大。小麦出口市场存在公开招标、私下招标、公开市场等 3 种方式。

出口海外的小麦所经港口有四大块。一是墨西哥湾港口，美国小麦出口的近一半是经由该处的港口。二是西岸的太平洋港口，约四成以上的出口小麦经此装船。三是大湖区和圣劳伦斯海道，经此出口的小麦约占全美小麦出口的 5%。四是大西洋港口。

美国小麦出口商通常分为 3 类：一是大型私人跨国公司。此类公司组织形式一般是垂直型的，并在主要小麦进口国都设有代表处。二是中小型私人跨国公司。此类公司并不直接拥有或经营主要的谷物储运设施，但拥有一个国际性的进口国小麦代理代表网络。三是合作制小麦经销公司或麦农自己所有的合作社。

在美国有多家经营小麦出口的公司，较大型跨国出口商有嘉吉公司（Cargill）、ADM 公司（Archer-Daniels-Midland Company）、LDC 公司（Louis Dreyfus Corporation）和 ZEN-NOH（National Federation of Agricultural Co-operative Associations）。上述出口商占据了美国大部分谷物出口市场。嘉吉公司是一家私人公司，从美国出口的谷物量最大，约占美国谷物总出口量的 35%，小麦出口占美国小麦总出口量的近 20%。ADM 是一家美国上市公司，LDC 是欧洲的私人公司，ZEN-NOH 是一家日本合作制公司。

3.1.3 美国玉米的生产和贸易

1. 美国玉米的种类

美国玉米 90% 以上用于饲料，分为臼齿玉米、甜玉米和爆花玉米三类。臼齿玉米即玉米粒的顶部有凹陷的玉米，该种类又细分黄玉米、白玉米和混色玉米三种。黄玉米产量比其他两种玉米的产量大得多，主要用于饲料和加工甜料、淀粉以及其他民用、工业用产品。白玉米加工成玉米面、玉米粥和粗玉米粉等。混色玉米用于生产饲料。

美国白齿玉米种植面积约占全美的 99%，甜玉米生产面积只占全美的 1% 左右，爆花玉米面积占不到 0.5%。全部玉米作物的 1/3 留在农场用于牲畜的饲料，其余的由农户售给乡村仓储商。

2. 美国玉米的种植分布

玉米是温带作物。美全国大部分州都种植玉米，玉米主产区在五大湖的西南部，即美国的心脏地带，包括伊利诺伊州、衣阿华州、印第安纳州、南达科他州和内布拉斯加州东部、肯塔基州、俄亥俄州西部和密苏里州北部。玉米生产衣阿华州排在首位，伊利诺伊州其次，两州产量约占全美的 1/3。玉米生产位居前列的州还有内布拉斯加州、明尼苏达州、印第安纳州、南达科他州、堪萨斯州、密苏里州、威斯康星州和俄亥俄州。以上 10 个州的玉米产量占美国玉米总产量的近 90%。

3. 美国玉米的种植与收获面积

美国玉米种植直接受国内和国际市场需求驱动，20 世纪 80 年代以后起伏较大，总趋势是不断增长。1983 年种植面积 5200 多万英亩，1985 年猛增到 8400 多万英亩，两年之内增长 60%，到 1988 年又下降到 5800 万英亩。此后平稳增长，1994 年前后有所起伏，1997 年后维持在 8000 万英亩左右。2017 年度玉米达到了 8240 万英亩。近年来美国玉米收获面积每年都有小幅增长。美国农业部公布的供需报告显示，美国 2020 年玉米收割面积预估为 8350 万英亩（3784 万公顷）。

4. 美国玉米的产量

美国是世界第一大玉米生产国。从近几年玉米产量的变动情况看，美国玉米的总产和单产都居世界首位。美国玉米单产比世界平均水平约高 1 倍。

20 世纪 90 年代初，美国玉米产量呈波动状变动趋势。1993 年美国玉米产量为 63.4 亿蒲式耳，1994 年达到 100 亿蒲式耳的峰值，1995 年跌至74亿蒲式耳,跌幅26%。1996年回升到92.3亿蒲式耳以后未再跌破90亿蒲式耳。进入21世纪,美国玉米产量呈现良好增长态势。2018年,美国玉米产量为143.4亿蒲式耳。美国农业部公布的供需报告显示,美国2020年玉米产量预估为152.78亿蒲式耳。(1蒲式耳 = 39.37公斤)

5. 美国玉米的出口贸易

美国长期是世界最大的玉米出口国。近年来,由于巴西、阿根廷、乌克兰等国玉米种植的兴起,美国玉米的出口量在世界出口总量的占比有所下降。2019年,玉米出口量排名前四的国家是美国、巴西、阿根廷和乌克兰,四国出口量之和占全球玉米出口总量的88%;其中,美国玉米出口4700万吨,约占全球出口总量的27%。

3.1.4 美国大豆的生产和贸易

大豆是世界四大油料作物之一。美国是世界最大的大豆生产国,大豆产量长期占世界大豆产量的约一半。近年来随着巴西、阿根廷等国大豆生产的崛起,美国大豆产量占世界大豆产量的比重下降较快。2019年,美国大豆产量为0.97亿吨,占世界大豆产量的比重为28%。一直以来,保持世界大豆第一生产国头衔的美国,第一次被巴西取代。

美国所产大豆达150多种,约6成用于国内消费,约3成用于出口,其余用于种子、饲料和储备等。美国大豆生产主要是黄豆,此外还有绿豆、棕豆和黑豆等品类。

1. 美国大豆的种植分布

美国大豆主产区在其玉米主产区的中南部分,大豆与玉米产区重叠的原因在于玉米与大豆轮作。美国大豆主产区在大湖区西南部及周围地区(艾奥瓦州、伊利诺伊州、明尼苏达州、印第安纳州、俄亥俄州、威斯康星州)、中西部(内布拉斯加州、南达科他州、堪萨斯州)和东南部（阿肯色州、田纳西州、佐治亚州）。

1）美国大豆的种植

美国大豆种植面积从 1992 年开始持续稳步增长，当年种植面积为 5800 多万英亩，到 2000 年增长到 7400 多万英亩，2004 年达到 7540 万英亩。2019 年实际种植面积为 7610 万英亩。据美国农业部公布的数据，美国 2020 年大豆种植面积预估为 8351 万英亩。

2）美国大豆的单产

美国大豆在不同的种植区域内其单产变化很大。中西部和大湖地区单产最高，东南部地区大豆单产较低。

美国大豆的平均单产已经提高到 30 蒲式耳以上。单产高的原因主要有两个：一是光热条件得天独厚，特别适合大豆生长。二是生物基因工程技术的应用。美国是世界上最早将转基因技术应用于大豆生产的国家，推广面积占 90% 以上，主要是抗杂草转基因大豆。转基因技术的应用虽然减少了除草剂的使用，增加了产量，但其对环境和人类产生的影响在短期内仍无法确定，许多国家持谨慎态度。

2. 美国大豆的贸易情况

1）国内贸易

美国大豆农场主和农民合作组织都建有自己的仓储设施，大粮商在各州也建立自己的仓储和收购站。收获大豆后农场主或是自储或是交由乡村仓储商代储，或是直接卖给大粮商。大豆价格是根据芝加哥期货交易市场（CMOT）价格加上一定贴水（基差）确定的。农场主根据价格的高低决定是自储还是代储，或直接出售。大粮商往往根据要货的紧急程度、收购的不同地点制定不同的市场价格。同一地点有多家公司和仓储商的收购站，形成收购过程的竞争局面，其结果是农民得到最好的服务和最合理的价格。

美国农场主出售大豆带有明显的季节性，一般在收购后的 6 个月内 70% 以上的大豆都已出售完毕，特别是 10 月份一个月的出售量约占全年总销售量的 1/4。

2）国际贸易

美国是世界上最大的大豆出口国。美国有相当数量的农场主专门为出口而种植大豆，国际市场的需求和行情变化直接影响美国大豆的生产。2019 年，美国大豆出口量为 16.75 亿蒲式耳。

美国大豆生产集中于大湖区、密西西比河三角洲和东南部地区。为便于运输，大豆出口的主要港口分为两大块：一是墨西哥湾港口。大湖区及中西部各州生产的大豆通过美内河运输系统和陆路系统运往密西西比河沿岸的粮库，再转入驳船，每只驳船装载 1500 吨左右，10~20 只驳船组成拖船队运往墨西哥湾的港口。出口大豆的约 80% 从此装船出海。墨西哥湾已经成为世界上最大的大豆转运中心。二是大湖区的圣罗伦斯河和大西洋港口，经此出口的大豆约占全美大豆出口的 15%。

3.1.5 其他重要粮食作物的种植分布

1. 美国燕麦的种植分布

长期以来，欧美国家种植燕麦，主要是用作饲料（燕麦籽实）、饲草（燕麦秸秆、稃壳等），饲喂马匹、牛羊等家畜，只有苏格兰等少数几个欧洲国家作为谷物食用。直到 1849 年，美国才将燕麦籽实认定为健康食物，并推荐作为早餐食物（燕麦片粥）。从此，由桂格公司生产的第一个燕麦加工型产品——燕麦片问世，燕麦作为人类的食品才逐步得到欧美国家的认可和推广。

尽管欧美国家将燕麦作为食品开发食用的历史不足 200 年，但却在欧美国家发展迅速，燕麦在欧美国家几乎是人们日常饮食中不可或缺的存在，比起小麦在中国人民饮食中的地位也丝毫不差。

20世纪70年代，美国曾是最大的燕麦出口国，但现在已变进口国。

燕麦分为白、红、灰、黑四种。白燕麦主要生长于美国俄亥俄河以北和落基山脉以东，是燕麦生产的最大部分；红燕麦生长于得克萨斯州俄亥俄河以南、俄克拉荷马州和堪萨斯州；灰燕麦生长于太平洋沿岸北部；黑燕麦种植量很少，零散分布于美国多个州。

美国燕麦主产区在美国中北部和大湖区南部。燕麦生产居于前列的州是：南达科他州、北达科他州、威斯康星州、明尼苏达州、衣阿华州、宾夕法尼亚州、内布拉斯加州、俄亥俄州、伊利诺伊州、纽约州等。

2. 美国葵花的种植分布

葵花是世界四大油料作物之一，最早产于墨西哥和美国的亚利桑那州。半个多世纪以来，世界葵花籽油消费需求快速增加，由此带动了葵花籽生产规模不断扩大。2019年，全球葵花籽油油料产量为5000万吨。

美国葵花分为油籽葵和食用葵两类。油籽葵占葵花总量的90%，食用葵只占10%。美国的油籽葵主要生长在南北达科他州和明尼苏达州，食用葵的主产区是北达科他州和明尼苏达州，部分生长在南达科他州、加利福尼亚州和得克萨斯州。近年来，美国葵花籽产量约占世界葵花籽产量的5%。

3. 美国水稻的种植分布

在国际上大米是主要粮食作物，但对于美国来说，大米是一种大宗商品与经济作物，并非主要用来自家消费。作为全世界最大的粮食出口国，美国虽然只生产全球产量2%的大米，但出口量却占全球出口总量的10%以上，也是除了东南亚之外最大的大米出口地。加拿大、北非、地中海东部、拉丁美洲等地大多数的稻米都是由美国提供。

美国水稻种植区域只有2000万英亩，与广袤的玉米小麦种植区相比并不算多，但美国水稻机械化与规模化程度极高。在美国从事水稻种植的稻农仅有 1.5 万人，平均每人种植 1300 英亩。美国稻米商品化率超过 97%，也就是说美国大多数大米都用来出口。

美国水稻主产区有南方和加利福尼亚州两个产区。南方产区是个跨越阿肯色州、密苏里州、路易斯安那州、得克萨斯州和密西西比州等五个州的狭长地带，其水稻种植面积占全美的 80% 以上，其中阿肯色州是美国水稻种植州之王，一个州的种植面积就占了全美的近一半。整个加利福尼亚州产区的种植面积约占全美的 16%。

3.2 欧盟：农业贸易保护

欧盟的前身是欧洲共同体。在英国脱离欧盟之前，欧盟[①]是 28 个成员国组成的欧洲经济政治联盟。这是一个混合系统的超级大国，靠政府间组织的决策运作。2018 年，欧盟有 5.1 亿人口，占世界人口的 6.73%；国内生产总值（GDP）为 18.749 万亿美元，占全球 GDP 的 21.85%。欧盟制定内部的单一市场，通过标准化的、适用于所有成员国的法律制度运作。

3.2.1 全球农业市场化程度最高的地区之一

根据欧盟统计局发布的统计数据，2002—2018 年，欧盟农产品对外贸易总额增长超过 1 倍，年均增长 5%，其中出口增长 5.8%，进口增长 4.3%。2018 年欧盟和世界其他国家农产品贸易额共计 2750 亿欧元，约占欧盟对盟外国家贸易总额的 7%。欧盟农产品对外贸易的进出口额基本持

---

① 欧洲联盟，现包括法国、德国、意大利、荷兰、比利时、卢森堡、丹麦、爱尔兰、希腊、西班牙、葡萄牙、奥地利、瑞典、芬兰、塞浦路斯、匈牙利、捷克、爱沙尼亚、拉脱维亚、立陶宛、马耳他、波兰、斯洛伐克、斯洛文尼亚、保加利亚、克罗地亚、罗马尼亚共 27 个成员国。

平，其中出口 1370 亿欧元，进口 1380 亿欧元。2018 年欧盟农产品对外贸易构成中，食品出口约占 57%，植物产品占 22%，动物产品占 21%；进口方面，植物产品占比 48%，食品占 32%，动物产品占 20%。

在欧盟，农业产值占国内生产总值的比重不到 3%，但农产品、食品支出占欧盟居民日常生活开支的比重很大，农业起到欧盟经济、政治、社会方面的基础作用，农业对欧盟经济的重要性远远超过了其占国内生产总值的比重。

欧洲的大部分土地，在马铃薯被发现之前都很贫瘠，缺乏农业条件。中世纪之前，欧洲的发达地区一直在地中海这样的水热条件好的地区。后来有了耐寒的小麦和马铃薯，欧洲北部的不毛之地才变成农业繁荣地区。

与美国动辄一个人种几千亩的大农场不同，欧盟以家庭农场为主。欧盟农业资源丰富，生态环境较好。农业经济发展较快，农业生产专业化程度较高，拥有现代化的经营管理方式和手段。

3.2.2 推出共同农业政策，建立欧盟农业贸易壁垒

西欧六国（西德、法国、意大利、荷兰、比利时与卢森堡）于 1957 年签署《罗马条约》，成立了欧洲经济共同体。各成员国依据《罗马条约》第三十九条规定成立农业共同市场（common agricultural market），自 1962 年起实施共同农业政策，成为欧盟内实施的第一项共同政策。由于欧洲经济共同体最初的 6 个成员国都是农产品净进口国，因此，其农业政策的主要目标是提高农业生产力，确保农业生产者合理适当的生活水平，稳定农产品市场，确保农产品供应，提供消费者合理价格，使欧洲经济共同体农业免遭外部廉价农产品的竞争。为了确保政策目标的达成，欧洲经济共同体确立了共同农业政策的三大原则（现欧盟依然执行

此一原则）：一是建立允许农产品内部自由流动的单一共同市场；二是享有优先权，共同采取各种措施限制外部廉价农产品进入共同市场；三是经费共同负担，欧体各会员国要缴纳一定的费用，以建立共同农业发展基金。欧盟现行的共同农业政策是依据早期欧洲经济共同体建立的基石，随着欧洲有关国家整个经济结构以及国际贸易环境之变动而不断调适的结果。

农业结构方面，粮食在种植业中占有重要地位，始终居于欧盟农产品市场的中心。由于欧盟对粮食等农产品的大量补贴，致使粮食产量过剩，压力巨大。近年来，欧盟一直在进行结构调整，粮食种植面积有所减少。欧盟的畜牧业高度发达，这主要得益于充足的农产品供给，为畜牧业提供了饲料来源。在欧盟的农用土地中，大约有70%以上的土地用于饲料生产，饲料占猪肉、禽肉生产成本的65%左右。

西欧六国通过的《建立农产品统一市场协议》的主要目标包括保障供给、提高收入和稳定市场三方面。因为当时各缔约国大都是农产品的净进口国，农产品总量仅能满足总需求的80%，而且《罗马条约》的目标是要建立一个商品能够自由流通的共同市场，所以只有将作为工业品成本的重要组成基础的农产品纳入共同市场中，才能保证工业品的平等竞争，也才能实现共同市场的完整性。另外，德、法等原始缔约国国内经济结构不同、优势不同，开放工业品市场的同时推行共同农业政策，对农业进行补贴，也有助于实现各国间的利益均衡和补偿。再者，欧洲共同体建立之初农业小规模经营的特点在很大程度上制约了农业生产率和农产品国际市场竞争力的提高。因此，提高农业生产的效率，保证农业人口的收入，建立稳定的农产品市场，实现稳定、充足的供给是共同农业政策出台的重要考虑。

为此，欧洲经济共同体还制订和实施了实现共同体内部农产品自由流动的共同市场原则，将内部农产品市场置于竞争保护的共同体优先原则，以及通过制订统一的目标价格、门槛价格和干预价格等一整套指标和调控机制的稳定市场以及对共同体农业发展进行支持和补贴的统一预算原则。

共同农业政策是欧盟实施的第一项共同政策，当初是为了容纳各成员国组成欧洲共同市场、支持农场所得及保障共同市场之粮食安全而设立。自1962年开始实施，其政策随着区域内外情势的转变历经多次改革。2003年6月26日，当时的欧盟15国的农业部长达成农业政策改革方案之重大协议，大幅修正欧盟支持农业的方式，采用与生产量脱钩的补贴制度，以尊重环境保护、食品安全及动植物卫生标准为补贴的依据，让欧盟农民更有竞争力自行决定生产具有市场导向的产品，并积极强调农业环境保护、乡村发展政策等。

在共同农业政策保护下，欧盟不仅实现了许多农产品自给，而且出现了大量剩余，到20世纪90年代欧盟农产品严重过剩。虽然欧盟在1992年颁布的改革措施收到了良好的效果，但农产品依然过剩，市场压力过大。而且在欧盟农业保护政策刺激下增长起来的农产品成本较高，在世界市场上缺乏竞争力。在这种情况下，运用出口补贴制度在世界市场上倾销剩余农产品以减少损失成了必然的选择。农产品出口补贴的实施，使欧盟剩余农产品以等于甚至低于世界农产品的价格向世界市场倾销，大大增强了欧盟农产品在世界市场上的竞争力，对美国国内的农产品市场也产生了一定的冲击。

另外，由于共同价格制度的实施，欧盟农产品价格一般要高于世界市场的价格水平。为了防止欧盟以外的廉价进口农产品损害欧盟的内部价格支持体系，欧盟主要通过征收"进口差价税"，并辅之以正常的关税和配额限制，将区内价格维持在一个较高的水平，以保护欧盟内部生产者的利益。欧盟农产品进口差价税制度的实施使包括美国在内的非欧盟成员国的农产品进入欧盟市场时,不具有任何价格竞争优势,甚至有时还会处于劣势,从而影响销路。美国作为世界上最大的农产品出口国,其受农产品进口差价税制度的影响较大,可以说欧盟内部农业贸易在很大程度上代替了美国在欧盟的出口。

出口补贴制度和进口差价税制度的双管齐下对欧盟农产品双边贸易产生了转变性的影响。欧盟共同农业政策的作用,形成了对美国农产品的进一步挤压,加剧了世界农产品市场的竞争。欧盟严重扭曲世界农产品贸易、阻碍贸易自由化的行为严重影响了美国农产品贸易的发展,损害了美国的利益,因而备受美国批评和指责。

就市场准入而言,欧盟农业一直是处在保护的地位,就现在来看,虽然竞争力较大,但是一旦失去了保护政策,推行贸易自由主义,欧洲的农产品必然会在国际市场上失去竞争力。而从未来发展看,推行贸易自由主义是必然的趋势,贸易保护显然不能永远存续下去。否则,这种长期不对等的贸易违背了世界贸易组织(WTO)的根本宗旨,也损害了其他国家的利益,从根本上也不利于世界贸易的发展和经济进步。对欧盟而言,贸易自由主义的改革不失为农业改革的一个契机,从长远来看,会给农民带来利益,但是短期的阵痛是不可避免的。

3.2.3　欧盟的农业贸易壁垒是如何影响全球的

进入 21 世纪以来,我国多批茶叶遭到欧盟通报退运,欧盟方面表示,针对进口茶叶会实行更严格的进境口岸检验措施。检测项目将持续变动更新,关注焦点从农药噻嗪酮、吡虫啉、三唑磷、丙溴磷和氟乐灵等扩大至数十个检测项目;此外,抽样检测比率的提高也不断推升通报不合格率,使得输欧茶叶脚步大幅放缓。检验检疫部门提醒,输欧茶叶仍面临多重压力，出口企业应在"控风险"方面重点做好如下防范措施：一是加强溯源监控管理和安全监测体系建设，严格原料收购和各加工环节的批次管理，大力推广推行"公司＋基地＋标准化"科学管理模式；二是重点解读欧盟茶叶农药、重金属法规及质量管理认可的标准规范，密切关注欧盟官方进口检验项目的新动向并进行查漏补缺；三是积极实施市场多元化战略，通过加强特色品牌产品建设和打响品牌知名度来培育茶叶出口核心竞争优势。

但是我们如果从欧盟退货的产品本质分析一下的话，就会发现，其实茶叶的退货是贸易保护的举措之一，而并非我国茶叶品质不好。举例而言，在讨论农药残留之前，应明确两点常识：第一，"检出农药残留"跟"危害健康"不是一回事，任何农药都需要达到一定的量才会产生危害。第二，欧盟多次退订中国的茶叶，其实与提高中国进口壁垒有关。贸易壁垒增加提高了对中国茶叶的出口门槛。欧盟本身不生产茶叶，大部分进口来自中国、斯里兰卡和印度。欧盟对于没有在他们国家登记的农药实行的是一律限量标准。这个一律限量标准没有经过风险评估，它只是一个国家为了满足贸易需求制定的一项管理措施。

从 2006 年起，欧盟将茶叶农药残留的检验项目从 193 项增加到 210 项；2006 年，日本进口茶叶残留检测项目由 71 项增加到 276 项；2007 年，欧盟检验标准再次提高，增加了 10 个项目限量，更新 10 个农残项目的新限量，一些限量非常低的农残标准事实上就意味着禁止此种农药或杀虫剂的使用。从 2011 年 10 月起，欧盟对中国输欧茶叶采取新的进境口岸检验措施，即茶叶必须通过欧盟指定口岸进入；同时，欧盟还对 10% 的货物进行农药检测，如果该批货物被抽中检测，则要实施 100% 抽样检测。那么，在茶叶生产中能否不使用农药呢？农药是用来防治农林牧生产中有害生物的一类产品，由于使用农药，全世界每年可挽回农产品损失 20%~25%。对茶叶生产来说，目前还不能完全摆脱农药，世界各国在茶叶生产中都会使用农药，也会在茶叶中检出农药残留。因此，关键是要更加科学合理地使用农药，而不是检出农药残留就是有问题。各国的标准不同，任何一个标准都可能是对自己国家有利，而设置高门槛，限制其他国家的产品进来，或者在各国贸易博弈中，制定一些举措，有利于本国的竞争力。明白这些就不会对中国茶叶遭退货的事难以理解了。

与之相似的是大米问题。产地来源标注为中国的大米制品，正在被欧盟食品和饲料委员会列入"重点检查"的范畴。因为尽管中国仍然是禁止主食作物转基因商业化种植的国家，但在中国出口欧盟的大米制成品中，欧盟却频繁检出水稻抗虫转基因，这种转基因按照中国和欧盟现行监管框架均属非法。

2011 年 11 月中旬，欧盟紧急出台了《对中国出口大米制品中含有转基因成分采取紧急措施的决定》(以下简称《决定》)，并向中方通报。

根据《决定》，欧盟对中国 25 种米制品采取强制性转基因成分检测，并依据检测结果采取退货和销毁处理措施。据了解，欧盟最新的管控系统能够检测出大米产品中的 26 种转基因物质，为此欧盟要求中国官方必须在向欧盟出口前批批提交米制品的检验报告，表明是否含有转基因成分。而且，欧盟成员国还要加强抽样和检测的频率，使抽样和检测覆盖所有从中国进口的米制品。这被称为史上对中国米制品最为严苛的入境检查。

欧委会表示，欧盟没有批准任何转基因水稻合法种植，自 2006 年发现中国输欧大米制品出现转基因并多次要求中国政府采取措施后，欧委会 2008 年开始执行紧急措施，要求产自中国或从中国发货的大米及其制品，只有附带由官方或授权的实验室出具的显示产品不含 Bt63 转基因大米或不是由Bt63生产的原始分析报告，或者进口时由有关食品管理部门或在其监督下取样分析并收到满意的分析报告，方能进入欧盟市场。然而，输欧大米制品中仍然多次被检测出含有转基因。2010年3月，欧盟发现输欧大米制品中出现了克螟稻1号和科丰6号的基因。

按照欧盟的规定，如果人用食品或者动物饲料含有0.9%以上的、已被欧盟批准的转基因物质的农作物，产品标签必须标注。所谓0.9%，就是指如果一块饼干所用主要原料是面粉，但同时也用了米粉，若米粉中含有的转基因大米达到米粉的0.9%，即需要标注。

如果了解到欧盟是怎样制定的检测要求，就会知道，这又是一次贸易壁垒行为。欧盟在2011年专门出台了一个针对中国转基因大米进口的文件（法规），文件编号是（2011/884/EU）。这个文件的大意是说，对来自中国的所有大米制品做100%的检查（来一批，检测一批），要检查的转基因成分包括：来自苏云金芽孢杆菌的CAMV（烟草花叶病毒）的35Spromoter（启动子）和来自农杆菌的终结子（NOS）等。

实际情况是，欧盟要求中国对出口的大米在出口之前做转基因含量检测，保证没有转基因大米混杂在出口大米中。欧洲安排了一种专用于检测从中国进口的大米的Real-time PCR技术，这是一种灵敏度非常高的检测BT基因的方法，其灵敏度高达1/10000，即1万粒大米中只要有一粒转基因大米就可以检测出来；而中国自己的检测手段是常规的PCR检测方法，比欧盟的灵敏度低10倍，即1/1000，或者说要1万粒大米含有10粒转基因大米才能检测出来。

这就是问题的全部：尽管中国出口的大米中每1万粒大米中混杂的转基因大米不超过10粒，但在欧洲的检测手段水平及其对中国的转基因大米"零容忍"情况下，只要1万粒大米中含有1粒大米就会被退货。1万粒大米里有1粒转基因米粒，怎么可能查到？首先，大米货船抵达港口后，欧盟海关的检测员到你的集装箱里的不同部位采样2.5公斤大米，然后回到实验室打成米粉，再把这些米粉在搅拌器中搅拌20分钟，让各个单个的米粒与其他米粒充分混合，然后从这种充分混合的米粉中取样240克（相当于1万粒米粒），送到实验室做Real-time PCR检测。只要1万粒米中有1粒是转基因的，就肯定会被查出来，无从遁形。对于米粉、年糕等米制品，因为它们原来就是用米粉混合而成的，所以检测的样品数量可以减少为125克。欧盟退回的中国米制品中的转基因大米的混杂情况是1000粒大米不可能混杂有超过1粒转基因米粒的可能。所以中国出口的大米没有大家想像得那么可怕；但欧盟这种万分之一的检测标准是专门针对中国的转基因大米制定的，对美国出口到欧盟的大豆和玉米中，如果混杂有欧盟没有批准的转基因大豆或玉米，欧盟执行的是千分之一的检测标准，这就是欧盟对中国大米出口的贸易壁垒。每次看到这样的新闻，中国人可能以为中国已经这么可怕了，不是不能商业种植转基因大米吗？怎么会这么普遍被查到？如果了解细节就可以知道，这种检测方式实在是太过灵敏，已经误伤正常的食用的大米了。

此外，在非洲国家，某些情况也跟我国类似。当非洲地区还没大规模展开生物科技研究时，反对的声音已出现。在进口转基因产品之前，非洲先"进口"了对转基因技术的反对。这是因为欧盟已经建起了一套抵制机制，并通过各种渠道将其输出。欧盟对转基因农产品态度十分谨慎，不支持大规模种植转基因作物。除了安全性问题，欧盟国家也考虑到自身为农产品进口国这一因素，担心引进外国专利的转基因农产品所导致的贸易失衡。欧洲人喜欢喝咖啡，吃巧克力，而这些东西都是在非洲种植的，非洲依赖这些东西赚钱，而欧洲从非洲进口这些东西，所以非洲和欧盟形成了亲密的商业合作关系。当"反转"势力在欧洲兴起的时候，非洲自然也是受到了影响。受欧洲环保组织"反转"舆论攻势的影响，许多非洲国家政府拒绝为转基因作物开绿灯，民众对于种植转基因作物也抱有诸多疑虑，目前，仅有苏丹、埃及、布基纳法索和南非这四个非洲国家允许本国农民种植转基因作物。显然，如果与欧洲的总体调子不一致，非洲赖以生存的市场就没有了，为了经济利益共同体，这些国家必须听欧盟的。所以欧盟的"反转"组织在非洲的宣传非常成功。

欧盟的贸易壁垒就是这样影响着全球的。其特点如下。

（1）欧盟在农产品方面不仅有统一的、全面系统的法规、技术标准，各国还可以再在统一标准的基础上再制定各自的标准，标准体系、种类更是繁多。

（2）欧盟针对进口农产品制定的具体技术标准达10万多个，且标准严格，从而从不同层面限制和阻止外国农产品对欧盟市场的渗透。

（3）欧盟规定，所有其他各个国家的农产品都必须符合欧盟农产品卫生安全和质量标准体系才允许进入欧盟市场。

（4）欧盟在农产品卫生安全方面主要是从农药残留限量入手，对数十种主要农药残留限量制定了新的更高的标准，严格控制农药在各种农产品中的残留限量。

2008年国际金融危机之后，欧盟贸易保护倾向加剧，非关税贸易保护措施增多，对中国出口造成较大不利影响。金融危机爆发后，欧盟各行业利益集团影响凸显，欧盟各国经济也持续下滑，各国政府经济和政治压力加大。为缓解各国国内压力，在经济下行以及我国对其拥有巨额贸易顺差的背景下，欧盟对中国设立非关税贸易壁垒，既可以转移民众注意力，又可以堂而皇之地披上"为盟为民"的华丽外装，从而灵活和有针对性地为欧盟企业谋取实际利益。

3.3 其他主要产粮国

3.3.1 印度

印度半岛是世界著名的农耕文明兴盛之地。得益于恒河平原的肥沃，古代的印度一直都是世界上主要的粮食出产地与人口稠密地区。近代英属印度时期，印度人口剧增，但当时大量耕地被英国用于种植棉花等经济作物，这就造成了印度的饥荒。之后印度脱离英国，但保留了英治时期的土地规制，使得印度至今还有大量地主雇农群体。少数人群，却拥有着大部分的良田，可进行规模种植，总产量巨大，可以大规模出口粮食。

（1）印度目前每年出口的稻米超过 1200 万吨，还有约 400 万吨小麦，占据全球 1/4 的稻米出口市场，是世界最大稻米出口国。

（2）印度面积虽不到 300 万平方千米，但耕地比例极高，耕地面积达 1.56 亿公顷，略多于美国，位列世界首位。

（3）印度大部分区域都位于热带，通常情况下光热和降水条件都非常优越，粮食作物理论上可轻易实现一年三熟。

（4）印度人饮食结构特殊，无论肉类还是蔬菜的食用量都不是太多，所以耕地中用于种植粮食的比例非常高。

（5）印度土地属于私有，并不从事农业生产的高种姓却掌握着 74% 的耕地，而印度 2/3 的农户都没有自己固定的耕地。

（6）印度国内粮食价格远低于国际水平，所以掌握大部分耕地的印度富户通常选择非内销，而是将粮食出口赚取更多利润。

（7）印度大规模出口稻米，以换回价格更低的玉米小麦等作物，以满足更多工业化需求与一定程度的其他粮食需求。

（8）印度拥有全球 27% 的极度饥饿人口，超过半数的印度育龄妇女贫血，营养不良的印度人口将近 2 亿。

（9）印度目前稻米公顷产量平均仅有我国 65%，小麦只有 74%，粮食年产量仅为中国一半，稻米产量 1.1 亿吨，次于中国。

（10）印度农业人口超过 8.6 亿，且有大量佃农等无地群体，收入很低，为获取其他必要生活物资，只能以粮食进行交换。

3.3.2 俄罗斯

俄罗斯农业部网站 2017 年 10 月 11 日发布消息称，截至 10 日，俄罗斯全境当年共收获粮食 1.29 亿吨。此前俄罗斯总统普京通过总统府网站宣布：俄罗斯今年粮食产量预计达到 1.3 亿吨左右，超过上一年的 1.2 亿吨。俄农业部长亚历山大·特卡乔夫也表示，根据粮食产业发展现状，今后"俄罗斯每年都可稳收粮食 1 亿吨以上"。

在沉寂数年之后，俄罗斯成为"粮食大国"，并占据小麦出口的主导权。世界粮食格局是否会因此受到影响？对我国来说，俄产粮食的增加是否能为两国农业合作开辟新空间？

一系列政策刺激了农业生产的积极性。

其实，俄罗斯发展农业条件得天独厚，其耕地面积超过 1.2 亿公顷，位居世界前列。不过，苏联时期经济政策偏向于重工业，导致长期以来农业开发不足，粮食生产没有得到应有重视。

普京曾公开表示，部分西方国家 2014 年以来对俄罗斯经济制裁，使其损失了 500 多亿美元，并导致传统产品价格下跌，包括石油、天然气、钢铁、化工等。这迫使俄罗斯下决心进行经济结构转型。

3 年前，作为"反西方制裁"的重要措施，俄罗斯决定禁止或限制从部分西方国家进口农产品，并在本国农业领域大力推行"进口替代"的政策，扶持发展一批非原料企业。这一政策立竿见影：2014 年，俄罗斯的粮食产量达到 1.04 亿吨，超出俄罗斯粮食安全所需数量。

随后两年,俄罗斯继续加大农业投入。俄政府2016年用于扶持农业的资金达到2240亿卢布(1美元约合57.9卢布)。2017年,因国际油价长期低迷,俄财政部制定了"史上最严苛"的财政预算,但对农业的投入没有降低。

一系列政策刺激了农业生产的积极性。塔斯社曾做过调查,发现俄罗斯富豪阶层大都在投资开发农业领域的一些新项目。调查认为,"精英涉足农业"的现象反映了民众对俄农业前景看好。另外,俄罗斯农业银行公布的数据显示,2016年,该行与俄罗斯农业部合作,共向中小农业企业提供超过9200笔贷款,总额达到约1915亿卢布。这些从一个侧面印证了普京说过的话:农业现在已是俄罗斯最蓬勃发展的经济领域之一。

俄罗斯农业的这一向好形势还将延续。俄农业部5日发布的数据显示,俄罗斯今年小麦产量预计达到8140万吨,2017—2018农业年度的粮食出口潜力预计为5350万吨。特卡乔夫公开表示,俄计划在2030年前,将粮食作物播种面积在目前4700万公顷基础上再增加1000万公顷,并把单位面积粮食产量提高到每公顷3000公斤。

俄罗斯当前粮食出口速度比去年高28%。作为世界粮食大国和主要粮食出口国,俄罗斯粮食产量的增加也牵动着全球粮食市场。

联合国粮食及农业组织10月初在罗马总部发布的《谷物供求简报》中预测,2017年全球谷物产量将达26.12亿吨,创历史新高。报告说,鉴于欧盟和俄罗斯的小麦种植增长趋势强劲,粮农组织调高了相关数据,预测2017年小麦产量将达7.5亿吨,并认为,俄罗斯作为全球最大小麦出口国的地位将有所加强。事实上,2021年俄罗斯小麦总产量达到7600万吨。

在2015年7月至2016年6月农业年度,俄罗斯小麦出口量为2460万吨,比美国多350万吨,首次成为世界最大小麦出口国。从2016年至

2017年农业年度数据看,美国虽然重新夺回小麦出口的头把交椅,但俄罗斯小麦出口量仍稳居世界前三。2021年,俄罗斯出口小麦3292万吨,约占全球小麦出口的17%,已经超过美国的11%,位居首位。

据俄罗斯农业部发布的新闻称,俄罗斯对全球市场的粮食出口量还将进一步增长。目前,在许多国家,俄罗斯小麦正在挤占美国的市场份额。世界上小麦第一进口国是埃及,但其市场上已难觅美国小麦。而在印度、孟加拉国等南亚国家,俄罗斯小麦的份额近年来在不断攀升。

对全球粮食供应特别是进口国来说,俄粮食丰收以及出口规模增大是好事。俄罗斯目前已向130多个国家出口粮食,这有助于粮食进口国建立全球粮食供应链、采取多元化战略,以分散境外粮食供应的结构性风险,确保本国的粮食安全。

2017年9月,在哈巴罗夫斯克举行的中国东北地区和俄罗斯远东及贝加尔地区政府合作委员会第一次会议上,俄罗斯农业集团董事长瓦季姆·莫什科维奇呼吁:俄罗斯已成全球粮油食品重要出口国,而中国拥有世界上最大的粮油消费市场,两国是不是能在粮食进出口乃至农业领域展开更多合作?莫什科维奇的话赢得了俄、中双方的共鸣。

2015年12月,中俄两国就签署了对华出口俄小麦、玉米、大米、大豆和油菜籽的植物检疫要求议定书。中方批准进口阿尔泰边疆区、克拉斯诺亚尔斯克边疆区、新西伯利亚州和鄂木斯克州出产的小麦,以及哈巴罗夫斯克边疆区、滨海边疆区、外贝加尔边疆区、阿穆尔州和犹太自治州出产的玉米、大豆、大米和油菜籽。

2017年3月,俄联邦动植物卫生监督局克拉斯诺亚尔斯克边疆区分局,为2016年收获的一批总量500吨的小麦办理了植物检疫证书。这也是该边疆区首次向中国出口小麦。

据我国国家粮食局负责人介绍,俄罗斯的小麦品质很好,卫生安全也很有保障，中方希望俄罗斯将小麦出口中国。但他同时强调，"有一个原则，就是要市场运作。中国的企业去哪里买粮、买什么粮、买谁的粮，必须要根据市场原则择优购买。"

2022年2月，中国海关总署发布公告称，允许俄罗斯全境小麦进口。这一举措将改变我国小麦进口来源国结构。

3.3.3 加拿大

1. 加拿大的农场

在加拿大，农业以家庭经营为主，实际上就是典型的大型家庭农场，目前，加拿大的农场总数约为25.4万个，绝大多数是家庭农场，平均规模在300公顷。100公顷以下的小农场占农场总数的45%，500公顷以上的大型农场占总数的10%。

在分布上，全部集中在南部，尤其是与美国毗邻的400多公里的狭长地带，位于北纬49°~53°，通常所说的"大草原地区"，即阿尔伯塔（Alberta）、萨斯喀彻温（Saskatchewan）和马尼托巴（Manitoba）三个省。

在分工上，加拿大家庭农场主要分为饲畜业农场、谷物农场、农牧业混合农场和特种作物农场4类。饲畜农场以饲养牲口为主，谷物农场基本上种植小麦、大麦和燕麦等大田作物，混合农场既种植大田作物，也兼养牲畜，特种作物农场主要从事水果、蔬菜和烟草等耕作。

农业生产高度规模化，使家庭农场主们的投资收益令人非常满意，尽管从事农业生产的人数呈减少趋势，但农业劳动生产率和收入水平却在不断提高。全国粮食产量仅次于美国、中国和印度，居世界第四位，但按人口平均的粮食产量，名列世界第一。

加拿大家庭农场的现代化水平很高，全国平均每个农业劳动力大致配备有两台拖拉机，负担 120 公顷耕地，其中大功率的农业机械占很大比重，各种大型和高功率的农机具互相配套，许多田间作业可以一次完成，大大节省了人力、降低了成本。加拿大目前已有一些农场实现了智能化。

2. 加拿大农业成功经验

1）注重科技的带动作用

加拿大农业劳动生产率高居世界前列，平均每个农业劳动力能生产 134 吨粮食，2.4 吨牛肉，3 吨多猪肉和近 13 吨牛奶，个人创造产值高达 4.3 万美元。加拿大农业劳动生产率高得益于注重科技在农牧产业中的带动作用。

联邦一级科研机构侧重基础研究，省级和大专院校，企业的科研则侧重于应用研究，还拥有各类科技推广机构，有的是合作社创办的企业，有的是国家资助建立逐步划归民有的科技服务实体，从品种繁育，改良，养殖，种植技术到产品的品质监控实行全程技术服务。

加拿大农业科技服务机构适时地走向市场化运作，既减轻了政府的经济负担，也使服务更加适应市场需求、机构更有活力，正是拥有一批充满活力的技术推广机构，才使农业科技的带动能力得以充分显现。

2）充分发挥组织协调作用

加拿大农业生产中，政府不直接干预农场的生产和经营活动，各类涉农专业性行业协会负责产品销售、质量管理、生产者与加工者利益调解、生产过程的衔接等项工作，其经费主要来源于对上述服务的收费。这些行业协会既提高了生产者在交易中的谈判地位，保护了生产者利益，还减少了政府管理成本，避免了政府直接干预，充分发挥了市场机制的作用。

3）政府营造公平竞争环境

加拿大政府对农牧产业的财政支持主要体现在农业科研投入和农民收入保障方面。农业科研费用占农业生产总值之比一直大于2%，在联邦政府对自然科学研究的总支出中，农业科研方面约占12%。

加拿大还建立了农民安全保障体系，设立了农民净收入稳定账户，由农民、联邦和省政府分别按农民净销售收入额的一定比例存入资金，在农民收入下降到特定水平时，农民可以提取资金；在遇到自然灾害、收入低于前3~5年平均收入70%时，政府给予救济，补至平均收入的70%。

政府为保证农业生产贷款，由政府担保。在预计农民种植的粮食售价不高时，联邦政府预付农民一部分借款（无息或低息）用于生产和生活，待行情转好，农产品销售后偿还。

3.3.4 阿根廷

阿根廷这个国家，土地非常肥沃，资源非常丰富，是世界第二大牛肉出口国和五大粮食出口国之一，世界肉库加世界粮仓当之无愧。南美产粮大国阿根廷是全球第三大玉米供应国，也是全球第一大豆粕牲畜饲料出口国。从欧洲到东南亚，生猪和家禽的饲养都要依靠豆粕饲料。农产品出口是阿根廷硬通货的主要来源。

阿根廷和许多南美以及非洲国家一样，当着"自由的殖民地"，整个国家都是原来欧洲和美国的原材料供应地之一，相当于国家被"功能化"。国家是一个原材料大工厂，工业附加值很低，所以贸易始终是赤字，政府债台高筑。因为核心商品是粮食和资源，买来的都是高附加值的工业产品。所以利润全部流失到了国外，一旦农业产量稍微下降，立刻就会变成一场灾难。

3.3.5 巴西

巴西除了北部大片的亚马孙雨林和东部至东南部沿海城市密集的地区，大部分的地域都是广袤的田野，不愧为农业大国的样子。巴西不但以农业作为其经济支柱，更是世界上最主要的农业出口国之一。但在20世纪50、60年代，巴西还是一个需要进口粮食的国家。

由于巴西的国土大部分位于热带地区，所以并不是很适于农业耕种。此外，其土壤84%都是酸性的，养分非常贫瘠。因此，从20世纪70年代起，巴西政府就开始着手调研改善土壤的情况，也设法让植物更加适应热带气候，同时开发一个利用公共政策做保障的可持续发展平台，于是，巴西农业研究公司也在1973年应运而生，目的是利用科技发展农业。

用科技增产就是要研究利用系统化生产或基因改造来实现产量的提高，所以在土壤有一定改善的情况下，巴西开始引入转基因技术，让种子更加耐热、耐湿。以小麦为例，巴西的邻国阿根廷是重要的小麦生产国，但巴西南部每年的降雨量是小麦所需雨量的2倍，因此农业研究公司的任务就是要将小麦热带化。

在农产品收割之后，巴西农业研究公司再指导农户将产品分类、决定销售方向。通常农户会将农庄的产品送到这里，经过微毒素分析、韧性分析、湿度和蛋白质含量分析等程序，看大豆是直接出口、压榨豆油还是主要用作饲料；小麦磨成的面粉适合做面包还是饼干。这样，农户就可以决定最终把他们的产品送到何种厂家去更容易被接受，卖出好价钱，提高收入。

在政府机构和大型农业企业的共同努力下，很多粮食作物和牲畜都已经比较适应当地的气候，巴西迅速从粮食进口转变成粮食自给，接着又变成了"世界粮仓"。然而，可耕地和牧场的土地不可能无限制拓展下去。2015年巴西政府为减少耕种对环境的破坏，在不减产的情况下实现可持续发展，出台了《低碳排放农业计划》。在这一计划中非常突出的一点是鼓励农业生产者采用农作物轮作、免耕直播、生物固氮以及农林牧一体化生产的直接耕种法来减少碳排放。

直接耕种法就是一种作物收获时另一种作物就开始直接播种的方法，不需要重新翻地，让前一种作物的秸秆留在地里做下一季作物的废料，省去了翻地的时间，也避免了另一种作物下种前万一下雨不断要推迟播种的情况。同时土地上始终被植物覆盖，还可以保持土地中的氮含量。

但南部传统农业区种植面积有限，近些年来巴西大力在纬度更低、气温更高的中部地区推广直接耕种法。在中部地区，田地里每年11月或12月开始种植大豆，第二年2月大豆成熟了，收获大豆时就开始播种玉米，在每行玉米中间种植牧草；到6月，玉米收割了，这时田地就变成了一片牧场，6月至10月都可以放牧；等到11月就可以继续种植下一季的大豆，形成良性循环。一些农场里还可以种植树木，既可以吸收动物排放的二氧化碳，也可以在农场产生天然阴凉，让牛、羊等牲畜更加舒适，产的肉质量更高。

目前巴西全国使用这种直接耕种法的土地有大约1400万公顷。同时，农业研究公司还培养各种菌类，以减少化肥的使用。这样通过《低碳排放农业计划》每年能够节约购买化肥的外汇130亿美元，并且减少二氧化碳排放6200万吨。更重要的是，用一块土地就可以既出产大豆又出产玉米，还可以出产肉类，不需要开辟更多的耕地，保护了原有的环境，做到了真正的可持续发展。

巴西农业研究公司也始终寻求农业科技方面的国际合作，包括与南半球的非洲、拉美等国合作，也包括与北半球的国家进行合作。例如在小麦领域巴西与我国有非常重要的抑制镰刀菌毒素交流项目，因为镰刀菌在我国的长江流域也曾经暴发过，我国在治理镰刀菌方面经验丰富，我们的经验非常有助于巴西南部地区对这种虫害的治理。

此外，我国和巴西科研机构也进行小麦、大豆等作物的种质共享，双方互送自己的作物样本到对方国家进行试验，通过信息的全球共享来解决各自出现的问题。

第 4 章

影响未来粮食发展的主要因素

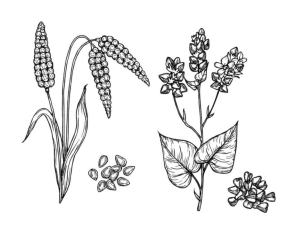

4.1 有机农业

4.1.1 有机农业的起步与发展

1. 起步

在食品安全问题频出的今天,现代人返璞归真,开始崇尚古人的耕种方式。有机农业可以说是现代人返璞归真的一种选择。

有机农业是农业在地球上最古老的形式。20世纪20年代之前,农业一般都是有机农业。农民用自然手段来使土壤肥沃,控制杂草和害虫。中国传统农业的经验给世人留下了宝贵的财富。美国农业部土地管理局局长富兰克林·海德·H.金于1909年考察了中国农业,之后写了《四千年的农民》一书,里面总结了中国传统农业兴盛不衰的原因:用人畜粪便和塘泥还原田地的肥力,巧妙地提高土地的利用率,稻田养鱼,鱼粪养稻,废物利用,形成良好的生态循环。美国知名作家杰克·伦敦也非常推崇中国古老的耕作方式,他在自己新建的豪宅周边建立了有机农庄,按中国农业的方式耕种,笔者曾经拜访过他的故居,当看到他在农庄中精心搭建的"猪宫"时为之惊叹不已。原来传统的农业方式如此受人尊敬。

1924年,德国人鲁道夫·施泰纳提出农业发展新理论,其核心理念是:企业和个体必须是一个有机的整体,生存与保护环境并举,使用太阳能和生物动力以及生物制剂,达到环保和发展的和谐统一。20世纪30年代,瑞士的汉斯·米勒也通过堆肥保持土壤肥力,让小农户不依赖外部环境,推动了有机农业发展。

第二次世界大战之后,耕作方法发生了巨大的变化。以石油为基础

第4章 影响未来粮食发展的主要因素

的化学物质,化肥农药大量用于农业,农业生产高度集中和机械化。原本做炸药用的硝酸铵演变成硝酸铵化肥,用于杀敌的神经毒气演变成强大的杀虫剂有机磷农药。1939年,保罗·穆勒开发了第一类新型杀虫剂氯代烃类(滴滴涕)对付虫害问题,这是一种能够杀死昆虫的化学物质。从此以后,这种化学品在农业中得到大力推广和使用,有机耕作方法渐渐不受重视。

科技进步带来了巨大的经济利益,高产抗病虫害的作物新品种,高度而精密的机械化,高效种植,让农业有了突飞猛进的发展,但过度使用化肥农药也带来了环境和社会的危害。

现代有机运动几乎与农业工业化并行。它开始于20世纪20年代欧洲各地,一群农民和消费者寻求替代农业工业化的办法。在英国,1940年就开始了有机运动。英国的霍华德爵士是现代有机农业的奠基人。他在印度生活了25年,研究土壤健康与植物、动物健康的关系。1935年,他把研究成果整理成书,出版了《农业圣典》,奠定了堆肥的科学理论基础。英国的伊夫·鲍尔费夫人推动了英国"土壤协会"的成立,她还开展了常规农业与自然农业方法比较的长期试验。她提倡把有机质返还给土壤,保持土壤肥力,以保持生物平衡。

1962年,科普作家蕾切尔·卡逊发表《寂静的春天》。她批评现代农业不分青红皂白地使用化学农药、化肥和除草剂,最终鸣禽因为滴滴涕杀虫剂而死去,"寂静"就是指的鸟鸣的声音不再。这本书在全世界的影响力非常大,对推动有机农业的发展起到了重要作用。

2. 发展

20世纪60—70年代,有机农业开始受到重视,蓬勃发展起来。消费者越来越青睐用自然种植方法种出来的绿色保健和营养的食品,同时他们对养护土地和环境问题的关注刺激了有机市场的发展,鼓励了更多农民采用有机方法种植。

20世纪50—60年代，有机农业在法国得到了很大发展，"自然和进步协会"随之成立，在唤醒消费者重视食物对健康的影响的意识上起到了积极作用。

罗代尔被视为"美国的现代有机农业运动之父"。作为罗代尔研究所和《有机园艺》杂志的创始人，他从20世纪40年代开始提供有关"非化工"耕作方法的信息，对有机生产方法的发展起了很大作用。他的许多思想来自霍华德爵士，比如，主张农业系统依赖于作物残茬、绿肥和废物回归土壤、滋养土壤，这样作物就可以从土壤中汲取养分。

从20世纪70—80年代偏安于超市的角落，到20世纪90年代只能在保健食品商店找到有机产品，再到今天有机产品占据主要连锁超市的很大一部分货架空间，有机食品经过了一个发展过程。

20世纪70年代，环境保护意识提升和消费需求的增加推动了有机食品业发展。然而，新的有机食品业遭遇成长的烦恼，因为没有标准或法规来定义有机农业。同是苹果，加利福尼亚州和纽约州的认证标准就不同，没有一个国家统一标准，都是各州自行其是。所以制定统一标准迫在眉睫。从1990年开始，美国有了第一个有机食品生产法，授权农业部制定条例，向生产者、处理程序和认证机构解释法律。经过多年的工作，最终规则确定，并于2002年秋季开始实施。在最初的有机农业中，转基因技术还未诞生，因而当时的有机认证并不包括转基因的内容，直到最终版本才加进去了转基因的内容。因为有机食品的生产成本高，而转基因技术大大降低了种植成本，所以出于价格的原因，在制定有机认证标准时，基因改造作物被排除在外。

美国的有机农业，旨在抛弃那些对环境负面影响的种植方式，例如，农药污染和昆虫害虫抗药性，不使用人工合成的化肥、农药、生长调节剂和畜禽饲料添加剂，有机耕作的农民利用作物轮作、覆盖作物和畜禽粪便、豆科作物、绿肥、农场以外的有机废弃物等自然资源基础的产品，以维持或提高土壤肥力。这些农民依靠生物的和物理的方法来限制害虫扩张和增加他们的农场上的益虫种群，在最大的可行范围内保持土壤生产力和可耕性，供给作物营养并防治病虫害和杂草。具体的生产标准如下。

土地在有机作物收获前，有至少3年没有用过违禁的物质。禁止使用基因工程、电离辐射和污水污泥。通过耕作、作物轮作和覆盖作物的方式来管理作物，辅以动物和农作物的废料以及允许合成材料。优先考虑使用有机种子和其他种植的种子储存。主要通过管理实践，包括物理、力学和生物控制来控制作物害虫、杂草和疾病。只有当这些做法不能满足时，才可能有条件地使用生物、植物，或国家批准的名单上的合成物质。

欧盟的有机标准除了和美国一致的地方外，他们在有机农业生产中仍然可以使用有限的矿物质。

欧盟有机农业补贴政策源于1985年欧共体颁布的797/8520号监管条例，即对环境敏感地区进行补贴。但直到1991年，欧盟理事会农业部会议通过的《有机农业和相应的农产品和食品监管条例》（欧盟2092/91号）才奠定了欧盟有机农业发展的基础，其中，明确规定了对有机农业、有机农产品和食品的标签的使用。最初它只涵盖植物产品，后来又覆盖了动物产品，并进一步细化了规则，包括：动物饲料，疾病的预防，兽医的治疗，动物保护，家畜育种，畜禽粪便的使用。有机生产的定义排除了任何使用转基因的生物及其制品。同时，欧盟2092/91号条例也为与欧盟具有同等地位的来自非欧盟国家的生产标准和检验进口有机产品开了绿灯。由于不断补充和修正法律，条例规则现已变得极为冗长和复杂。而最初始的规例更被人重视，是因为它规定了欧盟范围内的最低标准，保证消费者在任何一个欧盟国家中购买有机产品都能符合最低要求。同时，欧盟各国政府和私人机构也有采取更严格的标准的自由。

4.1.2 有机农业与传统农业

有机农业一定程度上来说是对传统农业的回归，但由于标准更严格，同时又处于现代社会的背景，可以借助新的技术和手段，因此它不完全等同于传统农业。

有机农业避免了使用化学杀虫剂和人工化肥。支持者表示，有机农业比传统方式更环保。但研究表明，有机农业每公顷产量通常更低。产量低就意味着用有机食物养活世界人口需要更多土地，但良田有限。科学家表示，整理农业用地中的滥砍滥伐已经成为气候变化的一大问题。在一项新的研究中，研究人员希望测量传统生产和有机生产之间的差异，因此他们结合了66项早期研究的结果。他们发现，虽然部分有机农场产量几乎接近传统农场，但大部分有机农场无法做到。

平均而言，有机农场比传统农场产量低25%。但有机水果和其他多年生作物的产量几乎等同于传统产量。黄豆一类的豆科植物产量也是如此。豆科植物能够自己产生一些所需的氮肥。然而，有机蔬菜，以及玉米和小麦一类谷类作物的产量比常规种植作物低很多。有机农场土壤可以更好地保持水分，这可以缩小产量差异。此外，有机农民可以通过确保庄稼获得足够肥料来提高产量，但使用动物粪便和作物轮作这种有机方式增加氮肥非常困难。有机农民轮作可以肥田的作物和粮食作物，但种植这些肥料作物（可以肥田的作物）时，就只能在其他地里种植粮食作物。同时如果农民使用农家肥，他们就必须喂养能产生农家肥的动物。这些就需要牧场和耕地。联合国预测，到21世纪中叶，世界粮食需求将增长70%。

有机并不像很多人想象的那样完全不用农药，它允许使用天然农药，并且在牲畜生病的时候，也允许用药治疗，完全不用药的"有机"几乎是不存在的。所以，我们并不能期待"有机"能够解决所有问题。一位诺贝尔经济学家曾经说过，如果全世界所有粮食都用有机方式种植，那么就只能养活5亿人。但是全球有70多亿人。并且，那些高产的有机作物是靠密集的人力去实现的。如果去掉人工成本，有机还能有多少优势？拥抱高科技是必须的，如果回到传统的农耕方式，不接受新技术，那么就无法提高效率，就是一种倒退。我们已经到了现代社会，怎么可能还回到古早的农业生产方式？只有把发展可持续农业的理念与不断发展的新的农业技术相结合，才能真正做到既发展又保护。

4.1.3 有机农业与转基因农业

干净、新鲜的食物，原本应是所有人类文化中的一环，也是人类及万物能长久持续下来的根本。以往因战争、天灾、人祸等因素，时有粮荒。现在我们技术发展了，粮食充足了，反而出现了安全问题。农药对昆虫越来越有特异性，育种方面已经有了转基因，未来可能还会用基因编辑。而从转基因开始，有机就跟新技术杠上了。

在美国，有机农业和转基因农业代表了农业发展的两个方向。可是双方的支持者不仅截然对立，还经常互相"抹黑"。

正因为如此，加利福尼亚大学戴维斯分校的拉乌尔·亚当查克和帕梅拉·罗纳德夫妇在有机界和转基因界都非常有名。夫妻俩一个从事有机农业，另一个从事转基因研究，却"琴瑟和谐"，是因为他们的观点一致：应该让转基因农业与有机农业共同造福人类。

拉乌尔，从事有机农业种植和经营30年，加州大学戴维斯分校以"社区支持农业"（Community Supported Agriculture，CSA）为经营模式的校园农场负责人，他是个身体力行的"有机派"。帕梅拉，植物病理学教授，转基因抗涝、抗病水稻研究领域的著名学者，她是个坚定的"挺转派"。

倒退 20 年，在美国农业部 2002 年发布第二个《全国有机计划》、作出转基因作物不能包括在有机作物范围内的规定之前，拉乌尔和帕梅拉两人的方向似乎并不存在任何冲突。抗病、抗旱、抗涝、增加营养成分等许多种转基因作物，也可以用有机方式种植，成为"有机的转基因作物"。但是，后来美国农业部对转基因作物"一刀切式"的规定，在这夫妇二人的事业中划出一条鸿沟。

身为"有机派"，拉乌尔并不反对妻子的转基因研究，反而认为这种研究非常有意义。他说："从分子的角度研究农业，这给人们带来许多可能性，这是人们以前无法做到的。"

拉乌尔说，那些抗病虫害、抗旱抗涝、提高营养成分的转基因作物，对人们是有益的。即便那些比较有争议的抗除草剂、含抗虫蛋白的转基因作物，种植过程中也起到了比传统作物减少化学除草剂、杀虫剂用量的作用。

但事实上，美国的转基因技术并没有在农业领域得到充分应用。在加州大学戴维斯分校，帕梅拉的同事们还研究出了抗旱生菜、抗病菌草莓、抗病毒黄瓜等转基因品种。但由于这些作物不能像玉米、大豆、棉花等那样进行大规模、单一、机械化的种植，形成较大的商业利润，因此也就没有私营企业愿意投资。

此外，美国转基因农业立足于"农业工业化"的基础上，由此受到限制。美国有近 210 万个农场，平均每个农场拥有 435 英亩土地。农业耕作高度依赖机械作业。自 1994 年转基因作物开始在美国商业化种植，至今已占所有农作物种植总面积的一半左右，其中，玉米、大豆、棉花的转基因品种在种植总面积中的比重均达到 80% 以上，其他大规模种植的转基因作物还有油菜、甜菜等。

大规模、工业化、单一种植转基因作物暴露出一些弊端：破坏生物多样性，造成土壤流失，土地使用效率低，容易出现大规模食品安全事故……这些问题本来并非转基因所造成，却往往使人们将其与转基因联系起来，从而对转基因作物产生抵制情绪。

同样，有机农业在美国也面临一些问题。由于美国目前没有将人类粪便回收处理成肥料还田的工业设施和商业途径，加上绝大多数美国消费者对于粪肥种出来的食物也存在一定的心理障碍。因此，美国的有机农业主要利用禽畜粪便肥料，而其产量远远不够支持有机农业可持续发展。

此外，近些年来美国有机农业也出现了"大规模工业化"特征，陆续出现不少规模很大的有机农业企业。比如，总部位于加州圣胡安·鲍提斯塔的"俄斯邦德有机农场"是美国最大的有机沙拉生菜生产商，被认为是"工业化有机种植的典范"。

拉乌尔说，这家公司大规模机械化生产的成功直接导致了沙拉生菜价格的大幅下降，使很多小型农场无法在低价中生存。因此，大规模工业化的有机农业除了无法避免土地利用效率低，食物生产、加工、包装和远距离运输消耗大量石化能源等问题外，不能使农业人口和劳动力与土地形成有机结合、相互依存的可持续关系也是个重要问题。

拉乌尔和帕梅拉正试图通过各自的探索和实践，从不同角度帮助农业实现可持续发展。两人合写了一本书——《明日的餐桌：有机农业，转基因和食物的未来》，在美国引起了很大的社会反响。这本书把转基因农业和有机农业公平地摆在一起，让人们有了解双方观点的机会，还生动地阐述了他们家庭生活的许多实际体验，包括帕梅拉的转基因菜谱，她与亲戚关于转基因作物的争论等。

虽然农业可持续发展是一个巨大的课题，是一项社会系统工程，作为个人只能从小的角度切入进行尝试和探索，但这对夫妇打破了美国转基因农业和有机农业之间不可逾越的鸿沟，用他们的个人经历和思考告诉世人：可持续的农业才是人们真正应该追求的目标。无论对转基因农业、有机农业还是别的什么农业，都不能用"非黑即白"的二元对立的眼光来看待。

4.1.4 中国有机农业与美国有机农业

中国有机农业开始于20世纪80年代。1984年中国农业大学率先开始进行生态农业和有机食品的研究和开发，1988年国家环保局南京环境科学研究所开始进行有机食品的科研工作，并于1994年在该所成立了国家环保局有机食品发展中心（Organic Food Development Center of SEPA，OFDC）。

1992年，中国农业部批准组建了中国绿色食品发展中心（CGFDC），负责开展国内的绿色食品认证和开发管理工作，并于1995年提出了绿色食品的分级理论。CGFDC于2002年10月组建了中绿华夏有机食品认证中心（COFCC），并成为在国家认监委（国家认证认可监察委员会）登记的第一家有机食品认证机构。OFDC根据国际有机农业运动联盟（International Federal of Organic Agriculture Movemen，IFOAM）有机产品生产加工的基本标准，参照许多发达国家有机农业协会或组织的标准和规定，并结合中国农业生产和食品行业的有关标准，于1999年制定了《OFDC有机产品认证标准》，2001年5月由国家环境保护总局发布成为行业标准。

2002年11月1日《中华人民共和国认证认可条例》正式颁布并实施，有机食品认证工作由国家认证认可监督管理委员会统一管理，进入规范化阶段。2005年1月，国家标准化管理委员会正式颁布《有机产品国家标准》，这是中国制定的第一个有机产品标准。2005年5月19日，国家认监委颁布《有机产品认证实施规则》，于2011年和2014年进行了两次修订。

二次修订后的《有机产品认证实施规则》号称史上最严，其制定的有机标准和其他国家的有机标准相比，除了不使用人工合成化肥农药、生长调节剂、饲料添加剂等物质等之外，连所用生物农药的原材料都不得使用基因工程产品（欧美的有机农业这是允许使用的）。

以前的有机认证不定性、不定量、不定品种。一个农场获得有机认证后，可以随便往其他产品上贴。如果申请认证地块种的是西红柿，旁边地里种的其他作物也可以贴上有机标签卖。有机食品市场非常混乱，花钱，请吃顿饭，可能就可以买到认证证书。普通产品换个标签，就可以冒充有机产品。于是国内获得有机认证的农场和企业越来越多，得到有机认证的土地面积也越来越大，但是因为种种造假现象，有机食品也面临着越来越大的信任危机。而国内这个"最严"的监管体系，无论是管理程序还是指标、标准都非常严格。二次修订后的《有机产品认证管理办法》正式施行后，市场上的有机食品大幅减少，连一些超市的有机食品专柜都撤销了。

有机认证除了对土地进行认证之外，还要追溯到具体的品种。有机产品认证标志要在认证证书限定的产品类别、范围和数量内使用。一个有机农场生产几种蔬菜，每个品种每次开始种植时都要预估申请品种的产量。

在有机认证严格之后，一些声称按照有机标准生产，但没有进行认证的"生态产品"多了起来。目前国内食品从最宽松的条件算起，分无公害食品、绿色食品和有机食品三个等级，并没有生态食品的门类。这些号称生态农业的都是偷换概念在打擦边球。民众搞不清楚状况，就被忽悠着掏腰包。真正守法的有机农人却受到了伤害。

解决国内的食品安全问题中，有机、生态、绿色等标签是人们期盼的，如何严格规范，让人们花钱物有所值，是有关部门必须面对的重大课题。现在新兴起一批做生态农业的新农人，他们过去没有做农业的经验，仅凭着一腔热情就投入到这个行业来，这是很危险的。特别是很多人不了解什么是现代农业，又做不到低投入、高产出，这样如何能够持续赢利？甚至生存都成问题。解决食品安全问题，不能仅仅依靠有机，还要把传统的农业做到低毒环保等。那些以为有机就可以改变中国农业现状的人是一种乌托邦式的思维，并不能解决日益恶化的环境所带来的食品安全危机。

美国的有机农产品市场自1990年后开始快速成长。常规生产的农产品，每年平均有3%~5%的增长；而有机农业的产品，却可达20%~25%的成长。即便有机产品的价格比常规产品要贵上几成甚至数倍，但或许是社会风潮有所转向，或许是常规食材出现诸多问题，有机产品似乎为更多人所注目。

前几年，受国际金融危机的影响，美国有机产品的销售受到了较大的影响。鲁莽的扩张和有机食品行业的激烈竞争也是一些有机食品公司破产的因素。最近球道公司（Fairway）、幸运超市公司（Lucky's Market）和地球票价公司（Earth Fare）相继申请破产。球道公司是因为杠杆收购带来的债务，随后向郊区不成功的扩张，以及与经营有机产品大户的不对等竞争。幸运超市公司则归咎于盲目的积极扩张，和与同行的无差异化竞争。地球票价公司是因为自身业务的扩张导致流动资金枯竭，又无法再融资，经营难以支撑。此外，收购有机谷物的管道食品公司（Pipeline Foods LLC）近期也突然申请破产，理由是新冠肺炎疫情大流行造成的"财务困境"。 而有机大户龙头企业全食超市（Whole Foods）自从被亚马逊收购以来，已经降低了农产品价格，以刺激增长。亚马逊最近报告称其销售增长乏力，可见有机食品经营之难。而调节机制是保证有机农业可持续发展的有效手段，通过生产效益、经济效益和生态效益的平衡发展模式，加强风险预警机制，抵御更多风险。同时，有机农业的发展离不开市场的强有力支持，有机产品被消费者广泛认同，逐渐形成了以消费者为主导的市场，更加有利于有机农业的规范化发展，促进有机农业的发展。

美国的有机农业依靠其先进的生产理念技术和完备的服务体系，加之政府的大力支持走在了世界有机农业发展的前列，但同样受到劳动力成本过高的影响，制约着其发展。而我国有机农业的发展目前正处于试验探索阶段，应积极学习美国发展的先进经验，不断完善国家对于有机农业的立法和政策的支持，加大科研力度，依靠我国人力资源的独特优势，发展中国特色的有机农业，从而实现能够满足不同人群需求的现代化农业市场。

《中国有机产品认证与有机产业发展报告》显示，截至2019年12月31日，按照中国有机产品标准进行生产的有机作物种植面积为220.2万公顷，有机植物总产量为1245.1万吨，共有68家认证机构（国家认监委批准、具有有机产品认证资格）颁发了有机产品认证证书。

从地域来看，有机加工产品主要分布在东北、华北地区，居前五位的省、市、自治区分别是黑龙江、内蒙古、辽宁、贵州和山东，这5个省、市、自治区的产量之和为222.64万吨，占总产量的59.18%。

该《报告》还显示，2019年我国有机产品总销量80.98万吨，较上年增长11.04万吨；产品总贸易额678.21亿元，较上年增长46.74亿元；进口贸易额为125.49亿元，出口贸易额为7.27亿美元。

有研究指出，未来5年，中国有机农业生产面积以及产品生产将年均增长 20%~30%，在农产品生产面积中占有 1%~1.5% 的份额，达到 120 万~153 万公顷；有机食品出口占农产品出口比重将达到或超过 5%。

作为农业大国，发展有机农业成为实现我国农业可持续发展的重要方向之一，是引领乡村振兴的战略抓手。目前，国家针对农业供给侧改革的政策支持是促使有机农业发展的最大保障，伴随着政府相关政策的出台，有机农业将维持强劲发展的趋势。

4.2 不得不说的转基因

4.2.1 什么是转基因

面对全球人口大爆炸，为了养活越来越多的人口，解决工业急速发展带来的环境和生态问题，生物技术被科学界公认为 21 世纪的明星科技。依靠生物技术来改良作物，好比加速了育种进程。实际上，人类在发展的过程中，育种进程有几个重大转机，让育种提速。最早开始的优良品种选育都是靠自然界的突变，所以育种要花成千上万年。比如我们熟悉的玉米，最早是豆荚状和稻穗状，这样的作物产量很低，一株上只结一个或几个玉米粒，印第安人花了好几千年的时间，才将玉米培育成今天的模样。

300 多年前的修道士孟德尔发现不同颜色的豌豆花杂交，可以让豌豆拥有对方的颜色，这是人类第一次发现可以有目的地杂交育种。这种按人为的目的去杂交选育植株，极大地推动了育种的速度。但这仍然要看老天的脸色，一次育种不一定能得到我们想要的性状，需要不停地一代代试下去，直到获得我们想要的东西。不过，这种有目的的选育，还是比听天由命地等着自然界的突变要快多了。因为自然界的突变，未必是我们需要的品种，你也永远无法预测自然界何时突变。

第4章 影响未来粮食发展的主要因素

在 1959 年 DNA 双螺旋结构被发现之后,生命的基本原理被解密,分子生物技术诞生,并被广泛用于医药农业等各个领域,极大地改善了人类的健康和生活品质。人类食物的营养加强,许多疑难病得到治疗,人类的寿命也得到很大改善。人类对自然越来越了解,掌控得越来越自如。

所谓转基因,就是将某种生物的某个基因,从一连串的基因中分离出来,再植入到另一个生物体内,培育成新的品种,使之拥有我们期望的性状。这种情况可以发生在同一个物种,比如有两株向日葵,一株籽粒小,但是油多,另一株籽粒大,但是油少。现在我们要培育籽粒大而且油多的新品种。如果用传统的授粉方式,就要将两种向日葵的花盘互相授粉,这样长出来的向日葵有 4 种可能的组合:粒大油多,粒大油少,粒小油少,粒小油多,而其中只有一个结果是我们要的——粒大油多。但是我们授粉一次,这 4 种结果并不是平均出现的,可能就出现一种,也可能我们需要的性状完全不出现,我们必须不停地试,一年,两年,很多年,也许快,也许慢,这完全不在我们的掌控当中。直到我们得到了我们期望的性状——粒大油多,我们才能将其稳定下来,长期培养,防止中途退化并成为一个新的品种。而拥有了转基因技术就不同了,我们可以寻找控制粒大和油多的基因,把它们直接用基因枪打到细胞核里,让细胞同时拥有这两种我们需要的性状。这样只要经过很短时间,我们就可以得到我们想要的植株。换句话说,与传统的杂交相比,转基因只是这种技术的延伸,将杂交更加精确,时间缩短而已。

转基因并不仅仅在同种之间转换,还可以延伸到不同物种之外,不像杂交,只能相近物种,比如转基因可以把细菌的基因转植到植物体内。

目前市面上最常见的两种转基因作物,玉米和大豆就是转植了细菌的基因。有人可能会无法接受,怎么能转植细菌的基因呢?实际上,细菌就是介于植物与动物之间的一种媒介，细菌的基因整合在植物中这件事在自然界一直都有发生，并不稀奇，甚至我们人类的基因上也有这样被细菌整合过的痕迹。

转基因的英文名称从最早的 transgene，已经延伸成现在的 genetically modified organism（基因修饰生物）。也就是说，任何在分子水平的基因修饰都称作基因修饰，这比转植入新的基因的转基因名词外延扩展了许多。这不仅限于转植入新的基因，也可能不增加新的基因，如沉默某些基因，例如，抗褐变苹果，就是沉默了多酚氧化酶的基因，让这个酶不活跃，不会把多酚类物质氧化，变成褐色，影响苹果的卖相。由此看来，转基因的这个词的翻译已经显得有些不合时宜。

4.2.2 转基因的历史

说到转基因的历史，就不能不从人类认识生命本身讲起。最初人类认识生命，是从个体，然后细化到组织，器官等，直到虎克发明显微镜，人类对生命的认知到了当时最小的细胞的水平。而 DNA 双螺旋结构的发现，让我们彻底从最基础的生命物质开始，重新再认识生命。分子生物学由此诞生，之后的生物研究从核酸开始。基因重组是分子生物学研究中稀松平常的技术。今天，当某类人还不能接受转基因技术的时候，他们并不知道，转基因技术已经深入到我们生活的每一个细节，我们已经无法完全避免了。

人类农业史就是一部干涉自然的历史。最初的食物是狩猎和采集而来的，不仅不稳定，数量也不够多。为了得到稳定的食物，人类在自然界中选择适合做食物的植物和动物，把它们种植和驯养在家中，慢慢有意识地筛选和驯化，把适于长期做食物的性状留下，比如作为粮食作物，高产，美味，饱腹，抗病害，易生长，收割容易等，慢慢经过成千上万

第 4 章　影响未来粮食发展的主要因素

年的演变，才有了我们今天吃的食物。所以那些说"我们吃了几千年的食物，怎么能改变"的人并不知道，我们目前吃的食物可能根本没有几千年的历史，甚至比我们想象的时间短得多。动物食物也一样，它们需要去除野性，变得温顺，长肉快，肉质柔嫩，吃的饲料少，还能提供皮毛和油脂等附加物。这就是为什么，家猪的肉比野猪要香。很多人为了猎奇去吃野味，实际上野味通常并不比我们日常吃的肉更美味。

人类一直在寻求更好的育种方法，以便让人类有更加高产而充足的食物，让有限的土地养活现有的人口。即使有孟德尔发现的定向杂交，有哥伦布大交换之后的物种交流，人们还是受区域的限制，无法让育种更向前迈一步。而转基因技术让这种预想变成了可能。在某些时候，在野生物种和驯养物种不是那么容易杂交的情况下，分子水平技术的帮助就显得特别重要了。

虽然过去也可以用组织培养，辐射或者化学试剂催化突变等方式寻求新性状，但是毕竟随机性太强，结果不稳定。转基因技术则可以更加精确和定向。我们只选需要的基因，插在对的地方，让作物在我们期望的地方，表达我们需要的性状。比如，大米转植了抗虫基因，虫子主要吃叶子，人主要吃米粒。我们就让抗虫基因主要在叶子上表达，而在米粒中很少表达，几乎没有，这样就无须担心这种抗虫基因对人体的影响，还能有效抗虫。

在绿色革命期间，从 1965 年到 1980 年，人工育种和使用农药、化肥让粮食产量大跃进，尤其是稻米和小麦。但是到了 20 世纪 80 年代中期，粮食产量停滞不前，似乎所有的传统手段都无法让产量继续提高了。人们不得不继续加大化肥，农药，杀虫剂和水的使用，以求增产。许多人开始担心破坏环境的问题，美国环境保护机构和一些民间团体要求科学家能够利用基因技术研发出一些需要少量化肥和农药的品种来。这就是转基因技术应用在农作物的开始。

在 DNA 双螺旋结构被发现之后，许多科学家都谋求这种技术的应用。但是直到斯坦福大学的生物学家阿瑟科恩伯格把噬菌体的 DNA 片段插入猿猴病毒的基因组，将来自不同物种的 DNA 成功重组，才让基因重组技术变为现实。这在当时就引起巨大争议，这项技术还一度停摆，在科学家的据理力争下，政府才接纳并允许了这项技术的进行。

20 世纪 70 年代，一位金融家敏锐地嗅到了商机，虽然他完全不懂科学，但是他知道这项技术将带来巨大的财富。于是，这个没有任何科学背景的金融投资者，与一个没有资金但拥有技术的科学家，两人联手在旧金山以南的南三藩市成立了全世界第一家分子制药公司基因泰克（Genentech）。1978 年，这家公司的科学家把人胰岛素基因克隆进大肠杆菌，让大肠杆菌合成人胰岛素，这极大地降低了生产成本，让胰岛素可以大批量地生产，挽救了不少糖尿病患者。紧接着，人生长激素和人干扰素也成功合成出来，从此人类制药事业比传统多了一个分子制药的概念。1982 年，重组人胰岛素成为第一种获准上市的重组 DNA 药物。现在转基因技术在制药行业极为普遍，几乎所有新药，特别是抗癌药，都是转基因技术做的。

转基因技术在制药行业取得成功，在农业上的应用也逐渐展开。第一个转基因品种是烟草，把一种抗病毒基因转植到烟草里，我国是第一个把转基因烟草商业化的国家。第一个转基因食物是佳味（Flavr Savr）大番茄。它是加利福尼亚州的加尔基因（Calgene）公司研发成功的，并且通过了美国食品药品监督管理局（Food and Drug Administration，FDA）的安全审核，投放到市场。这种番茄成熟延迟，便于运输。等到运到市场，也还是硬的。不过因为口感太差，市场效果不是很好，很快就被淘汰了。

转基因动物在生物实验中很常见。虽然目前全世界商业化的转基因动物很少（只有转基因三文鱼一种），但是在医学研究中是非常普遍的。全世界第一个转基因动物是哈佛大学1987年做的小鼠，通过改变小鼠的基因，制造癌症模型。这些年，关于动物的转基因研究一直在做，但是都没有商业化。因为人们对转基因动物的恐惧比对植物的更多。只有作为宠物的荧光鱼在市场上可以看到。曾经有科学家做过转基因猪，期望能够通过转基因的方式让猪粪减少磷的成分，缓解环境污染。可惜这项本意是保护环境的科研因为缺少经费和被环保组织反对而撤销。其他动物方面的研究包括防止口蹄疫，让动物长更多瘦肉、减少脂肪，或者牛奶里减少乳糖成分，让乳糖不适症患者也可以喝牛奶等。比较成功的应该是基因重组奶牛生长激素。美国只有转植入快速生长基因的三文鱼经过25年的努力，终于幸运地实现了商业化。而我国自主研究成功的也是快速生长的转基因鲤鱼却始终未能商业化。

4.2.3 转基因作物的优势与发展状况

转基因作物主要具有以下三个方面的优势。

第一，让植物具有保护性状。植物与病虫害一起共同演化了四十几亿年，形成了自己的防御系统，人类为了栽培和增加作物产量，先是从自然界中获取的物质来防治病虫害，后来才人工合成杀虫剂和抗疫病药。利用生物技术进行组合性状，让农作物有两个以上保护性状，可以简化农民的劳动，提高产量。比如现在的玉米有抗除草剂与抗虫品种，大豆也有两者兼顾的品种。经济作物有抗虫棉花。其他食用作物还有：马铃薯有抗虫害的品种；水稻有抗虫的品种；小麦有抗除草剂、抗虫、抗病、抗真菌等品种；甜菜有抗虫和抗除草剂的品种；等等。

第二，让食物具有特殊功能、作用或风味。比较典型的例子就是第一个转基因大番茄，有延迟成熟的特点。美国正在研发的低丙烯酰胺薯条则是能够把炸薯条产生的致癌物丙烯酰胺降低，沉默多酚氧化酶的防褐变苹果，还有未来正在研发的增加面筋含量、使面团更有弹性的高面筋转基因小麦，抗低温葡萄等。还有一系列让蔬菜有更长的保鲜期，让水果风味更浓、延迟成熟等。2020年10月上市的粉菠萝则是美国著名水果公司德尔蒙食品（Del Monte）培育了16年的网红水果。它虽然长得普通菠萝模样，但切开以后是少女心的粉嫩颜色，像跟西瓜做了杂交。实际上像是经过基因修饰，把菠萝本身含有的番红素转化成黄色胡萝卜素的酶含量减少，从而使菠萝保留更多的番红素，减少胡萝卜素的产生，让菠萝果肉呈现西瓜般粉色。这种菠萝不仅更加漂亮，水分更足，味道也更甜，由于番红素强抗氧化的生物特性，这种粉菠萝还能保护心血管，具有更高的营养价值。

第三，改善营养。利用生物技术改善作物的营养成分也是很重要的。研发成功的转基因黄金大米，在大米中转入胡萝卜素，让贫困地区的孩子能够改善维生素A缺乏症。我国自主研发的植酸玉米也是提高营养的品种。磷是动物的一种营养元素，在玉米饲料中是以植酸形式存在的，牲畜不能消化利用，通过植酸酶可以将其转化为可利用的无机磷。转植酸酶基因玉米解决了植酸中的磷不可利用的问题，提高了玉米饲料的营养，减少了动物磷排泄污染，是很环保的。美国已经上市的高油酸大豆也是提高营养的，这种增加了高油酸的食用油可以用来代替氢化油，避免反式脂肪的问题。这类提高营养的转基因作物可以让消费者直接得到好处，比现有的第一代转基因产品更容易让人接受，也更能体会其益处。

根据国际农业生物技术应用服务组织发布的《2018年全球生物技术/转基因作物商业化发展态势》报告，转基因作物的商业化种植始于1996年，1996—2018年转基因作物种植面积从170万公顷攀升至1.917亿公顷，平均年复合增长率24.0%。

2018年，全球范围内26个国家种植了转基因作物，排名前7位的国家分别是美国、巴西、阿根廷、加拿大、印度、巴拉圭和中国。其中，排名前3位的国家占总种植面积的78.4%，排名前5位的国家占总种植面积的比重高达91.0%。除了26个国家种植转基因作物之外，还有44个国家进口转基因作物。[①]

美国是全世界最大的转基因种植国，已经商业化种植的转基因作物包括玉米、大豆、棉花、油菜、甜菜、苜蓿、番木瓜和南瓜等，其中90%以上的大豆、棉花、玉米、油菜等都是转基因品种，80%以上的加工食品都使用转基因作物作为原料。

4.2.4 客观看待对转基因作物的质疑和批评

转基因作物自诞生以来就受到来自各界的质疑和批评，人们对它主要存在以下几个方面的担心。

一是转基因作物有可能对环境产生破坏性影响。转基因作物的花粉也许会吹到非转基因的同类作物上，产生杂交，这种基因漂移可能会引起无法预测的后果。比如，玉米里的抗除草剂基因如果传到了附近的杂草里，就让除草剂无法起作用了。转基因作物种植20多年期间，这个问题一直是备受关注的，在种植转基因作物地区，必须留出隔离带，让转基因作物和非转基因作物之间有一个缓冲区。经过这些年的观察，目前还未发生基因漂移事件，但是花粉漂移的事有过官司。1998年，加拿大农民波西·施梅哲被孟山都起诉，侵犯了种子的专利权，理由是他没有购买孟山都的抗除草剂种子，却在他地里发现了这种转入抗除草剂基因的作物。而施梅哲辩称说，是风自己刮过来，污染了他的地，并不是他

---

① 参见《全球转基因作物种植面积持续增长》，新华社客户端，https://baijiahao.baidu.com/s?id=1643545915280546551&wfr=spider&for=pc。

有意侵权。这个官司整整打了6年，不少"反转"机构都支持施梅哲，把他看作"反转"英雄。法院特别声明，此次审批只针对是否侵权，对生物技术本身不做评判。加拿大最高法院最后判定，施梅哲说的偶然污染在实际情况下不太可能发生，至于他所说的其他农场运送种子的车泄漏，或者风以及昆虫传粉等都不成立，所以最后判定侵权成立。但是因为他并没因此获利，所以没有要求他赔偿，最后是皆大欢喜的结局。孟山都捍卫了种子专利，农场主在经济上也损失不大，只是折进去点律师费而已。

二是转基因作物有可能伤害有益的昆虫。比如濒临灭绝的帝王蝶。转基因作物所转入的BT杀虫蛋白对毛虫等鳞翅目的昆虫有特异性，而蝴蝶恰巧也是这类的昆虫，因此一些珍贵的品种需要保护。不过，一般种植转基因的土地都不与这些珍贵蝴蝶的栖息地相邻，受影响的可能性很小。1999年，康奈尔大学的科学家约翰·洛希（John Losey）发现，用沾了BT转基因玉米花粉的叶片喂养帝王斑蝶幼虫就会让幼虫大量死亡。他在《自然》杂志上发表了这篇论文。为了得到更多的证据，美国国家环境保护局和美国农业部组织了一批来自不同领域的科学家开展了一项为期2年的研究。最后的结果发现，转基因玉米花粉中几乎不含BT蛋白，野外的花粉浓度也很低，也很容易被冲走，实际上对帝王蝶的影响并不大。而且由于减少了杀虫剂的使用，附近地区的帝王蝶不但没减少，反而增加了。综合来看，BT转基因玉米对帝王斑蝶的负面影响几乎可以忽略不计。这项研究后来也发表了论文，洛希是作者之一，他通过这一次的科学实验改变了自己的观点。

三是转基因作物有可能破坏物种多样性。因为转基因作物产量高，抗病虫害，易于耕作，很快就会占据主导地位，而其他作物因为这样那样的原因，最后可能都会退出商业种植。如此一来，全世界大片的土地只种几个有限的物种，其他有个性的小物种就有可能因为没人种植而被淘汰，也许永远从田地和我们的餐桌上消失，这是很伤感的一件事。要知道，21世纪以来，已经有97%的食物从我们饭桌上消失了。不过社会总是有自己的调节方式。在美国的农夫市场和有机超市总能找到一些奇特的小物种，比如一种古老的、从未杂交过的番茄，吃起来多肉甜美，但是缺点是不容易储存，不耐运输。令人欣慰的是，即便它的价格贵，数量少，也总是有人愿意通过购买行动来扶植这样的种植。反而在我国，因为"反转"舆论导致民众对许多没有见过的新物种有莫名的恐惧，看到圣女果、紫薯、黑花生、紫胡萝卜、紫菜花、紫甘蓝等不常见的果蔬，就以为是转基因的。殊不知，越是不常见的，越不可能是转基因的，因为转基因小物种没有任何商业价值，要做必定是大宗作物，比如玉米和大豆，还有小麦、水稻等。不常见的很可能是古老品种，甚至连杂交都没有，说不定是很纯的老品种呢！谁能想到，原始的胡萝卜是紫色的呢？是荷兰人刻意把胡萝卜培育成橙色的，我们吃橙色胡萝卜总共也就短短四五百年历史而已。

四是转基因作物有可能对人体带来危害。这是人们最为担心的，也是目前传说最多的一块。有些担心可以理解，比如担心会过敏。因为转基因会带进新的蛋白，如果人体不适应，就会过敏。不过转基因食品上市之前会有过敏试验，以前做大豆时，就转植过巴西果的基因，后来发现有过敏现象，就没有再继续。所以这种担心应该是在实验室阶段就会解决了。还有其他传说，比如断子绝孙。2010年4月16日，俄罗斯广播电台俄罗斯之声以《俄罗斯宣称转基因食品是有害的》为题报道了一则新闻称，由全国基因安全协会和生态与环境问题研究所联合进行的试验证明，转基因生物对哺乳动物是有害的；负责该试验的阿列克谢·谢洛夫博士介绍说，用转基因大豆喂养的仓鼠第二代成长和性成熟缓慢，第三代失去了生育能力。而实际情况是，该研究所和那个博士从未做过这样的实验，这个消息就是一个来路不明的网上传言，并不是真实存在的事实。

中国人最重视延续香火，断子绝孙是最不能接受的，所以"反转"用断子绝孙的理由非常有效。其实在很多国家都根据不同国情，有着不同的传言。比如，在非洲，就传说转基因会让人变性，成为同性恋。真是世界之大，无奇不有。还有传说转基因能够让人患癌。2012 年，法国卡昂大学的研究人员塞拉利尼在《食品化学毒物学》(*Foodand Chemical Toxicology*)杂志上发表研究文章称，用抗除草剂的 NK603 转基因玉米喂养的大鼠，致癌率大幅上升。然而其他科学家发现他的实验存在很多问题，设计不合理，统计方法不对，即使按他的实验结果分析，也得不出同样的结论。结果在众多科学家抗议之下，他的论文被撤稿。后来他又在一个新的影响因子很小的刊物上重新发表，不过依然没有得到主流科学界的认同。

转基因作物的争议分布非常有意思。在主流科学界，特别是生物科学界，大家的观点比较一致，除了个别人，大部分都支持转基因技术，如 25 个诺贝尔奖得主曾经联名签署公开信支持转基因。硅谷的大数据专家李维做过一个大数据分析，发现认为转基因不好的依据，没有一个来自像样的科学论文，全部来自网络博客等社交媒体。当然，非主流和非科学的社交媒体发出的内容也不应该被忽视，但是，它们同样都要经过严格的科学检验才能被认可和接受。

4.3 生物质燃料的发展

生物质燃料来自于活的生物体或代谢副产物（有机或食品垃圾），它必须包含超过 80% 的可再生材料。生物质燃料其实早已存在了，20 世纪初，亨利·福特曾经尝试用乙醇当燃料，也曾把花生油用在柴油发动机上。

汽油和柴油是古生物燃料，但被称为化石燃料，因为它们来自几百万年前埋入地下变得腐烂的植物和动物。生物质燃料与之相似，只不过它们来自现在生长的植物。

现在美国大部分的汽油中都混有生物质燃料——乙醇。它是由玉米深加工而成的，和酒精饮料中的东西一样。现在有各种方法制造生物质燃料，一般是利用化学反应，发酵和热分解其中的淀粉、糖类和植物中的其他分子；然后提炼剩余产品，使之成为一种汽车可以使用的燃料。

世界各国正在使用各种生物质燃料。经过几十年的研究与发展，巴西已经利用甘蔗转化为乙醇，一些汽车可以直接用纯乙醇运行，而不是作为添加剂加到化石燃料里。广泛应用于欧洲的则是棕榈油加工的类似柴油的生物柴油燃料。

4.3.1 破解产量危机：生物质燃料离不开转基因技术

从表面上看，生物质燃料看起来像一个伟大的解决方案。大气中的二氧化碳主要是由汽车产生的，这是导致全球变暖的温室气体的主要来源。但由于植物吸收二氧化碳长大，汽车排气管排出的二氧化碳可以让用于制造生物质燃料的作物吸收。与地下储备的石油相比，生物质燃料是可再生资源，因为我们可以种植更多作物并将其转化为燃料。

然而整个事情并不是那么简单的。种植农作物所使用的动力以及所需要的化肥和农药，还有在加工厂转化成燃料的过程都需要消耗大量的能源。对于未来，很多人认为生产生物质燃料更好的方式将来自包含更多纤维素的草和树苗。纤维素是硬质的材料，构成植物的细胞壁，而且植物的重量大部分是源自纤维素。如果纤维素可以变成生物质燃料，它可能比当前的生物质燃料更有效率，也更能减少二氧化碳排放。

实现这个目标,难免又会用到转基因技术。之前的转基因农作物的研究,主要是改善农作物抵抗害虫和恶劣天气以及提高农作物的产量和营养成分的含量。现在科学家们开始了转变农作物基因的另一项研究,对农作物进行特殊的基因改变,使这些转基因作物能够专门用于生产乙醇和其他生物质燃料,以缓解油价飙升和环境污染等问题。目前,美国的各大种子公司和生物技术公司也相继加大了该领域的研究投入。

美国杜邦公司的种子专家多年来一直在为如何解决转基因农作物用于生物质燃料的问题头疼。石油价格居高不下,使美国等国家对生物质燃料的需求量不断增加,农作物产量正以前所未有的速度增长。他们认为要实现增产,除了扩大种植面积以外,转基因农作物的种植是唯一选择。

2007年,杜邦公司和世界上最大的油菜籽加工企业邦吉公司宣布,它们将在现有的、合作改善食用大豆的各种生物性能的基础上,重新设计大豆的基因,以用于生物柴油和其他工业生产。

杜邦公司的种子部门为配合转基因农作物的研究,投入了大量的资金并配置了专门人员。他们将9%~11%的收入专门用于研发转基因农作物,而且还将聘用的科学家数量增加了25%。这一切都是为了通过提高农作物抵御病虫害和抗杂草的能力来提高产量,同时找到最适合提炼乙醇等生物质燃料的转基因农作物。

从事生物质燃料研究的科学家一直将自己局限在固有的视野里,他们对生物质燃料的关注主要集中在工业生产方面,比如通过改进利用农作物生产乙醇的化学工艺,以提高乙醇的产量。可是,事情并非想象中的顺利,原因就是来自农作物本身即要满足食用需求,又要满足工业用途中导致的产量不足的问题。

以乙醇为例,其主要原料是玉米。即使将全球的玉米都用来生产乙醇,这些乙醇也只能取代石油市场15%的份额。然而,现实比预想的数字更可怜。

科学家必须寻找其他农作物原料，以生产更多的生物质燃料。美国能源部的一位官员曾表示，未来 10~15 年，如果生物质燃料在市场上的份额提升 50%，则需要依赖科学家对农作物原料进行改进，保证进入乙醇生产工厂的原料含有更高的生物能量。

他们开始将眼光转向大受争议的转基因农作物上。杜邦公司的专家认为，想提高生物质燃料在石油消耗中的比例，使生物质燃料在整个能源消耗中占有重要的地位，就必须对农作物本身进行改进，让这些农作物每公顷能源产量不断提高。而转基因农作物是最适合的，首先是其改性后的产量高于普通农作物；其次，一旦大面积种植，其价格将低于普通农作物。

目前，最主要的转基因作物是大豆和玉米，这两种作物的种植面积大约占全球转基因作物总面积的 80%。其中转基因大豆占全球转基因作物面积的 60%，转基因棉花和油菜的种植面积位居第三和第四。

有科学家大胆地设想，如果在全球种植转基因农作物专供生物能源使用，不断地扩大产能，并用于生物质燃料等替代能源，那么人类将很快解决能源危机的问题。

4.3.2 安全问题的博弈

实际上，全球转基因农作物在生物能源方面的应用并不理想，目前看来转基因还是一个比较敏感的话题，虽然全球都在讨论转基因农作物用作生物质燃料。但是，其中涉及粮食安全问题，我国还是以保守的态度来面对转基因农作物的开放。

我国的一些科学家也对美国看好转基因农作物产生了质疑，他们认为，转基因农作物的大面积种植是危险的。因为被改变了基因的农作物将可能交叉感染其他野生植物，导致森林中其他野生植物因木质素含量降低而缺乏硬度并逐渐枯萎。

虽然转基因农作物有着诱人的前景和改变人类能源危机的重任，但是应该谨慎前行，仅为满足现代人对汽车的嗜好而改变农作物的基因完全没有必要。

面对这些质疑，设计这些转基因农作物的科学家们解释说，与美国严重依赖从国外进口石油的危机相比，这些质疑所提出的风险显然是微不足道的。况且这些能帮助生产乙醇的农作物在生长过程中能吸收大量的二氧化碳，从而可以帮助人类应对全球变暖，实际上是对环境保护非常有利的行为。

先正达（Syngenta）是瑞士的农业科技公司，一直致力于通过创新的科研技术为可持续农业发展做出贡献。其转基因玉米的优势也遭到了一些人的质疑，他们认为这些玉米不仅仅用作工业目的，由于交叉感染或种子混杂的影响，人和动物会不可避免地食用这些玉米。

在2000年，美国一种转基因玉米只被批准供动物食用，但最后居然进入人类的餐桌，公司不得不召回所有的玉米并严重破坏了美国向国外出口玉米的市场。这起风波导致人们对转基因农作物的不信任一直延续至今。

有些国家对于转基因农作物的种植也显得有些态度疲惫。例如，被日本农林省批准从事转基因农作物研究的6家企业有日本烟草、三菱化学、三井化学、麒麟啤酒、卡古梅和塔基伊。其中三井化学公司多年前就着手开发抗过敏性水稻，由于抗过敏性需要对多种蛋白质的产生进行控制，所需开发费用巨大，且目前尚无商业化前景，因此该公司已决定终止这项研究。

2007年3月，由美国康涅狄格大学华裔生物学教授李义领导的研究小组经过近6年的不断探索，终于在消除转基因植物对生态环境和人体健康的潜在威胁方面取得突破。他们利用其开发出来的"外源基因去除"技术，成功地将转基因植物中的外来基因从植物的花粉和种子中彻底清除掉，从而有可能打消人们对转基因植物安全性的顾虑。

这一技术的成功，又让人们看到了转基因农作物的希望。李义教授解释说，比如抗除草剂玉米的种植，在玉米的生长阶段，因其根、茎、叶中含有抗除草剂的基因，施用除草剂不会影响其正常生长，保证了其在田中的生长优势。但当玉米趋于成熟时，预先设计好的基因重组系统便会及时将玉米花穗中的全部抗除草剂基因去掉，既很好地解决了抗除草剂基因的飘移扩散问题，又可以让消费者放心大胆地食用。他透露，进行试验的烟草植物数量多达3万株，外源基因去除效率达到100%。

4.3.3　生物质燃料与粮食生产

"能量不灭，汽车永动，万物生息轮回"这是生物质燃料热在全球激起的美丽梦想。可是随着新一轮全球农产品价格不断上涨，很多人对这个美丽梦想产生了怀疑，不禁要问"是让更多人吃饱饭还是让更多人开动汽车？"

追本溯源，对"生物质燃料热"以及"发展生物燃料危及粮食生产"等一系列问题的起因、发展、解决方法等几个方面集中归纳分析后，使狂热回归理性。唯有理性对待生物燃料热，才能走出生物质燃料和粮食生产的"PK"大赛。

2002年年初，美国总统布什在发表的国情咨文中要求，在10年内将美国的石油消耗减少20%。其中一个途径就是用生物质燃料等可再生能源，替代汽车15%的石油消耗，同时通过提高燃油使用效率来减少另外5%的石油消耗。20%的节油量，相当于美国目前从中东地区进口石油量的75%。

或许可以用可再生能源替代所有乙醇工厂消耗的化石燃料。但这并不能解决粮食作物生产生物质燃料的另一大难题：它们与食物竞争土地。为了削减大气中的温室气体，我们需要想些办法。问题是我们能找到的这些办法里，有多少不会让这些生物和土地提供的其他服务打折扣？

这正是为什么藻类这么前途无量，尤其是单细胞、蓝绿色的变体，也就是我们所说的蓝藻。它们远比地上的作物长得快，可以达到大豆的20倍。它们产石油的能力也能通过基因工程轻易提高。最厉害的是，它们能在海水或者不能耕种的碱地上的微咸水中生长，不会妨碍食物生产或者破坏森林。

密歇根州立大学的领导的研究小组表明，边际土地将是未来开发的重大资源，在中西部的孤地上，生长的混合物种、专门为燃料生产种植的植物每年可以生产55亿加仑（加仑=3.785升）的乙醇。

生物质燃料是否威胁粮食安全不仅是各大国际组织和各国政府关注的焦点，也一直是学界争论的主要议题。

一方面，有学者提出生物质燃料通过减少粮食市场供应量和抬高粮食价格威胁粮食安全，尤其是那些低收入食物短缺国家人民的基本生存需求。由于大量农产品用于生产生物质燃料，很大程度上减少了国际市场的食物供给量。市场供给量的减少必然带来价格的提升。

另一方面，也有一部分学者否认生物质燃料发展威胁粮食安全，主要理由包括：农产品中只有1%~10%被用于生产生物质燃料，不会影响粮食价格；可以利用作物秸秆等农业废弃物为原料生产生物质燃料；农业劳动生产率不断上升使得粮食总产量大幅提高，可以弥补能源生产消耗的粮食；世界上只有1%的耕地用于燃料作物种植，不会威胁粮食生产；可以利用边际土地种植燃料作物，做到燃料作物不与粮食作物竞争土地等。可见，生物质燃料是否威胁粮食安全的焦点是生物质燃料生产对粮食市场供应量的影响。

从生物质燃料对粮食市场供应量的影响方式看：一是燃料乙醇和生物柴油等第一代生物能源生产直接消耗食物；二是木薯、麻风树和红麻等非粮燃料作物种植通过与粮食作物竞争耕地资源，影响粮食播种面积和总产量。而无论是食物种植还是非粮燃料作物种植，最基本的资源投入类型之一即为土地，因此生物质燃料对粮食安全的影响可以归结为燃料作物与其他作物对土地的竞争。而目前学术界对于发展生物质燃料到底占用多少耕地，对土地利用变化带来怎样的影响，对农户耕地利用决策行为的影响机制如何，燃料作物在农户尺度上与其他作物类型的经济竞争力又如何等问题都尚未有系统研究。

从现有生物质燃料发展对粮食安全影响的学术争论中可以得出结论：土地是生物质燃料对粮食生产产生影响的最重要媒介，因此从土地利用变化的角度分析生物质燃料发展是深入开展相关研究的重要视角。

近年来，伴随生物质燃料的迅速发展，其占用耕地面积也在不断增加，从而带来森林、草地、未利用地等其他土地利用方式向农用地的转变，在农用地配置内部表现为其他作物，尤其是粮食作物向能源质燃料的转变。而归根结底，农户作为土地利用的基本决策单位，为追求经济收益最大化，在土地利用决策中更倾向于选择收益较高的燃料作物，是燃料作物种植面积不断扩大、粮食作物相应减少的根本原因。

从目前有关各国的生物能源发展规划判断，未来10~20年，在经济发展对能源的需求不断增加和温室气体减排的压力下，生物质燃料生产仍将不断扩大。政府为鼓励生物质燃料生产，也可能会继续采取相关政策压缩化石燃料在一次能源消费中的比例，或为生物质燃料生产给予补贴，从而维持燃料作物在农户种植决策中的显著优势地位。

4.4 健康养生观念的树立

4.4.1 "吃出来"的不健康

我们曾经担心国人吃不饱,为了这个目标奋斗了很多年,把粮食生产布局从大部分口粮,逐渐过渡到农林牧副渔全面发展,人们食物多样化,生活水平大幅提高。

然而我国的超重和肥胖问题正在以令人担忧的速度递增,我国曾经是世界上最瘦的国家之一,但目前我国的肥胖超重现象如同其他发达国家一样快速增加。据 2016 年《柳叶刀》公布统计,人类有史以来第一次,肥胖人口的数量超过了过瘦人口。在过去,过瘦人口一度是肥胖人口的两倍甚至更多,其中,让你想不到的是我国肥胖人口数量跃居世界第一。2018 年 10 月,"一带一路"食品产业国际峰会发布的《2018 中国食品营养与健康发展趋势报告》显示,我国成人超重率达到 30.1%,成人肥胖率为 11.9%。

肥胖会带来什么问题？有句话叫"一胖毁所有",这句话用在健康上并不是危言耸听。太胖的人,连运动系统都比普通人更容易受损(关节疾病),更不要提常见的心脑血管疾病、慢性肾脏病、生殖系统疾病和内分泌疾病等。世界卫生组织（WHO）在一项统计中宣称,2015 年,中国约有 1.1 亿糖尿病患者,也就是说,接近 1/10 的人口已经患病；WHO 还宣称,接近一半的中国成年人可能患有前期糖尿病,即血糖高于正常值但还未高到可以确诊为糖尿病。与此同时,心血管疾病随着近几年患病人数的增加,已经逐渐攀升为我国疾病顶尖杀手之一。联合国发布的《世界粮食安全和营养状况》年度报告称,2018 年世界饥饿人口数量 8.2 亿,饥饿人口连续三年未出现减少,但肥胖人口仍在增长。

WHO 和各国医疗从业者以及健康研究者对肥胖人口数量上升的担忧

除了个人的健康隐患之外，同时也是从公共卫生资源角度出发。目前来说，全球的医疗资源有限，而肥胖导致的疾病大多数是治病花费高昂的慢性病。仅从我国公共医疗资源来说，目前不论是医疗资源分配或者是公共医保，都处于一个非常紧张的状态，医生不堪重负是家常便饭。

无论是从个人角度还是从社会角度，通过调节饮食结构和运动减肥，降低疾病风险增进身体健康，都比患上心脑血管或内分泌疾病之后，花大量时间、精力和金钱去补救要更好。合理膳食是保证健康的基础。近年来，我国居民营养健康状况明显改善，但仍面临营养不足与过剩并存、营养相关疾病多发等问题。

食物是给我们提供能量和营养元素的。人类所需的营养主要包括六大部分，分别为碳水化合物、蛋白质、脂肪、维生素、矿物质、水，这六大营养元素必须保持平衡才能让身体得到健康。无论哪一个过多或过少，都是不健康的。如果超出了身体的需要，那么多余的能量就会变成脂肪囤积，严重的肥胖还会导致脂肪肝、高血脂之类的疾病。碳水化合物是人体直接可以利用的能源，在过去因为其他副食品少，只能靠主食充饥，所以食用粮食消耗特别大，我国粮食生产的重点也是在这里。但是改革开放之后，主食逐渐减少，其他副食品逐渐增加，国民营养健康按说是越来越好了。然而随着人们的生活越来越好，人们酒足饭饱的同时也就很容易会浪费食物。吃得过量又吃得结构不对，不够健康，导致肥胖人口连年增加。

很多疾病，都和过度饱食有关，如糖尿病、高血压、心脏病、肾脏病、肝脏病、瘫痪、老年痴呆等疾病，都与饮食无节制有密切关系。现代医学已研究证明，过度的烟酒，可导致全身很多器官受损，引起多种常见疑难病。若要从根本上解决问题，还是得管好嘴巴，少吃一点，吃到七分饱就可以了，这是身体健康的前提之一。少吃主食，适当吃肉类、蔬菜等对健康和减肥都有帮助。每个人都想自己健康长寿，就需要遵循古训，做到"食饮有节"，五味清淡可养五脏，幸福就从口入了。

很多人进行运动，不是为了锻炼身体，而是为了减肥。也有一些人，为了减肥，又是喝泻药，又是抽脂，用尽一切办法把自己的一身肥肉甩掉。这是吃了多少粮食吃出来的呀！食物进入人体之后，如果超过了人体的利用能力，不仅会变成脂肪，还会引发疾病、缩短寿命，不仅让人们增加痛苦，也是一种隐性的"浪费"。吃多了粮食，吃到需要拼命减肥的地步，这是严重浪费粮食的行为。吃得太多，吃胖了，又要拼命减肥给减掉，这更是浪费。少吃一点，这对节约粮食、确保粮食安全非常重要。

4.4.2 树立健康养生观念，推动健康中国行动

要想真正地节约粮食，做到"光盘"，人们就要从自家采购、配菜、做饭时就增强意识，量力而行。不能等到饭菜上桌，才想起来粮食的可贵，最后强硬地"光盘"。合理适量购买食材，多搜索些健康菜谱、配菜常识，在饭菜盛盘前，就把浪费的可能性降到最低。为了节约、环保才"光盘"，而不是为了"光盘"而"光盘"，不能因为节约反而给我们自己的身体加重了负担。

吃对饭，少吃饭，绝对是有利于健康的，也是节约粮食，减少舌尖上的浪费。这几年公款大吃大喝现象少了，但是随着人们生活水平的不断提高，浪费食物的现象仍然是触目惊心。食物浪费意味着大量水、能源、土地以及生产资料等资源的无效消耗，以及增加水体污染、土壤污染、温室气体排放等额外的环境负荷。这种浪费远远超过我们直观看到的结果。

大国国民更应均衡健康饮食，科学点餐，合理搭配荤素，改变暴饮

暴食等不良习惯，树立科学的饮食养生理念，拒绝"野味诱惑"，用实际行动践行健康绿色的生活方式。大国社会提倡分餐制，养成文明用餐的良好习惯。培养节约习惯，坚决制止餐饮浪费行为，营造浪费可耻、节约为荣的社会氛围。大国粮食，日省一把米，月节一斤粮，从点滴入手，打造节约的"新食尚"。

健康的饮食习惯，要从娃娃抓起。浪费粮食、奢侈攀比，不利于孩子们的身心健康，影响其未来发展。树立"取之有度、用之有节"的观念，培养节俭美德应从食育入手。民以食为天，一日三餐离孩子们的生活最近，而生活就是教育本身。

所谓食育，就是饮食知识和良好饮食习惯的培养教育，告诉孩子们吃什么、为什么吃、如何吃；就是从幼儿时期起，进行食物、食品相关知识的教育，并将这种饮食教育延伸到人格培养上。食育一词，最早于1896年由日本养生学家石冢左玄提出。2005年日本颁布了《食育基本法》，将其作为一项国民运动推广，通过对食物营养和食品安全的认识、对食物的感恩之心等教育，培养国民终身健康的身心。

2015年，中国疾病预防控制中心营养与健康所开展了"城市中小学生营养状况与干预策略研究"，提出要开展营养教育、膳食管理。2016年，北京市顺义区启动"城市中小学生校园营养食育策略研究"试点，探索建立多部门联动、家长和教师互动、中小学生主动参与、学校负主责的校园营养食育模式。2017年，北京市将"营养校园"试点区扩大到8个，并获得联合国儿童基金会的资金支持。在12所中小学，针对学生、家长、教师、食堂工作人员以及学校管理者，开展营养健康教育、身体活动促进、营养供餐支持、创建校园营养支持环境等活动。其中，营养健康教育强调以营养健康课为主要形式，通过学生参与式的多种活动进行营养知识的宣传教育，以达到预防与控制儿童超重肥胖的目的。项目组也组织专家编写中小学营养健康教材,让孩子们明白合理膳食的重要性,让少吃零食、少喝饮料形成习惯。目前,依托国家学生营养改善计划,针对贫困地区和家庭经济困难的部分学生已经开展了食物营养宣教工作。北京、上海等经济发达地区针对在校中小学生举办了形式多样的营养进校园活动。

2019年,国务院印发《国务院关于实施健康中国行动的意见》(以下简称《意见》),旨在建立健全的健康教育体系,引导群众建立正确健康观,形成有利于健康的生活方式、生态环境和社会环境,促进以治病为中心向以健康为中心转变,提高人民健康水平。普及健康知识。把提升健康素养作为增进全民健康的前提,根据不同人群特点有针对性地加强健康教育与促进,让健康知识、行为和技能成为全民普遍具备的素质和能力,实现健康素养人人有。

在膳食方面,《意见》特意提到"合理膳食是保证健康的基础"。近年来,我国居民营养健康状况明显改善,但仍面临营养不足与过剩并存、营养相关疾病多发等问题。2012年调查显示,我国居民人均每日食盐摄入量为10.5克(世界卫生组织推荐值为5克);居民家庭人均每日食用油摄入量42.1克(《中国居民膳食指南》(以下简称《膳食指南》)推荐标准为每天25~30克);居民膳食脂肪提供能量比例达到32.9%(《膳食指南》推荐值上限为30.0%)。目前我国人均每日添加糖(主要为蔗糖即"白糖""红糖"等)摄入量约30克,其中儿童、青少年摄入量问题值得高度关注。2014年调查显示,3~17岁常喝饮料的儿童、青少年,仅从饮料中摄入的添加糖提供的能量就超过总能量的5%,城市儿童远远高于农村儿童,且呈上升趋势(世界卫生组织推荐人均每日添加糖摄入低于总能量的10%,并鼓励控制到5%以下或不超过25克)。与此同时,2010—2012年,我国成人营养不良率为6%;2013年,5岁以下儿童生长迟缓率为8.1%，孕妇、儿童、老年人群贫血率仍较高，钙、铁、维生素A、维生素D等微量营养素缺乏依然存在，膳食纤维摄入明显不足。

高盐、高糖、高脂等不健康饮食是引起肥胖、心脑血管疾病、糖尿病及其他代谢性疾病和肿瘤的危险因素。《柳叶刀》杂志公布的2016年全球疾病负担研究结果显示，饮食因素导致的疾病负担占到15.9%，已成为影响人群健康的重要危险因素。2012年全国18岁及以上成人超重率为30.1%，肥胖率为11.9%，与2002年相比分别增长了32.0%和67.6%；6~17岁儿童青少年超重率为9.6%，肥胖率为6.4%，与2002年相比分别增加了1倍和2倍。合理膳食以及减少每日食用油、盐、糖摄入量，有助于降低肥胖、糖尿病、高血压、脑卒中、冠心病等疾病的患病风险。

《意见》期望通过一系列行动达到行动目标：到2022年和2030年，成人肥胖增长率持续减缓；居民营养健康知识知晓率分别在2019年基础上提高10%和在2022年基础上提高10%；5岁以下儿童生长迟缓率分别低于7%和5%、贫血率分别低于12%和10%，孕妇贫血率分别低于14%和10%；合格碘盐覆盖率均达到90%及以上；成人脂肪供能比下降到32%和30%；每1万人配备1名营养指导员；实施农村义务教育学生营养改善计划和贫困地区儿童营养改善项目；实施以食品安全为基础的营养健康标准，推进营养标准体系建设。

《意见》提倡人均每日食盐摄入量不高于5克，成人人均每日食用油摄入量不高于25~30克，人均每日添加糖摄入量不高于25克，蔬菜和水果每日摄入量不低于500克，每日摄入食物种类不少于12种，每周不少于25种；成年人维持健康体重，将体重指数（BMI）控制在18.5~24千克/米^2；成人男性腰围小于85厘米，成人女性腰围小于80厘米。

让每个孩子做到保持健康体重，学会选择食物和合理搭配食物的生活技能。每天吃早餐，合理选择零食，在两餐之间选择适量水果、坚果或酸奶等食物作为零食。足量饮水，首选白开水，少喝或不喝含糖饮料。自我监测身高、体重等生长发育指标，及早发现、科学判断是否出现超重、肥胖等健康问题。家长要做到：保障营养质量。鼓励孩子不挑食、不偏食，根据孩子身体发育情况均衡膳食，避免高糖、高盐、高油等食品的摄入。

国民健康是民族昌盛和国家富强的重要标志。健康养生，科学饮食，才能做到身体健康，合理膳食，不浪费粮食。

4.5　不良消费习惯：粮食浪费

是否存在粮食危机？答案是肯定的，因为土地越来越少，人口越来越多，有限的土地能够生产的粮食也是固定的。然而，我们一方面面临粮食危机；另一方面，粮食的浪费又非常严重。

粮食浪费突出表现在食物损耗和浪费上。食物损耗和浪费是指供人类消费的食品供应链后续阶段中食物的减少。从最初的生产到最终的家庭消费这一供应链上，均会发生食物损耗和浪费。食物的减少可能是偶然发生或有意而为，但最终都将导致所有人获得的食物减少。在成为终端产品或进入零售阶段之前遗落或变质的食物被称为食物损耗。其原因可能包括收获、储藏、包装、运输、基础设施或市场价格机制以及体制和法律框架等方面的问题。比如，收获的香蕉从卡车上掉落可被认为是食物损耗，适宜人类食用但变质或因零售商或消费者长期存放而变质或丢弃的食物则被称为食物浪费。这可能是因为过于严格或引起误解的日期标记规定，以及不当的储存、购买或烹饪方式造成的。例如，商店将一纸箱表皮有棕色斑点的香蕉丢掉的行为被看作食物浪费。

4.5.1 食物损耗和浪费与西方主要国家的应对举措

根据全球农业与食品营养问题委员会 2018 年的数据，每年全球生产的供人类消费的食品有 1/3（大约 13 亿吨）被损耗或浪费了。每年的食物损耗和浪费，在发达国家共计 6800 亿美元，在发展中国家共计 3100 亿美元。水果和蔬菜，还有根和块茎食物的浪费率最高。全球食物损耗和浪费的量，每年大约是 30% 的谷物，40%~50% 为根茎作物、水果和蔬菜，20% 为油料种子、肉和乳制品，以及 35% 的鱼。每年富裕国家的浪费的食物（2.22 亿吨）几乎等于撒哈拉以南非洲的整个粮食净生产量（2.3 亿吨）。每年浪费的食物量相当于全球每年谷类作物产量（2019 年为 27.22 亿吨）的一半以上。在欧洲和北美，每年人均浪费食物 95~115 公斤，而在撒哈拉以南的非洲，亚洲南部和东南部地区，每年只有 6~11 公斤的粮食扔掉。

目前全球浪费的食物在拉美地区或在非洲都可以养活 3 亿人，在欧洲可以养活 2 亿人。如果全球范围内浪费的食物能保存 1/4，将足以养活世界 6.9 亿饥饿人口（2019 年数据）。农产品在收获和储存期间的浪费导致小农户的收入损失和更高的价格。

在发展中国家，40% 的损失发生在收获后；在工业化国家，40% 以上的损失发生在零售和消费环节。在零售环节，大量的食物由于过分强调外观的质量标准而浪费掉。

发展中国家食品的损耗和浪费发生主要在早期阶段的食品营养价值链，可以追溯到在收获技术以及存储和冷却设施的财务、管理和技术的不足。加强供应链，通过农民及投资在基础设施、交通，以及在扩大食品及包装行业的直接支持，可有助于减少粮食损耗和浪费。

中等收入和高收入国家食品的损耗和浪费主要在供应链中的后期阶段。与发展中国家的情况不同，消费者的行为起着工业化国家中巨大的一部分作用。供应链之间缺乏协调是一个最直接的因素。农户买方协议有助于提高协调水平。

调查显示,全球范围内,美国是浪费食物状况最严重的国家,食物浪费占粮食供应的 30%~40%。美国农业部 2016 年的一项报告显示,将近 1/3 的美国人浪费了 4300 亿磅的食物。每一天,美国浪费的粮食可以填满一个玫瑰碗足球场(Rose Bowl Stadium)。美国人一天产生的 5 吨垃圾中约 12% 是被丢掉的食物(数据出自 Food Waste)。现在美国人浪费的粮食总量已经是 20 世纪 70 年代的 2 倍。

其实,如此严重的浪费现象,是因为人们常常"实践"凯恩斯的"节俭悖论"。该理论认为,节约对于个人来说是好事,是一种值得称赞的美德,但对于整个国家来讲,则是一件坏事,会导致国家经济的萧条衰败。

按照凯恩斯的理论,浪费粮食可以打破"节俭悖论",从而提高整个社会的收入水平。浪费粮食的后果有两种:第一种结果是导致粮食供不应求,从而导致粮食价格上涨,也就是说农民可以卖更多的钱;第二种结果是农民手里有原本供大于求而卖不出去的粮食,浪费一些就可以使这部分卖不掉的粮食能够被卖掉,一样是提高农民收入。同时,粮食在生产消费一系列过程中,还能带动农资产品、运输物流、酒楼餐厅的效益,从而带动 GDP 的增长。由此推论,浪费粮食对于农民和社会来说,好处多多。

这看上去好像很有道理,但是问题在于:凯恩斯的分析,是在非自愿失业存在的前提下进行的短期、静态分析。通俗地讲,就是经济陷入了严重的萧条状态,市场上有大量产品积压在仓库中,找不到销路,也就不能计入国民收入统计数字中。

一直以来,粮食浪费问题一再被提出,但都只能依靠大家自觉。2016 年,欧洲议会通过了一个结束超市不公平贸易行为的法案,这些行为包括了推迟付款、限制商品进入市场、单方面改变合同，等等。很多超市会以蔬果外观不好看为由，违反原先的合同，拒绝收购农民的果蔬，为了保证销路，没有议价能力的农民不得不遵照超市的要求抛弃外观难看的蔬果，这不仅严重损害了农民的利益，也导致了食物浪费。

法国在阻止超市浪费食物这件事情上走得更远，她是世界上第一个禁止超市丢弃或销毁未卖掉的食物的国家。法国规定：如果食物未能卖掉，超市必须要把食物捐给慈善机构或食物银行，让相关机构把食物交到贫穷的人手上。只要超市面积超过了400平方米，超市老板就必须和这些机构签订协议，否则会面临3750欧元的罚款。

英国政府和杂货店及零售商也有类似的将剩余食品捐给慈善机构的协议，不过这个协议是自愿签订。虽然也有人质疑这种方法会不会导致一些人假装自己是穷人来领取食物，最终损害超市的利益，不过必须要阻止食品浪费已经成为欧洲各国政府的共识。在欧洲，每年会有1亿吨的食物被浪费，这不仅意味着本可以帮助穷人的食物被浪费了，还意味着大量的土地、水等资源也被浪费了。

美国政府在2018年10月开展"减少食物浪费制胜计划"（Winning on Reducing Food Waste Federal Interagency Strategy），而美国农业部、美国环境保护署（Environmental Protection Agency，EPA）和美国食品和药物管理局在2019年4月9日公布了该计划的最新进展，侧重于6个关键领域，包括加强机构间协调及与企业合作，减少整个供应链的粮食损失和浪费等。各机构确认其共同致力于到2030年实现减少50%的粮食损耗和浪费的目标，也同意协调粮食损耗和浪费行动，例如，技术援助、活动参与以及关于减少粮食损耗和浪费的影响和重要性的政策讨论等。

4.5.2 我国的粮食浪费问题与应对举措

在我国，许多年青一代消费者未曾体验过粮食短缺带来的饥饿感，节约粮食的自觉性和紧迫感相对老一辈人明显较弱。农业农村部发展规划司司长魏百刚在 2020 年 4 月介绍，中国小麦和水稻两大口粮的库存大体相当于全国人民一年的消费量。据官方统计，2020 年中国粮食产量为 13390 亿斤，粮食总产量连续 6 年稳定在 1.3 万亿斤以上，已取得"十七连丰"。

但这并不意味着我国的粮食安全已经高枕无忧。联合国粮农组织和经合组织 2020 年 7 月联合发布的《2020 年至 2029 年农业展望》报告指出，新冠肺炎疫情冲击之下，全球粮食供应链面临前所未有的不确定性，劳动力市场、农业生产、食品加工、运输和物流可能出现瓶颈，对粮食及其服务的需求也可能产生变化。

实际上，联合国粮农组织的一项调查数据显示，中国隐性饥饿人口达 3 亿。相较于"吃不饱"的显性饥饿，隐性饥饿更为隐蔽，主要指营养不均衡和缺乏微量元素、维生素、矿物质等。长期处于隐性饥饿可能导致婴儿出生缺陷、发育不良、免疫系统弱化等诸多疾病。

与此相对应的则是严重的粮食浪费现象。2018 年发布的《中国城市餐饮食物浪费报告》曾测算，中国城市餐饮业仅餐桌食物浪费量在 1700 万~1800 万吨，相当于 3000 万~5000 万人一年的食物量。某大型城市中小学生每学年校园餐饮的浪费总量约达 7780 吨，折合经济损失 1.6 亿元，而浪费掉的这些食物所占用的耕地面积约为 28 万公顷，消耗虚拟水 1160 万立方米。原本食材都是很好的，为什么造成这样的浪费，其中的原因值得深思。

"厉行节约、反对浪费"是习近平总书记一直大力提倡的社会风尚。早在 2013 年，习近平总书记就做出重要指示，强调"浪费之风务必狠刹"①。此后又多次强调，切实遏制公款消费中的各种违规违纪违法现象，并针对部分学校存在的食物浪费和学生节俭意识缺乏等问题提出明确要求。

2016年，我国发布《落实2030年可持续发展议程国别方案》，其中包括为落实"到2030年，将零售和消费环节的全球人均粮食浪费减半，减少生产和供应环节的粮食损失"而采取的相关行动。这些鼓励节约食物和减少食物浪费的措施已经取得显著进展。

党的十八大以来，中央多次针对"舌尖上的浪费"做出批评，全国各地纷纷开展"光盘行动"整治浪费之风。2020年8月习近平总书记又做出重要指示，强调要建立长效机制，坚决制止餐饮浪费行为，在全社会营造浪费可耻、节约为荣的氛围②。随后，央视批评网络大胃王的吃播秀浪费严重，各视频平台纷纷做出回应。8月13日，斗鱼方面表示，将加强对美食类直播内容的审核。抖音方面则称，搜索"吃播""大胃王"等关键词时，将提示用户"拒绝浪费、合理饮食"。同时，世界中餐业联合会以及多地餐饮行业协会也纷纷发出倡议，号召节约用餐。

为响应政府号召，各级单位采取了一系列节约粮食的办法，比如分餐制，有60万餐厅参与的"半份菜""半份饭"，还有"N-1"点菜方式等。也有经济学家提出用小号盘子来减少取食物的量，从而达到节约粮食的目的。

当下，针对粮食浪费行为的规制正被加码提至立法层面。2020年8月13日，全国人大常委会法工委决定成立专班，开展制止餐饮浪费行为立法工作，在粮食安全保障法等法律中明确相关规定。

---

① 参见《习近平：浪费之风务必狠刹》，2021年4月15日，载自央视网 http://news.cntv.cn/2013/01/29/ARTI1359410211172270.shtml。
② 参见《建立长效机制，坚决制止餐饮浪费行为》，2021年4月13日，载自中华人民共和国中央人民政府网 http://www.gov.cn/xinwen/2020-08/13/content_5534493.htm。

4.5.3 养成节约粮食习惯,从我做起

减少食物损耗和浪费所面临的挑战因国家和地区而异。食物供应链中的农民、零售商、饭店、学校、家庭、政府和非政府组织等都应发挥作用,应该确保人们意识到减少食物浪费非常重要,每个人都应"从我做起"。

减少食物损耗和浪费正促使全球加大关注并采取行动。联合国粮农组织把2020年9月29日定为首个"国际粮食损失和浪费问题宣传日",以推动国际社会加快落实行动,减少粮食损耗和浪费。联合国粮农组织还在和多边机构、金融机构以及私营部门伙伴(食品包装行业等)合作,制订和实施有关减少食物损耗和浪费的计划。这一全球倡议的运作基于四部分:第一,提高对食物损耗和浪费的影响和解决方法的认识。第二,在全球性减少食物损耗和浪费的举措中开展合作和协调。第三,制定减少食物损耗和浪费的政策、战略和计划。第四,为私人和公共部门实施的投资计划和项目提供支持。

雀巢公司曾经提出个人和家庭几个节约粮食的办法,可供大家参考借鉴:

(1)有计划地采购。购买食物时,不要买得太多。制定你的一周膳食并列出具体食材的采购清单,按照清单采购。

(2)了解你的冰箱。不管是用来储存食材还是剩菜,冰箱都可以帮你减少食物浪费。将多余的水果和蔬菜放进冰箱保鲜,把面包和其他消耗得慢的食物也放进冰箱,把容易坏的食物先煮熟再放进冰箱冷冻备用。

(3)学会分辨几种日期标签:"销售期""保质期""最佳食用期"。我们已经养成在销售期的截止日期扔掉食物的习惯,其实这种做法非常浪费。即便是"保质期"和"最佳食用期"也不是绝对的。美国农业部食品安全和检验局表示,除婴儿配方奶粉外,家庭储存条件下的食物即便是过期了,除非出现明显的腐坏现象,只要处理恰当,仍然是安全卫生

第 4 章　影响未来粮食发展的主要因素

的。他们表示腐坏食物由于腐败细菌的作用，会有明显的异味和质地。如果食物出现了这样的特征，就不应再被食用。更多详情请参考如何保证食品安全。

（4）正确保存食物。以适当的温度保存食物能最大限度地延长食品的期限。Heart.org 网站图解如何保存水果和蔬菜能更持久。一旦你确定哪些食物需要放进冰箱，就需要了解存放在冰箱什么仓位最为合适。这同样也能帮助延长食物的保鲜期。

（5）一次做出不止一顿饭所需的食物。一次煮出几顿饭的食物来节约能源、水和时间。把做好的食物冷冻在冰箱里可以减少叫外卖的次数或计划外食物采购。

（6）食量控制。虽然听上去很无趣，但却是相当重要的一环。通过控制食量不仅能降低你的卡路里摄取量，还能减少你的食物浪费。吃饭时可以先盛得少一点，如果不够再添。

（7）库存盘点。留意冰箱里已经存放了哪些食物。也许你总是好心留下很多吃剩的饭菜，可惜他们总是被塞在冰箱最里面，直到不能吃了才被发现。整洁的冰箱能让你一目了然地掌握保存食物的情况，哪些需要先吃，哪些食材你已经有了，不需要再买。还有要确保把最新存放的食物放在后面，这样就能先吃掉更容易坏的那些。

（8）送给亲朋好友。如果你还是有太多剩余食物，可以考虑把他们送给需要的人。也许可以送给邻居、亲戚或者公益机构。营养丰富、安全、未被吃过的食物能帮到不少有需要的人。

（9）制作食物堆肥。把要扔掉的食物制作成堆肥，利用这种方式，可以将它们转化为肥沃的养料，而不是让它们在垃圾场里腐烂发臭。但是堆肥制作应该是剩余食物处理的最后手段。美国环境保护署已经颁发了食物回收利用法，明确了我们应该如何利用食物。首先我们应该减少不必要的浪费，其次是捐赠食品，喂养家畜，供工业能源使用，最后是制作堆肥。

（10）记录你扔掉的食物。记录你每周扔掉的食物能帮助你减少浪费。因为看到自己扔掉了多少食物你不仅会大吃一惊，还能总结出过度购买的惯性模式并改变它。

4.6 "黑天鹅"事件的影响：以新冠肺炎疫情为例

让我们以2020年以来的新冠肺炎疫情为例，来看诸如此类的"黑天鹅"事件对全球粮食市场的影响。

4.6.1 疫情对全球粮食安全造成严重冲击

2020年年初，新冠肺炎疫情不期而至，并迅速在全球蔓延开来。世界仿佛停顿了，除了跟生活密切相关的行业还在有条件地开放工作外，大部分的行业都停止工作了。全球经济全面倒退，世界各国都面临各种危机，粮食危机预警频现。

联合国下属机构世界粮食计划署2020年4月21日发布的新年度《全球粮食危机报告》显示，因为新冠肺炎疫情的影响，世界面临至少50年来最严重的粮食危机，可能会出现人类历史上罕见的大饥荒。2020年6月，联合国再次就贫困群体粮食危机发出预警，当下已有超过8.2亿人正在挨饿，2020年受疫情影响陷入极端贫困的人数可能还会新增4900万人。新冠肺炎疫情、国际关系、自然灾害等不稳定因素叠加，世界粮食供应变数丛生。

2020年《全球粮食危机报告》发表后，世界粮食计划署执行主任大卫·比斯利在安理会发言中警告，世界需要采取行动，否则这将成为一

第4章 影响未来粮食发展的主要因素

场人道主义和粮食危机的灾难。

世界粮食计划署表示,新冠肺炎疫情来袭之前,全球严重粮食不安全的人口数量已经在过去 4 年间攀升了近 70%,受到气候变化、武装冲突和社会经济冲击的综合影响,饥饿开始侵袭此前从未遭遇过严重粮食危机的地区。疫情对拉丁美洲的影响最为严重,需要食品援助的人口数量增加了近 3 倍。非洲中西部面临粮食不安全的人数增加了 135%,非洲南部则上升了 90%。此外,受到失业和海外汇款急剧下降的影响,许多低收入和中低收入国家的城市居民也陷入了贫困和食不果腹的境地。世界粮食计划署表示,飓风和季风季节的大风和强降雨、东非的严重蝗灾,以及武装冲突爆发,也使得全球部分地区的食品储量处于低位,进一步加剧了疫情所造成的严峻形势。

世界粮食计划署执行主任比斯利说:"抗击新冠肺炎疫情斗争的前线正从富裕国家向贫困国家转移。在医用疫苗诞生前,食物保障是预防混乱的最佳办法。假如没有食物,将会有更多的社会动荡和游行示威、人口移徙增加、冲突加深,甚至此前从未遭遇饥饿的人群中也会出现大范围的营养不良。"对于全球数百万本已岌岌可危的百姓而言,新冠肺炎疫情的影响可能将是灾难性的。对于成千上万只有每天工作挣钱才能吃上饭的人来说,疫情是一个沉重的打击,封锁措施和全球经济衰退已经耗尽了他们仅有的积蓄。

2020年《全球粮食危机报告》列出了急需采取的四项行动:

第一,实时扩大远程食品安全监测系统,提供有关疫情对粮食安全、生计、健康、服务获取和市场供应等领域影响的最新信息,以便尽早采取应对措施。

第二,根据对疫情影响的评估,储备关键的人道主义援助,向脆弱群体提供食品、生计和营养援助,确保充分满足其基本需求。

第三，加强和巩固社会保障体系，确保受到疫情影响或是面临高风险的脆弱群体仍然能够获得食物。

第四，加大对食品加工、运输和本地市场的支持，呼吁各国保持贸易通道开放，确保关键食品供应链，以及粮食危机国家的农业食品系统持续运转。

新冠肺炎疫情的蔓延使全球粮食供应链面临巨大压力，各国已开始高度忧心粮食安全问题，纷纷出台各种禁止粮食出口政策。

根据美国农业部的资料，在2018年大约有11%的美国家庭已经处于"粮食不安全"的状态。但在面临新冠肺炎疫情肆虐，美国最新一项研究显示，在美国部分州，近一半的受访者都指出新冠肺炎大流行已严重威胁粮食安全问题。

2019年全球有近6.9亿人处于饥饿状态。受新冠肺炎疫情影响，还有多达1.3亿人可能陷入长期饥饿状态。这个来自联合国的数据令人触目惊心。虽然各国农作物种植基本实现丰收，全球市场谷物供需形势并不紧张，但若疫情继续蔓延，将给全球粮食供应链带来巨大的冲击，各国要对粮食安全抱有危机意识。疫情蔓延、封锁措施引发的物流中断，不仅将增加部分地区食品进出口的难度，还会推高粮食的价格。粮农组织与经合组织2020年7月联合发布的报告指出，全球粮食供应链因疫情冲击面临着前所未有的不确定性，劳动力市场、农业生产、食品加工、运输和物流可能出现瓶颈，对粮食及其服务的需求也可能产生变化。疫情带来的经济社会影响打破了全球农业生产和粮食消费总体积极的中期前景。

德国《时代》周报网站2020年2月12日刊载题为《大流行、普通流感或病毒消失》的报道称，新冠肺炎疫情的发展可能有3种情形：一是发生全球大流行，二是在某个时候消失，三是表现如普通流感。一年多过去了，现在是什么情况，大家应该有所判断。

第 4 章 影响未来粮食发展的主要因素

2020年4月，恒大研究院的任泽平、李建国曾经根据模型测算，未来疫情发展有3种情景：乐观情景下，全球感染率0.3%、病死率2.5%~4%，疫情于2020年夏天基本结束，上半年对经济冲击较大，但下半年经济快速反弹，影响基本可控。中性情景下，感染率0.6%、病死率3%~5%，预计全球实际感染数量3000万人左右，且持续时间达3~5个季度，经济中短期深度萧条，随后逐步恢复。悲观情景下，感染率1%以上，且持续时间较长，导致全球经济大幅衰退，大面积倒闭潮和失业潮。很不幸，目前正在朝更加悲观的情景方向发展。

新冠肺炎疫情已演变为全球大流行，经济深度衰退程度超过2008年国际金融危机时期。除中国、韩国等少数地区外，目前全球大部分地区形势严峻，欧美亚主要经济体均遭受重创，印度、巴西等发展中国家经济体人口密集，情况堪忧。

面对新冠肺炎疫情，不少国家启动国家库存计划，增加粮食储备；一些粮食出口国，开始限制粮食出口；部分粮食进口国，将扩大进口规模……疫情当前，不少国家意识到，粮食才是最稀缺的资源，毕竟粮食问题是关系到吃饭的大问题。如果后期世界疫情仍然得不到有效控制，引发全球粮食危机的风险将是大概率事件。疫情对全球粮食生产和需求造成全面冲击，加之部分国家蝗灾影响粮食生产，有可能会恶化全球粮食市场预期，形成各国抢购、限卖及物流不畅的恐慌叠加效应，导致国际粮价飙升。疫情如果不能得到有效控制，或许将酿成严重的世界粮食危机，也将直接威胁我国的粮食安全。

经济发展落后、国家财政贫穷、粮食主要依赖进口而人口增长迅速的地区的人们，在冲突、极端气候、经济动荡的严重情势下，新冠肺炎疫情可能成为导致大饥荒的导火索。随着新冠肺炎疫情持续蔓延，全球粮食生产、物流、消费等多个环节受到严重冲击。全球公共卫生危机是否会引发粮食危机,越来越受到各界关注。

4.6.2 本次的"黑天鹅"有何不同

2020年5月28日,世界粮食计划署表示,拉丁美洲和加勒比地区因为新冠肺炎疫情将会增加1400万饥饿人口,而这一区域一直是饥饿人口发生率比较低的区域。这也是此次粮食安全问题和以往最不同的地方。

过去全球粮食安全危机主要由于局部冲突、气候变化引发的自然灾害,产生的影响都是区域性的,主要在非洲和南亚次大陆,一般通过国际粮食贸易规则的协商和粮食援助等方式来应对。但是,此次新冠肺炎疫情引发的粮食安全危机更具系统性和复杂性,各国都面临严峻挑战,发生区域更加广泛,国际合作又面临西方国家将新冠肺炎疫情政治化等负面影响,所以应对难度更大。

第一,各国政府和国际社会的重点仍然聚焦于防控病毒蔓延,国际合作资源大量流向公共卫生和医疗领域,有可能挤占用于缓解粮食安全问题的资源。

第二,由于交通运输等多方面的限制,粮食和人员的流动也受到影响,传统的粮食援助难以顺利推进,提供粮食援助的成本正在提升。

第三,国际社会已通过各种数据分析和模型评估,预测到未来潜在风险和危机爆发程度,各种评估都显示此次新冠肺炎疫情造成的粮食安全问题可能是有史以来最严重的情景之一。

还要看到的是,在国际粮食贸易中,很多低收入国家反而是粮食净进口国,尤其是在非洲大陆。根据世界银行的一项研究,非洲有35个国家是粮食净进口国,这些国家的粮食安全依赖于国际粮食供给和价格。国际食物政策研究所的研究发现,2020年5月全球大约有3.8%的粮食出口受到限制,而2007—2008年全球粮食危机时,大约有4.7%的粮食出口受到限制，导致当时国际大米价格上涨了216%，小麦上涨了136%，玉米上涨了125%。

也就是说，如果国际农产品出口结构不能维持稳定，那极有可能出现国际粮食价格上涨，这对于低收入粮食净进口国来说，会导致其国内粮食价格上涨，从而使得更多低收入人口难以获得足够粮食。另外，对于粮食出口国来说，限制或禁止出口，也会导致粮食市场需求减少，还会加大粮食储存成本，加上国内整体消费水平下降，有可能出现国内粮食价格下跌，从而会影响到粮食生产者的收入水平。

很多国家，尤其是欧美国家，虽然农业生产的机械化程度非常高，但仍需雇用大量季节性农业劳动力从事采摘、收储等工作。全球大约1.5亿左右国际移民劳动力中，约有10%是农业劳动力，季节性农业劳动力占绝大多数。目前，美国和欧洲国家虽然逐渐重开经济，但是面临着越来越突出的新冠肺炎疫情复发问题。目前为控制新冠肺炎疫情的蔓延，各国都采取了限制旅行和入境的措施，农业季节性劳动力流动受到打击最为严重，劳动力短缺势必会导致劳动力价格上升。长期来看，这必然成为助推农产品价格上涨的一个因素。

另外，根据国际劳工组织的统计，全球大约有20亿劳动力属于非正式就业，其中93%分布在发展中国家，非洲国家的非正式就业比例是85.8%，亚太地区为68.2%，这些非正式就业劳动者主要是靠日薪维持生活。

各国在疫情中采取的暂停非必要的经济生产活动以及"居家禁足"等政策，必然导致一些依赖日薪的贫困人口没有工作，从而没有收入来购买需要的口粮。全球一直非常担心印度和非洲国家的疫情大爆发，就是因为这些国家的非正式就业人口规模最大，对这些人群提供及时必要的粮食或收入补贴是非常重要的，而这些国家本身的政府财政能力有限，难以实现发达国家所普遍采取的收入补贴计划。

4.6.3 做好准备，应对爆发全球粮食危机的可能性

在全球有数亿人吃不饱饭的情况下，世界粮食的产量和储备还是充足的。联合国粮农组织 2020 年 4 月初发布的世界粮食形势报告认为，尽管新型冠状肺炎疫情影响堪忧，但全球谷物市场仍然有望保持均衡、充裕。虽然由于物流问题造成局部混乱，对一些市场的粮食供应链构成挑战，但预计持续时间和严重程度不太可能对全球粮食市场造成重大影响。

不论从世界粮食主要出口国美国、加拿大、俄罗斯和欧盟来看，还是主要的粮食进口大国中日韩来看，从供应、储备到消费都没有出现大问题。

作为全球最大的粮食进口国，我国也是粮食生产最大国，其粮食储备充足。从库存来看，在完全没有任何产量的情况下都可满足全中国 9 个月以上需求，毫无粮食短缺之忧。从另一个人口众多的粮食生产大国印度来看，2019 年以来的粮食产量也未出现明显波动。

联合国粮农组织认为，目前全球粮食供应总体而言没有问题，尤其是玉米、小麦、大豆、大米等主要产品供应充足；但与此同时，粮食分配并不均衡。

目前新冠肺炎疫情已经对全球粮食系统造成影响，使既有的粮食问题加剧。生产层面，疫情影响农业劳动力和相关生产要素的投入，导致生产受阻；物流层面，疫情导致的人员和物资流动受限影响粮食物流；消费层面，疫情导致经济增长放缓，收入下降、失业以及当地市场粮食供应受限影响了人们及时获取粮食。

截至 2021 年 4 月，全球新冠肺炎疫情感染人数排在前 10 名的国家中，发展中国家占 8 个。其中巴西、印度、俄罗斯的感染人数都比较靠前。新冠肺炎疫情给这些国家的经济和社会造成了巨大影响。

第4章 影响未来粮食发展的主要因素

目前疫情还没有引发全球性粮食危机，但已经导致全球贸易急剧收缩。这给那些最脆弱国家造成了麻烦，因为这些国家经济严重依赖出口，粮食则严重依赖进口，疫情导致这些国家收入减少，而进口食品开支增加。

虽然从全球粮食生产总量和需求之间的关系来说，全球的粮食是足够的，但随着新冠肺炎疫情的蔓延，贸易限制、旅行限制、经济活动停摆等措施的实施，目前国际社会普遍担心新冠肺炎疫情会导致粮食安全问题恶化。

我国有足够的能力应对或将出现的全球粮食危机吗？当前我国粮食安全形势处于历史上最好时期，粮食连年丰收，库存充足，粮食供应不会出现脱销断档。我国粮食保障的底气主要源自以下3个方面：

第一，粮食自给率高。目前，我国水稻和小麦两大口粮完全实现自给，谷物自给率超过95%。这是因为，我国历来有重视粮食和农业生产的传统，粮食生产能力强，依赖进口程度较低。

第二，粮食储备充足。截至2020年，我国粮食生产实现"十七连丰"，粮食产量连续8年稳定在6亿吨以上，余粮相当充足。这是近年来我国通过政策支持、科技驱动、深化改革，稳步提升农业综合生产能力的结果！

第三，对外依存度低。我国每年进口粮食1亿多吨，主要以大豆、粗粮等为主，大米、小麦进口通常分别在200万吨、400万吨左右，约占国内消费总量分的1%、2%，主要起品种调剂作用。

专家认为，国际粮食市场价格异常波动，对我国难以形成直接的冲击。相反，如果国际粮价在一定程度上形成国内粮价上升预期，有利于提高农民种粮积极性，对稳定我国粮食生产具有积极作用。

我国作为全球最大粮食进口国，还有一些"绝招"，在关键时刻能起到"定海神针"的作用。

首先，我国拥有完备粮食储备调控体系。近 20 年来，我国建立并不断完善中央和地方粮食储备体系和协调机制，从目前来看，我国粮油库存处于历史高位，无论中央储备粮还是地方储备粮，都非常充裕。

其次，我国还针对各种突发公共事件、自然灾害等，建立起相应的粮食应急保障机制。大中城市普遍建立了米面油等成品储备，可以满足当地 10~15 天供应，调控物质基础雄厚。目前我国国内疫情防控形势持续向好，生产生活秩序加快恢复。各地正在全力组织春耕生产，保障夏粮丰收。之前我国经受住了汶川地震、冰雪灾害等多发重发自然灾害的严峻考验，也成功应对了 2008 年全球粮食危机。这次新冠肺炎疫情虽然来势汹汹，但我国同样有十足的信心战胜它。

4.6.4 俄乌战争带来的新一轮粮食危机

2022 年 2 月 24 日，俄罗斯以"非军事化、去纳粹化"为由与乌克兰发生军事冲突，并迅速发展为第二次世界大战以来欧洲最大规模的战争。

俄乌战争最直接的影响就是引发了世界范围内的粮食危机。当冷战结束之后，苏联解体，全世界都认为之后就不太会有大的战争，最多是那种极小区域的一些局部冲突，像中东、非洲等地。全世界大多数地方就天下太平了，这也是经济全球化最根本的基础。在全球化的过去，世界各国因为相互利益的关系，和平共处，互惠互利。盛产能源的出能源，盛产粮食的出粮食，等等，中国曾经有人口红利，劳动力充足而廉价，又有很大的消费市场。中国的制造业成本特别低，成就了中低端制造业的大国，美国则是高科技的输出。这一幅美好的蓝图是建立在世界和平、相互友好的前提之下的。

美国政治学家弗朗西斯·福山认为，全世界各国都以共同的民主自由价值观去发展，国与国的冲突就会消失，这就是历史的终结。但是福

第 4 章 影响未来粮食发展的主要因素

山的老师萨缪尔·亨廷顿认为历史远远没有终结，不同文明之间的冲突还存在着。美国的"911"恐怖袭击佐证了他的观点。亨廷顿一直在提醒人们，在经济全球化的同时，一定要警觉文明的冲突。很不幸，今天的一切被他言中了。

美国总统特朗普上台以后，就有一个新口号：Make America Great Again（让美国再次伟大）。意思是全球化伤害了美国的中下层，资本逐利，很多企业都搬出了美国，造成了美国中下层失去了很多工作的机会。特朗普要逆全球化，当然遭到反对，也得罪了很多利益集团，最终导致他选举连任失败。拜登上台以后要继续推动全球化，但他这次受到了重重一击。俄乌战争对全球化是一大棒喝。全球化的基础就是要天下太平，天下太平才可能有经济的全球化。显然现在这个世界并不太平了。因为俄罗斯和乌克兰都是能源和粮食的出口大国，俄乌冲突让能源和粮食价格一下就上去了。

联合国粮农组织最新报告指出，俄罗斯和乌克兰是世界上最重要的农产品生产国之一，尤其对于大麦、小麦和玉米的贡献最大。仅俄乌两国的小麦出口就占了全球出口量的将近三分之一。两国都是农产品的净出口国，在全球食品市场供应方面都发挥着主导作用。此外，俄罗斯在化肥行业也发挥着主要供应商的作用，2021年俄罗斯是全球最大的氮肥出口国，也是钾肥和磷肥的第二大供应国。在2016年至2017年以及2020至2021年间，这两国的大麦、小麦和玉米产量分别占全球产量的19%、14%和4%。全球葵花籽油的产量也有一半以上来自俄乌两国。俄乌战争之后，粮食价格恐将上涨8%至22%。

2022年3月11日七国集团（G7）召开线上农业部长视频会议，并发表声明，对俄乌战争造成世界粮食安全的压力，对于农产品和肥料等价格不断暴涨表达强烈担忧，要求国际机构支援乌克兰的粮食生产，阻止不恰当的粮食出口管制和人为操作价格的投机行为，避免引发粮食安全危机。乌克兰代表在G7农业部长视频会议中还亲自说明了乌克兰目前遭逢的困境，包括港口因战火受损，使农作物无法出口，以及农业机械用的柴油燃料被军队征用，因此无法进行新的种植，影响收成。

在俄乌冲突之下，不仅粮食、化肥、食用油价格暴涨，而且物流的中断和高昂的附加保险费让船主望而却步，让农产品难以运输。4月22日印度尼西亚突然宣布禁止食用油出口。所有食用油和棕榈油产品的出口禁令将于4月28日启动。紧随其后的阿根廷、摩尔多瓦、匈牙利和塞尔维亚等国已禁止部分粮食出口。在这种严峻形势之下，各国都开始抓紧"囤粮"。后续效应就是，各种农产品贸易都会收紧，比如需求小麦的国家得不到小麦，加剧农产品市场整体恐慌，产生恶性循环，触发粮食贸易保护主义倾向，将粮食留在国内。

传统上，粮食贸易不比工业贸易，它并不是按照贸易比较优势原则进行分工，并进行资源最优化配置，例如将工厂外包到劳动力资源便宜的海外国家。农产品不能如此，是因为受到自身资源限制。世界最主要粮食出口国的资源特征多为国土面积大，耕地丰富，农业机械化水平高，或者气候宜人，一年可以有多个季节生产粮食。粮食进口国则多是贫穷国家，自己种一些经济作物换取外汇，口粮还要从别国进口。还有像中国这样的国家和地区，人多地少且经济高速发展。但农业事关国家人民生存问题，各国均比较谨慎，每年真正能够实现全球农业自由贸易的粮食份额并不多。在地缘政治冲突之下，原本不多的农业自由贸易也受到冲击，贸易保护主义已经初现端倪。粮食价格叠加能源价格飙升，将势必影响全球的各个方面，后果无法预估。

虽然我国是粮食生产大国，但国家主席习近平日前在两会上反复强调，"中国人的饭碗要装中国粮"。中国除原本就有耕地流失的"内忧"外，

第4章 影响未来粮食发展的主要因素

俄乌战争的"外患"恐怕还将导致中国缺粮的危机。乌克兰的谷物和油菜籽收成很可能中断,加上俄罗斯谷物和其他基本食品出口受到贸易限制的威胁,预计全球粮食和饲料价格也将推涨8%至22%。

众所周知,我国每年需要从国外进口相当数量的黄豆、小麦、玉米。乌克兰在2021年已取代美国成为我国最大的玉米供应国。我国有三成的玉米来自乌克兰,这些进口的玉米主要用于饲料加工。

短期来说,因为我国储存了一年半的粮食,所以一年半以内不会有太大问题,但中国人的消费习惯中,有相当大的比例是以食用猪肉为主要的蛋白质来源,养猪的饲料是用进口的玉米、高粱、大麦、小麦加工制成的,这就有可能产生危机。长期来看,如果俄乌冲突演变成另一个阿富汗战争,打个十年、二十年,那我国的粮食问题就变得很现实了。

虽然我国过去有向其他国家购地租地种粮的政策,但在当下,各个国家可能都会面临不同的政治风险,也都会面对粮食安全造成的威胁。因此,中国在"内忧外患"下,如果想要在短期内解决粮食不足的问题,还是要以稳定海外粮食供应链为主,寻找稳定的国际粮食来源,与农作物病虫害发生概率较低的国家签订采购协定,才能缓解未来的粮食危机。

我国潜在的粮食危机除了俄乌战争这个外部因素外,我国自身也存在不少内部隐患,这些内部隐患可能会放大外部因素,比如耕地流失等。所以,抓紧内外各个环节保粮食安全是我国的头等大事。

第 5 章

粮食"战争"

5.1 粮价接连上涨的背后

自2020年以来，受新冠肺炎疫情影响，全球粮食价格和食品价格一路上扬，2021年仍呈全面上涨态势。人们不禁要问：影响粮价的因素有哪些？粮价接连上涨的背后，是否有幕后推手？

5.1.1 粮价走势应高度关注货币因素

经济学的规律告诉我们，商品供求的变化会导致价格变化。当商品供不应求时，价格趋于上涨；当商品供过于求时，价格趋于下跌。仅从供求角度考虑，粮食价格的剧烈波动意味着供求出现了剧烈的波动。但粮食价格的上涨还有其他影响因素，除了新冠肺炎疫情等"黑天鹅"因素外，还有一个重要因素就是货币因素。

1. 国际粮价受美元的影响较大

美元本身的波动足以导致商品价格的波动，并且由于美国是世界上最大的粮食生产国和出口国，粮食的国际贸易以美元结算的比例更高，因此国际粮食价格受美元波动的影响很大。比较美元指数和玉米、小麦、大豆指数的变化就会发现，二者之间的走势高度负相关。我们在分析粮食价格的长期走势时，仅仅关注粮食自身的供求关系是不够的，在长期内我们更应关注美元的变化趋势，美元是超越供求关系决定粮食价格长期趋势的关键性力量。

2. 一国粮价同样会受到该国货币因素的影响

人们普遍认为，粮价是最好的反映通货膨胀的指标。当粮价上涨时，我们首先警觉：是不是出现通货通胀了？其次才考虑是否供给出了问题。

粮价上涨往往是货币贬值的信号。

我国出现了粮食连年增产而粮价却持续上涨的局面。因素是多方面的，与生产资料和要素价格上涨关系最为密切，与通货膨胀预期、国际传导、投机炒作等因素也直接相关。

成本推动无疑是粮价上涨的最重要原因。我国农业生产要素投入正在发生重大变化，不但优质种子和化学投入物不断增加，而且随着农村劳动力大量转移，农业机械替代劳动力、土地流转和规模化经营以及专业化生产替代分散小农户生产越来越普遍。近些年来，在我国现代农业发展进程中，农业生产资料及其要素价格出现了明显上涨。

经济发展、居民收入水平提高的最重要来源是劳动报酬的增加。劳动报酬增加，对于粮食生产来说，既包括雇工工资率的上升，又意味着农户家庭经营自家劳动力投入粮食生产的机会成本上升。种子和化肥代表的可变投入物单位价格以及雇工工价和土地租金价格等上涨幅度较大。在农业生产率没有变化的情况下，增加的农业成本最终必然要反映到农产品价格上来。粮食生产要素价格上涨，带来粮食成本上升，势必推动粮价的上涨。

在提到收购主体增加、收购市场竞争激烈的同时，农民惜售是经常提及的原因。究其深层次原因，则在于通货膨胀。农民卖出粮食获得的是货币收入，由于通胀导致货币贬值，这增加的收入可能不足以抵消货币购买力的丧失，表现为农民的绝对处境反而变差了。同时由于通货膨胀，种粮的机会成本突然增加了很多，在种粮收益增幅有限的情况下，农民选择种粮的行为是越来越缺乏经济效率的。这就倒逼农民寄希望于通过惜售来进一步抬高粮价以获取一定程度的弥补。

过去20多年中我国经济运行的一个现象，就是通货膨胀率高时农产品价格增长率更高，通货膨胀率低时农产品价格增长率更低。也就是说农产品相对价格与通货膨胀率有关。这一现象在其他国家也不同程度地存在。

粮价的长期走高具有一定的必然性。现代农业的成本因素已经高度市场化。如果农产品成本上升，就会引起农产品供应减少，农产品的供需平衡会发生变动，即使需求不变化，农产品价格自然也会上升。这种上升有合理性。如果人为压低农产品价格，就会造成后续农业生产的持续减产，农产品供需的积极平衡也难恢复。

就政府角度而言，目前我们人均粮食占有量474千克，国际通常认为400千克是粮食安全的一个标准线，我们已经连续多年超过了标准线。这么多粮食做口粮当然用不了，其中约一半被用做了饲料和工业原料。即使遇到自然灾害，粮食产量下降，也完全可以让粮食涨一点价，增加养殖业和工业的用粮成本，使刚性需求很强的口粮供应得到满足。这被认为是一种市场调节。除非有了极端情况，政府不会直接干预粮价。因为我们有大量粮食库存，政府的调节手段很强大，不必担心粮食短缺问题。

5.1.2　警惕全球高粮价背后的资本之手

新冠肺炎疫情扰乱了供应链，干旱天气影响了收成。不断上涨的粮食价格给新兴市场带来了双重打击：数以百万计的人陷入饥饿之中，并阻碍了各国央行试图结束几十年来最严重的经济衰退的努力。在巴西、俄罗斯和南非等多个国家，通货膨胀率与高粮价相伴而行。这可能会对最贫困的城市居民造成打击，迫使他们减少在其他商品上的支出，从而延缓经济复苏。

英国发展社会学家拉吉·帕特尔博士在《粮食战争》中断言，全球的粮食生产呈现"稳步"增长的趋势，供应端不是问题，市场的波动在

第 5 章 粮食"战争"

很大程度上是"控制市场力量的力量"作用的结果。而这些"控制市场力量的力量"之间正在进行一场前所未有的残酷战争。居于这场战争优势地位的是美国的国家力量、国际金融大鳄、世界粮食巨头、食品工业巨头、超市巨头、数量庞大且处于被动地位的农民和消费者,还有世界贸易组织、世界银行和国际货币基金组织等国际组织。

这虽然有危言耸听之嫌,但在全球高粮价的背后,确实有资本之手在暗中操作。

(1)国际粮食投机家借"黑天鹅"因素做空粮食市场。他们曾利用人们对影响美国冬小麦的干燥天气条件、巴西的不利天气以及黑海地区紧张局势的担忧,大肆渲染紧张气氛,营造出"供给可能不足"的预期,然后乘势调整仓位和操作方向,导致粮食价格飙升,进口强劲。

(2)主要发达国家货币政策放宽,全球资金总体宽裕,那些大量流出新兴市场的资金瞄准了粮食这个大宗投资品。在国际粮食期货市场,投机资金是主力,主力的博弈,不仅推高粮价,同时还在股市、债市和黄金市场兴风作浪。

(3)美国在玩"粮食美元"的把戏。在石油美元的战略地位受到国际社会的严峻挑战后,美国转而推行粮食美元的战略。美国利用其现代农业系统建立在人少地多、资本充裕的资源条件上,依靠国家战略支持,在产业资本和垄断寡头联手推动之下,通过生产规模化、经营产业化和贸易自由化的高度组织化操作,再通过商品化和政治化"包装",形成了一个从生产到出口的集中、高效、低价的粮食体系。在关键农产品领域(如玉米、大豆、饲料、小麦和油菜籽)占据了全球主导地位,逼迫粮食进口国以美元结算,从而一定程度上掌握了粮食的国际定价权。

(4)自古以来,粮食等主要农产品都是商人囤积居奇的投机品。美国艾地盟(ADM)、美国邦吉、美国嘉吉、法国路易达孚,业内称之为四大粮商。这四大粮商控制着全世界80%的粮食交易量，在全球粮食市场呼风唤雨。同时，四大粮商又在现货和期货交易等金融领域双管齐下，两边下注，在传统意义上垄断全球粮食市场的同时，还与控制定价权的金融力量暗中勾结，甚至直接成立具有影响力的基金公司，联手参与金融交易。

在以上这四股资本力量的操纵之下，全球粮食市场焉能安生？粮食的属性正在嬗变，离基本的食用属性渐行渐远，粮价自然也就愈发背离基本供求关系。

5.2 粮食与石油

5.2.1 从中长期看，粮价与石油价格高度正相关

粮食和石油可谓国民经济最重要的两个领域：一个保障生活，一个关乎生产。

粮食市场和能源市场长期以来交织在一起，粮食价格倾向于与原油价格同向变动。当石油和天然气价格上涨时，农场主们就会面临燃料和肥料的价格上涨，因此粮食的生产成本也会增加。在将粮食送到最终消费者手中时，较高的燃料价格也会推高加工和运输粮食的成本。这些成本的增加最终都会传导到粮食价格的上涨中。美国人韦斯特霍夫在《粮价谁决定》一书中说："如果你告诉我石油价格，我就能告诉你粮食价格。"能源价格对于粮食生产和运输成本的影响并不稀奇。能源和粮食价格之间的联系在未来若干年将变得更加密切。粮食和能源互生互融，有着千丝万缕的联系，牵一发而动全身。

过高的粮价和过低的油价，其中任何一个都是全球经济不能承受之重。学界围绕能源价格和粮食价格的关联性以及能源价格对粮食价格的

影响机制开展了大量研究。研究结果表明：粮食现货价格和能源现货价格之间存在长期均衡关系和短期动态关系。

换言之，从较长一段时间来看，给出当前的技术条件和国家政策，石油价格最终决定了粮食价格的支撑点位。

能源价格对粮食价格传导的渠道有生产成本渠道、生物能源需求渠道和运输成本渠道。

如果相对于玉米价格，石油价格持续处于较高水平，乙醇生产利润将变得十分丰厚，人们将会建造更多乙醇生产厂。这将会导致玉米消耗量的增加，玉米的价格也会持续上涨，直到建造和投产更多乙醇生产厂的利润空间消失。从长期来看，玉米价格不可能高到所有的乙醇生产厂都赔钱，或者价格太低以至于乙醇生产利润空间巨大。玉米价格上涨最终将转化为食品价格的普遍上涨。新技术和政策的变化将改变能源和粮食价格之间的关系，但是在未来的若干年里它们之间仍然将存在较强的联系。

当然相关性并不能证明因果关系。石油价格和玉米价格在近几年的走势大致相同并不能证明它们互为因果。通过巧合和引用经过筛选的统计数字来讲述一件事情是很容易的。此外，也可能是一些诸如世界经济增长和汇率等因素以相同的方式影响着石油价格和粮食价格。这意味着石油价格和粮食价格共享了一组同样的诱发因素，但是它们并不一定相互影响。

我们有理由相信石油价格和粮食价格之间的相关性并不仅仅是巧合的结果或者是由一组共同的因素导致的简单结果。石油价格上涨推高了生产、加工和运输粮食的成本，并刺激了生物质燃料产量的增加。农产品高昂的成本和较多的非食品需求共同推高了粮食价格。

能源价格对于食品生产和运输成本的影响并不稀奇。由于生物质燃料产业的发展,新情况是石油价格现在对于农产品需求也产生了较大的影响。高昂的石油价格使得生物质燃料生产利润丰厚,这就刺激了该行业的扩张。在目前的技术水平下,生物质燃料产量的提高意味着消耗了更多的谷物、糖和植物油,它们被生物质燃料工厂加工成乙醇和生物柴油。结果不仅导致被用来生产生物柴油的农产品价格上涨,而且也从总体上推高了食品价格。

反过来,较低的能源价格降低了农场的生产成本和将食物从农田搬上餐桌的成本。较低的石油价格同样意味着生物质燃料的生产变得无利可图,这就降低了对谷物、糖和植物油的需求。就如同石油价格上涨能推高粮食价格一样,石油价格的下降也能对粮食价格产生下行力。

例如,在2005—2008年间,粮食生产成本有了大幅的增加。美国农业生产的全部成本由2005年的2200亿美元涨至2008年的2900亿美元,涨幅为32%,增长的较大部分与能源价格有直接的联系。在高收入国家,食品价格成本的绝大部分发生在农产品离开土地之后的环节。食品加工是能源密集型行业,包装过程也经常需要使用以石油为基础的原材料。当然在全世界范围内运输食品也需要消耗大量的石油。2005—2008年,食品价格上涨的部分原因是农场一级的小麦、牛、马铃薯和其他基础农产品价格的上涨。然而,石油价格上涨也增加了将原始的农产品转化为面包、牛肉和沙拉酱的成本以及将制成的食品摆放到杂货店货架上的成本。

对生物质燃料产量的迅速增长而言,石油价格上涨是一项重要原因。高昂的石油价格意味着汽油和柴油价格的上涨。当汽油和柴油价格上涨时,乙醇和生物柴油价格也同样上涨,因为燃料经销商和消费者在寻找石油能源的替代品。生物质燃料价格上涨使得生物质燃料生产获得更多的利润,并刺激资金投向新的工厂,而且现有产能也将全部释放。为了在现有的技术条件下增加生物质燃料产量，就需要消耗世界上更多的谷物、糖和植物油，这就减少了食品的供应量并推动粮食价格上涨。

当石油价格在 2008 年最后几个月下降时，生物质燃料和粮食价格也随之下降。乙醇和生物柴油价格下降导致乙醇工厂新建投资减少，建设进程放缓，甚至导致现有的乙醇产能闲置。乙醇产量增长放缓或者直接下降导致对初级农产品的需求下降，这最终成为粮食产品价格下降的一个主要原因。

未来的粮价将越来越多地看石油价格的变化。在石油价格过高的情况下，相关农产品就会在利益驱动下向能源转化，包括粮食及一切可以转化的农作物均不能幸免。与此同时，现代农业本身就是石油农业，即与石油相关的化肥、农药、农膜、机械和农用柴油等现代化生产要素在粮食生产成本中所占的比例越来越大。一旦国际油价出现大幅波动，粮食生产成本亦随之大幅变动。

5.2.2　从短期看，或因"黑天鹅"事件出现粮涨油跌

石油价格、粮食生产成本、生物质燃料产量和粮食价格之间存在关系千真万确，但是这些关系也十分复杂，尤其在短期和极端情况下，石油价格和粮食价格可能产生严重背离。

新冠肺炎疫情以来，一些国家开始暂停或限制粮食出口。印度暂停大米出口，哈萨克斯坦限制出口面粉、胡萝卜、马铃薯、荞麦、葵花籽油、萝卜等农作物，越南暂停所有大米出口，俄罗斯禁止谷物出口，塞尔维亚停止葵花籽油等货品出口……与此同时，许多粮食进口国宣布储备告急。如菲律宾，其国内的大米供应很大部分从越南进口。越南对大米出口的限制，使菲律宾国内出现对粮食供应的担忧情绪。俄罗斯热潮不退引发森林大火，巴基斯坦发生特大洪灾，两国粮食产量因此大减。

根据联合国粮农组织的数据，2020年12月，国际粮食价格再次上涨，这已经是第七个月持续上涨。2020年，受到包括新冠肺炎疫情在内的多个方面因素影响，农产品价格一路"高歌猛进"：芝加哥小麦期货上涨9.5%，玉米期货上涨13.89%，大豆期货上涨12.2%……

民以食为天，人可以在一段时间不吃猪肉，不吃鱼肉，但如果粮食没有了，一定撑不了多长时间。欧美新冠肺炎疫情现在非常严重，好些人在疫情开始时恐慌性囤积物资，包括粮食，一旦有人抢购，就势必造成后面的人或者没有收入的人抢购不到，加之隔离在家，网购也不是很发达，基本的生活保障就成了大问题。粮为百价先，粮食价格不断升高，会导致物价上涨，引起通货膨胀。生活物资价格上涨，生产却跟不上节奏，更加不好的后果是导致滞胀。好比一个人，不断吃东西，却消化不了，就会特别难受。

由于一些粮食出口国禁止粮食出口，因此需要大量进口粮食的国家开始叫苦不迭。例如埃及，95%以上都是沙漠，人口超过1亿，粮食靠进口，原油靠出口，一旦新冠肺炎疫情持续下去，情况将不容乐观。粮食产业链复杂且脆弱，涉及物流、运输、劳务工等，其中任何一个环节受阻，都会引发诸多麻烦。与飙升的粮价相反，国际油价则走向了另一个极端。受原油增产预期和新冠肺炎疫情双重影响，国际油价持续走低，现在还没有看到企稳的迹象。新冠肺炎疫情在欧美蔓延，航空受到影响，生产制造减少，对原油的需求预期更加悲观。

原油价格过低，受影响较大的是一些主要依赖石油的出口的国家，譬如沙特、俄罗斯等国。这些国家的股市均出现了暴跌，与原油大跌有很大关系。

我国是世界上最大的原油进口国，低油价在某种程度上可以说是利大于弊。我国是世界上最大的石油净进口国，且石油消耗量位居世界第二，仅次于美国。2019年我国原油进口5.06亿吨，相当于每天进口约1000万桶原油。按照原油价格从70美元/桶跌至30美元/桶来计算，我国一天能节省4亿美元。我国的制造企业的成本和开支也会降低，车主加油的成本也会降低，从而节约成本，还能对冲前期食品价格上涨引起的CPI高企现象。不利的地方是，我国的石油相关企业的利润会受到一定的影响。石油价格低位运行，也会降低一部分人购买新能源车的积极性，对新能源产业的发展形成短期不利影响。

2022年，最大的"黑天鹅"事件，就是俄乌战争。俄罗斯和乌克兰都是欧洲大国，也是粮食和石油的生产与出口大国，它们之间的冲突和战争必将对国际粮食和能源的供给与消费、对粮食和能源价格产生深远的影响。对此，有兴趣的读者可以重点关注。

5.3 粮食可能成为未来的货币

5.3.1 粮食有成为货币的属性

有史以来，人类的一切经济活动的本质，都是由一系列交易所构成的，而交易的发生，就是货币与商品（在货币出现之前是物物交换的表现形式）交换的过程。人类需要商品或服务，现在意义上购买商品需要使用货币，货币出现前使用易货。古代货币指的是相对于现代货币，具有历史性、贵重性、交换性的货币。随着社会的不断发展，剩余物品的增多，人们逐渐互相依赖，收到别的物品，需要输出自己多余的物品，这是最早作为中间媒介的古代货币。货币的形态曾经有贝币、刀币、圜钱、铜钱、铁钱、黄金、白银到纸币等。也有银圆、金币、人民币、美元、欧元及历史上各个时期各个国家的铜钱、纸币等。而粮食作为货币的历史非常久。在人类历史上，商品价值形式发展到一般价值形式阶段，有多种商品充当一般等价物，比如牲畜、兽皮、布帛、粮食、食盐、贝壳等。例如，在古埃及的物物交换时代，镰刀可以交换谷物和纺织品等。但随着商品交换的日益频繁和发展，被定为执行一般等价物职能的是谷物，后来是铜块。在我国秦朝和两汉时期的交易则以数石粮食的形式支付。

  货币是人类社会的产物，而人类总是要吃饭的，用食物来衡量商品的价值是可行的。用人类的食物来衡量一切商品的价值是否科学和可行呢？现在看来是科学和可行的。如果人类的食物生产得非常多，根本用不了，而其他商品又很匮乏，是否说明这个社会就很富有了呢？答案是肯定的。人类的食物很便宜，其他商品很昂贵，本身就说明社会富有，像恩格尔系数一样，衡量社会的富裕程度，食物便宜，人们就可以花费更多的精力去生产其他物质和文化的产品，整个社会就变得更富有。人类的食物很昂贵，说明人类还在为生存而努力，社会肯定不富裕。

  当供给大于需求时价格下降，当需求大于供给时价格上升，绝对货币似乎不应该存在，或者购买力保持恒定似乎做不到。然而可以有其他的办法，让这种货币存在。我们先看历史上人们是怎么处理的。在一段时间内各国的货币和美元保持相对稳定的汇率，而美元和黄金保持相对稳定的兑换。这从第二次世界大战后到20世纪80年代甚至到现在都基本如此。黄金作为假设稳定，或者美元作为假设稳定才使得第二次世界大战后全世界的繁荣有了货币基础，一直到2008年的国际金融危机。黄金作为假设稳定是不可靠的，因为黄金不是人们的必需品，黄金只是获取比较困难，科技的进步可以让黄金获取更容易。美元作为假设稳定也是不可靠的，美元的发行者可以通过大量印刷纸币来购买商品，由此产生更大的混乱。这样看来我们还是要假设一种商品是稳定的，这种商品必须是大家都能接受的，不管是穷国还是富国，这种商品必须有稳定的作用，而且是必需品。现在看来，粮食这种商品是最好的选择，所以粮食有可能成为未来的货币，至少是未来衡量货币的一种标尺。

5.3.2 未来的"粮食美元"可能取代"石油美元"

自从20世纪70年代美元放弃锚定黄金后，美国通过与世界最大石油出口国沙特阿拉伯签订秘密协定，美元取得了作为出口石油唯一定价货币的国际地位，美元开始锚定石油。自此，全球石油贸易成为美元绑架世界经济的根本因素之一。

进入21世纪之后，石油美元的战略地位在国际社会的严峻挑战下摇摇欲坠：一是欧元区国家抱团，用价值挑战美元。欧元启动以来，在经历种种考验之后，现已确立并牢固占据世界第二大货币地位，直接瓜分了美元市场份额，对美元的地位形成了挑战。二是被美国敌视的伊朗凭借霍尔木兹海峡，控制了国际石油海上运输线，勒住了美国的咽喉。三是石油大国俄罗斯石油美元收益增加。俄罗斯大幅提高石油出口，提升了国际话语权，与美国竞争的权重强化。四是人民币在市场上的信用货币地位也在挑战美元霸权。

与此同时，锚定的美元石油给石油带来了巨大的溢价，也支持了中东伊斯兰势力的崛起和俄罗斯的复苏。新能源、石油的资源压力等，也使得美元绑定石油具有不确定性、不稳定性。

石油美元体系还面临一个困境：它的运转取决于全球对石油进口的需求以及油价两大因素。一旦需求和油价下滑，主要经济体无疑不再需要持有更多的美元，之前大量囤积美元用以购买石油以及其他商品的国家就会抛售美元。

因此，美元下一个锚定的商品目标，很可能在粮食上。美国有最发达的农业，有最好的农业技术，又在最新的转基因领域具有垄断和知识产权壁垒。

而美元作为国际贸易结算主要货币,以美元结算国际粮食贸易便是顺理成章的事。随着美国粮食出口顺差日益增加,美元现钞源不断地回流到美国,增加了美国的财富。在此情势下,粮食进口国必须储备大量的美元才能满足进口粮食的需求,而美元储备又是以购买美元债券的渠道实现的,美国时不时地让美元贬值,使美元资产缩水,粮食进口国想使本国币与美元脱钩也难。当粮食美元化达到一定程度时,粮食美元必将施展拳脚功夫,美元和粮食绑定,让粮食替代石油,成为新的锚定物,像石油美元那样绑架全球经济。

目前粮食美元化已初显端倪,在粮食短缺的国家,要想进口粮食,必须接受美元贷款,再用贷来的美元购买美国的粮食,由此进口国就套上了美元和粮食两根绞索。

美国粮食美元战略不仅体现在粮食出口总量的优势上,还体现在期货市场上的翻云覆雨。中国大豆危机的阵痛尚在。以丰益国际、嘉吉、邦基、ADM 和路易达孚为代表的跨国资本(其中多为美国资本),最擅长的手段就是利用资金的强大优势,通过消灭对手,垄断市场,从而实现操控市场、垄断市场的目的。

当然,美国确立美元"锚定物"很可能会基于其对世界格局的研判,并最终取决于国际地缘政治、经济实力等的新博弈。对于我国而言,在美元仍为主要世界货币、石油对外依存度持续攀高,且美国粮食能源化趋势延续的背景下,我们不应该盯着"粮食美元"是否替代以及在何时替代"石油美元",而更应该关注美国对石油、粮食和美元三种工具的"整合",因为这种整合可能会恶化我国在国际经济格局中的处境。

5.4 谁控制了种子,谁就控制了粮食

5.4.1 种子,一个关乎粮食安全的大问题

种子是粮食之本,没有种子就没有粮食。种子是人类维持生计的主要基础。几千年来,农民种地必须留种。农民就是天生的育种专家,他们往往把那些个头大、整齐、没有杂质的种子提前晒干,找安全的地方储存下来,其余的才作为食物。农民种地留种就成了习惯,成了常识。长此以往,栽培品种不断优化。只是这个过程比较漫长,种子进化速度较缓慢,而维持作物的种类多样化,保持种子持续改进至关重要;同时,种子的质量和营养价值对粮食的生产尤其关键。现代育种专家做科学实验,培育优良品种,其前期材料大都是未经杂交过的古老品种的种子。种植者需要高质量的改良种子,满足人类日益增长的需求和日渐恶劣的环境挑战。现代科技加快了育种速度,也大大提高了育种质量。

目前,在专业化种植区域,农民已经不使用中国几千年遗留的老种子了,只有在一些交通不便的偏远山区,一些农户家还自留了一些老种子。中国水稻种子大部分采用的是种子市场化后由种子公司生产的杂交种。这类种子具有很多优良性能,但是不能留种,因为二代种子会性状分离,产生退化,农民第二年必须再次买种。现在,即便要自己开展有机种植,都必须到种子商店去买种子。错过了种植时节,所有的种子都会被退回给培养"高产种子"的种子公司。因为种子也有专利,不能私自留种。

2008年,挪威政府、全球农作物多样性信托基金及北欧遗传资源中心建立了目前世界上最大的种子库——斯瓦尔巴全球种子库(Svalbard Global Seed Vault),该种子库位于挪威北极圈内的斯匹次卑尔根岛,从世界各地收集了近百万粒种子,以防战争、污染、自然灾害等造成的物种

灭绝、种子危机。

种子不仅关乎口粮安全,更关乎国家安全,关乎一个民族的未来。

5.4.2 美国育种产业发展的启示

孕育优良品种依赖于拥有原始的丰富多样的种子资源。美国拥有世界最大的商业种子产业,我们从根本上分析一下美国是如何在种子的资源、育种技术以及商业运作上做到全球老大的。

160多年前,美国并没有一个商业种子产业。1854年,美国的种子资源来自少量的园艺种子目录、农民(或园丁)交换、农场自留种子的保存,还有美国政府的帮助。在19世纪50年代,美国专利及商标局(Patent and Trademark Office,PTO)和国会代表开始收集、繁殖各个品种的种子,并在全国各处分发。到1861年,这个项目成长很快,PTO全年度分发的种子包(一包含有5个不同品种的种子)超过240万包。根据美国农业部资料,在1897年,种子流量达到最高峰,全年分发的种子超过11亿包。

美国政府资助这么一个大规模收集种子资源的目的是美国政府意识到,如果要喂饱一个正在扩张中的新大陆一定要有多样化的粮食。早期的移民引进小麦、黑麦、燕麦、豌豆、卷心菜和许多其他蔬菜作物,与后来引入的玉米,豆类和菜瓜一样对食品安全至关重要。移民被鼓励从旧的国家带来种子。开国元勋托马斯·杰斐逊是从事种子交换的协会创始人。1819年美国财政部发出指令让其海外顾问和海军军官,系统地收集植物材料。

1866年美国第一次有了商业种子作物——白菜种子,它出现在长岛的美国批发市场。

美国之前很长一段时间,是靠农民和移民带来有前途的植物品种和牲畜品种。美国农业部建立的第一个动物种质库、国家动物种质计划（NAGP）存放所有这些品种。国家基因资源保护中心（National Center for Genetic Resources Preservation，NCGRP）的任务是获取、评估、保管并提供国家集合的遗传资源，保护生物多样性，它是研究和传播美国可持续的农业经济的支柱。

美国农业是美国研究与开发长期投资的重点领域之一，属于国家和私人企业投资相结合。美国有许多公立和私立的育种机构，公立的育种机构有美国农业部、林业局和大学，私立育种机构一般设在种子公司和食品工业公司。在过去的50年里，由于执行植物品种保护法和专利法，保护知识产权，再加上贸易全球化和公立机构经费紧缩，美国的植物育种工作大都由公立机构转到私立机构。

在种植业领域，通过基因的转移和重组，作物育种已转向优质、高产、超高产、多抗等多目标性状改良。先后在多种目标性状的遗传改良中取得突出成就，选育出超级稻、专用小麦、优质特用玉米、抗虫棉等农作物的品种。在抗（耐）逆性育种方面，主要是作物抗（耐）寒冷、高温、湿渍、干旱、盐碱、土壤重金属元素等品种选育。不少生物技术产品已经获准在大田生产中推广应用。在美国没有品种登记程序、没有强制性认证，也没有官方品种目录，这些农业生物技术可以迅速申请为专利。种子公司通过自己设点或委托大学进行多点区域试种和大田试种，以取得新品种田间表现的数据，在获得足够商业销售的数量后，即可上市销售。因此，一些私人投资的研发企业为了促进种子销售，提高市场占有率，开始与下游企业合作，建立协作关系，投资力度也逐渐加大。在私人投资中，主要是作物保护公司和种子公司的投资在不断增加，在世界育种公司中美国公司占了60%左右。由于育种公司大量介入农业科研，所以美国农业科研的许多项目可以直接面向市场，科研与生产结合得十分紧密，科研单位根据企业和农业部门的委托进行攻关，开展各种协作和联合。美国主要农作物种子的市场化发展迅速，玉米、大豆、棉花、小麦 4 种主要作物种子市场需求占种子市场总量的 2/3 左右。

除了坚实的资金投入保障外，还必须有相应的人力投入保障。美国植物新品种保护制度建立后，种子公司为了提高市场占有率，不断加大对科研人员的投入，从事应用性强、开发性强的植物品种，增加了大量的研发人员；公共部门主要从事一些基础性研究，所需的研发人员不断减少。企业的竞争最根本的是知识的竞争，而知识的竞争归根结底是掌握知识的人才的竞争，种子企业也不例外。一方面，企业需要大批科研人才，即育种专业技术人才，这是把科技物化为生产力的重要因素，是提高种子企业科技创新能力、增强发展后劲的关键。另一方面，还需要优秀的企业管理人才——种子企业家，即具有企业创新管理理念、能够根据企业内外环境适时整合企业资源、积极推动企业经营管理、组织机构、管理制度的创新、有效实现企业经营管理目标的企业管理人才。

5.4.3　打好种子安全保卫战

种业作为我国战略性、核心性的基础产业，是农业健康发展的基础，一直以来受到我国的高度重视。自 1999 年《种子法》颁布后，我国种业市场开始有法可依，逐步走上了自主研发育种，集"育、繁、推"为一体的综合型企业道路，行业进入快速发展期，1999—2019 年，我国种业市场规模从 330 亿元增长至 1192 亿元，年均复合增长率为 6.63%。

我国已保持世界第二大种子市场地位多年，仅次于美国，对跨国种业集团具有极大的吸引力。全球种子市场经历过多次并购活动，产生了以杜邦陶氏、拜耳（孟山都）、先正达（中国化工）、利马格兰等为首的大型跨国种业巨头，其业务范围遍及全球。这四家公司无一例外地都已经在中国种子市场深耕多年。

1992年，黄河和长江流域棉花主产区发生棉铃虫灾害，致使长江流域棉产区减产30%以上，黄河流域棉产区减产60%~80%，部分地区甚至绝产，作为中国出口创汇支柱产业之一的棉纺织业受到严重影响。1996年凭借优良的抗虫性能，孟山都抗虫棉迅速进入中国市场，1998年孟山都公司垄断了中国棉花95%的市场份额。

从20世纪90年代起，先正达进入我国蔬菜种子市场，依靠种子的品质特色、经营优势、市场开拓能力，迅速取得市场优势。到2010年，先正达等跨国种业巨头生产的"洋品种"已占我国蔬菜种子50%以上的市场份额。2017年6月，中国化工收购先正达，从种子安全保卫战的角度来说具有重要而积极的意义。

杜邦陶氏则在我国玉米种子市场不断掀起波澜。2004年它通过我国国家审定的玉米品种先玉335，推广面积从2006年的26万亩骤升至2008年的816万亩，推广区域涵盖了春玉米和夏玉米主产区。

随着种子市场的开放，其潜在的危机不容忽视：一是粮食安全。谁控制了种子谁就控制了粮食，谁控制了粮食谁就控制了人类。全世界就被那么几个有数的种子公司垄断着，它们控制着大部分种子。如果我国缺少自主研发的优良品种，一味地依赖进口，则容易被人"卡脖子"。二是种子多样性下降。一些不常见的物种没有人搞，对一些种子资源保护不够，人类沿用了几千年的种质资源面临消失的危险。三是农民会买到假的种子。四是追求所谓高产，忽略了口感和营养。品质下降就与栽培物种遗传多样性下降有关。优质种质资源消失，导致现在好多菜吃到嘴里都是没有味道的。

种子事关一个国家最基本的安危。随着西方一些国家频频挑起贸易战，我们面临着日益严重的技术"卡脖子"问题，因为我国的种业在国际上尚缺乏话语权，粮食种子的安危是我们更应关注的问题。

5.5　大米战争

5.5.1　大米是历史和现实中最重要的主粮之一

大米是全球特别是在亚洲消费最广泛的主粮，全球有超过一半的人口都在食用它。亚洲国家平均每人每年吃掉 90~180 千克大米。大米是人类营养和卡路里的摄入量上最重要的谷物，提供超过全球 1/5 人所消耗的热量。

关于水稻的起源，西方世界有这样的传说：据说曾经有一场大水，冲走了所有食物，狗的尾巴上沾了几粒稻种，人们就拿来种，于是越来越多，人们不再挨饿。

全世界总共有超过 12 万种稻米品种，有许多不同的形状、颜色和大小。这些品种都是出自两种起源，一种是亚洲稻，另一种是非洲稻。非洲稻也是从亚洲稻育种而来的。而亚洲稻的起源一直有争议，学者在起源于中国还是印度的问题上争论不休，直到近年的 DNA 技术才确认起源于中国。另外有一种被称为野生稻，通常指茭白属和稻属这两种野生物种。这个词也可用于原始或未开垦的水稻品种。野生稻的原生地可能在澳大利亚。

4000 多年前，水稻传到了日本，日本人认为这是太阳大帝把上苍最好的礼物带给了他们。在日本，水稻的用途远远超过食用，还用于制作绳子、燃料、衣服、帽子、砖、化妆品、肥皂油等。

2300 年前，亚历山大大帝从希腊东征印度，十年战争之后撤回时也把印度的水稻带回了亚历山大帝国，包括现在的希腊和埃及。水稻由此从印度传到了中东地区，再传到西班牙等欧洲国家。北欧地区因为过冷，所以没有种植水稻。16世纪，欧洲人发现新大陆，就把水稻带到了美洲。中南美洲开始种植水稻。

2000年前，爪哇人乘独木舟带着水稻横跨印度洋，两年时间航行4200多英里，到达非洲附近的岛国马达加斯加。他们在那里把水稻和香料还有其他货品卖掉，从此水稻作为一个重要物种留在了那里，以至于之后的上百年间，当地还用水稻作为货币用。

1600年非洲奴隶把水稻带到了南卡罗莱纳。这些稻种来自非洲东边的马达加斯加。西非奴隶在3500年前就已经开始种植水稻。这些在美国地里务农的西非奴隶懂得怎么种稻，他们帮助美国种植了第一批水稻。但当时北美洲部分地区太冷，大部分水稻是在美国的南方种植。

托马斯·杰弗逊在1787年开始了一项秘密任务。新的国家需要好的稻种。杰弗逊去法国寻求帮助。他骑着骡子穿越阿尔卑斯山，到达意大利的稻田。但是没人允许他把稻种带走，杰弗逊就把稻种袋藏在兜里，偷偷带回美国，由此拯救了美国的水稻。

今天除了南、北极外，全世界各处都可以种植水稻。亚洲国家除了中国和印度，印度尼西亚、斯里兰卡、越南、泰国等国都是水稻高产的国家。拉丁美洲中属巴西产量最高。

水稻通常是种在梯田上，需要足够的水灌溉。水稻栽培是适合于劳动力成本低和降雨量高的国家和地区，它是劳动密集型作物，并要求水源充足。然而，水稻几乎可以生长在任何地方，甚至在一个陡峭的小山或山地区用水控制平台系统。

我国以前的品种一年只有一季收成。北宋的宋真宗听说越南占城有一种水稻，一年可以收两季，他便派人送去礼物换来这种特殊稻种。1011年占城稻种到了我国，人们甚至写诗庆祝。

水稻的品种很多，对其烹饪的偏好倾向因地区而异。在一些地区，如远东或西班牙,偏好更柔软,更具黏性的品种。

过去由于水稻种植收割全靠人力,是劳动密集型作物。后来人们发明了机器,从种植到收割都可以机械化了。甚至还用飞机播种。脱粒和烘干也是机械化的。科学家们也在研究培育需要更少水的、耐寒的、产量更高的、谷粒更大的品种。

因为大米是如此重要,所以研究如何让水稻高产,成了一个大问题。全世界各国都在积极研发培育新的水稻品种,以增加国际市场的竞争力。

5.5.2 从美国看未来全球大米市场格局

过去40多年中,全球大米市场一直被少数几个出口国垄断着,泰国、越南、美国和巴基斯坦占到了全球出口的60%以上。泰国曾经长期是头号大米出口国。2011年是个关键的转折点,泰国政府推行大米典押计划,人为地以高于市场价50%的价格收购大米,结果导致泰国大米出口市场份额骤降10%,痛失头号大米出口国地位。

国际大米市场自此风起云涌,竞争程度不断白热化,竞争格局也出现新变化。2011年重新恢复出口的印度在次年迅速跃居出口榜首。2019年,印度大米出口量约为1280万吨,连续多年位居世界第一。越南凭借持续的低价优势,不断夺取市场份额;泰国则在2014年停止典押计划,降价出售库存而力图重返首席位置。

大米出口国之间的较量越来越精彩,城头变幻大王旗也成为常态。在这场大米战争中,有靠高产制胜,有靠质量争先,当然大都离不开对大米产业的支持、对大米品种的培育、对先进加工技艺的改进和对品牌的维护等因素。

特别值得注意的是美国。在国际上大米是主要粮食作物,但对于美国来说,大米是一种大宗商品与经济作物。美国不是大米消费大国,却是一个不折不扣的大米贸易大国。作为全世界最大的粮食出口国，如前面介绍的美国的大米产量只约占全球的 2%，出口量却达到全球的 10% 以上，在国际稻米市场上很有竞争力。

美国水稻栽培始于 17 世纪，只有 300 多年的历史，但水稻育种颇有成就。令人瞩目的是，美国是全球水稻单产最高的国家，比居于第二位的中国高出二成以上。

美国的水稻生产具有大面积、高成本、高产量、高补贴、高出口的特点。水稻种植主要集中在一些大型的农场中，从事水稻种植的人员少，户均生产面积大，机械化程度高，劳动生产效率高，水稻产量高。

美国稻米高单产之谜在于美国主产区气候适宜，水土优越，生产技术现代化水平高，而且美国的稻农享有高额国家补贴和优惠政策，这些因素都有利于稻米生产。但在美国水稻增产因素中，来自品种的因素约占一半，而另一半则是来自播种、管理等方面的因素。

美国水稻主产区有南方和加利福尼亚州两个产区。南方产区是个跨越阿肯色州、密苏里州、路易斯安那州、得克萨斯州和密西西比州等 5 州的狭长地带，其中阿肯色州是美国水稻种植州之王，一个州的种植面积就占了全美的近一半。美国大米品质良好，市场偏好度高

由于对稻米品质的高度重视，大部分美国稻米米质优异、碾磨品质好、外观漂亮，非常适合广大食米地区人们的口味，在国际稻米市场上很有竞争力。美国水稻品种丰富、类型复杂，按商品特性分为长粒、中粒、短粒三种。为便于机械化收割，大部分品种耐肥抗倒性好，成熟期整齐一致，多数品种属光壳稻品种。特别是近年来，随着超高产育种研究的开展和深入，许多美国水稻品种对籼稻和粳稻均呈现出一定的亲和性。

美国的长粒稻和短粒稻分别占全美水稻总种植面积的近八成和一成，

其余约二成为中粒稻。长粒稻集中在南方产区，而中、短粒稻集中于加利福尼亚州产区。美国同时出口水稻、蒸煮米、糙米与大米，其中水稻约占其出口量的1/3。美国大米的主要出口市场是东北亚、中东（包括地中海东部）、加勒比海地区、撒哈拉地区、加拿大。

随着国际大米出口市场的竞争日益白热化，美国又准备征服中国消费者。实际上，美国大米在进军我国市场之前，已经成功进入韩国和日本——两个同样以大米文化著称的国家。

2017年7月19日，我国质检总局与美国农业部代表签署了《关于美国输华大米植物卫生要求议定书》，这标志着中美双方就美国大米输华的检验检疫要求达成了一致。经过长达十多年的谈判，美国首次获准可对华出口大米，这无疑是国际大米市场的一个重磅消息，未来大米贸易格局或被重构。据统计，美国每年出口至我国的大米能够达到几百亿美元，这将使我国成为美国粮食的最大买家，数量相当于墨西哥和日本之和。

现阶段，国际大米出口市场的竞争已经白热化，而在对中国这个最大的稻米消费国的争夺上，美国的参与，虽然短期内不容易打破原有格局，但长期影响值得我们关注。

5.6 玉米王国的秘密

5.6.1 玉米是人类对自然进行干预的最佳物证之一

如果说美国的主粮是玉米，可能很多人都不同意。但是玉米在美国食物中所占的份额确实很惊人。作为全球三大粮食作物之一，玉米已经从昔日第三的地位跃居首位，不仅总产量超过小麦和大米，而且在各领域都有良好表现。无论是食品加工、牲畜饲料，还是化工产品，乃至生物能源，都能找到玉米的影子。谁控制了玉米，谁就控制了粮食和一部

第5章 粮食"战争"

分能源，这应该是不夸张的说法。美国可以说是最早意识到玉米在粮食战争中战略地位的国家。当然，也因玉米本身起源于美洲，美洲有丰富的玉米物种资源，这让美国的玉米育种有先天优势，再加上高科技的运用，让美国玉米的产量、种植成本还有效率都远高于其他国家。

笔者常常听到一句话：我们今天吃的东西都有几千年的历史，为什么要改变它？其实深究起来，我们吃的所有谷物，不要说几千年，几百年的都很少见了。农业发展的历史就是人类干涉自然的历史。玉米就是最好的例子。说玉米是一种人工作物，一点也不过分。

玉米原产于美洲，是印第安人培育的主要粮食作物。玉米的历史很长，目前能找到的玉米化石都有 7000 年的历史。推测印第安人 1 万年前就已经开始收集和采食野生玉米。目前植物学家普遍认为，墨西哥的一种类蜀黍 tesosinte 是玉米的祖先。玉米就是由这种繁茂蔓生的草本植物演化而来的。早期的玉米和现在的模样相差很远，那个时候的玉米像野草，非常小，大概只有 1 英寸（1 英寸 = 2.54 厘米）长，喜高温，和其他草本植物一样，在叶茎末端长着几颗微小的颗粒种子，看上去倒更像是野生稻子。据说美洲落后的根源就是印第安人花在玉米驯化上的时间是亚洲人驯化稻、麦所用时间的几十倍。因为野生的玉米看上去太不一样了，甚至当初能认定这东西有种植潜力都很神奇，不像亚洲人那么幸运，野生稻、麦除了小，和现在的模样差别不大，最初直接从野外采回家就可以了，驯化的时间比印第安人的玉米短很多。

类蜀黍经过上千年漫长的驯化过程，再加上自然界赐予玉米天生的庞大基因变异性，让玉米能极快地适应新环境，无论炎热还是寒冷，干燥或是潮湿，贫瘠或是富庶，日照长或短。特别是有了抗寒品种，使得原本只能在热带种植的玉米，可以跨越很多纬度，在各种气候和土壤下种植了。在这个变化过程中，玉米逐渐繁衍出适应各种土壤气候的所有特性。特别是玉米的雌花从玉米顶部移往茎叶中段的腰穗中,雄花则维持原状,停留在顶端。这种演变对玉米本身来说意义非凡。因为雌花位于叶茎中段的位置让它获得的养分远胜于顶端。

玉米是风媒植物,靠风来授粉,所以种植的时候要种得密集一些,如果种得太宽松,风力无法把雄花的花粉吹到雌花上,也就无法完成受精全过程。每株玉米可以释放1400~800万的花粉颗粒,雌花有400~800朵,雌花的须须可以粘住花粉,花粉通过须须的微小通道进入雌花中,与卵子结合,完成受精作用。因为并不是每个雌花都能完成这样的过程,所以我们经常能看到许多发育不良的瘪小颗粒。这个授粉过程人类也可以介入完成。早期的印第安人就发现了玉米的这个特性,为了得到玉米的某些特质,把取自某株玉米雄蕊上的花粉扫到另一株玉米的雌花须须上,就能获得一个新性状的玉米品种。印第安人是全世界第一个玉米品种改良者,没有他们,就没有今天的玉米。为了获得玉米生存的新环境,为了玉米的不同用途,他们通过不断采集、筛选、杂交等一系列古代科学实验和原始生物遗传工程培育新品种,让玉米有了上千个不同的品种,也对人类文明做出了卓越贡献。玉米也终于从最原始的野草模样,一个穗上只结几粒,变成今天一株长好几十个玉米棒子,每个棒子上有上百粒玉米,其生产效率居主要农作物之首,玉米也就成为美洲人的主食了。

比起其他农作物,玉米可以说是人类介入最多的作物,和人类的关系最密切,因为玉米的发展,正是为了满足人类的需求。即使没有转基因,单看玉米自身发展的历史,也足以证明人类对自然的干预有多么厉害了。

哥伦布发现新大陆,才把玉米带到了欧洲。英国殖民者第一次踏上美洲的土地,印第安人就是拿玉米给他们吃,解决了他们的粮食问题。所以至今感恩节的餐桌上都少不了玉米。踏上新大陆的人们开始学会种玉米，并在沿岸都种了起来。曾几何时，玉米还可以用来交税和抵债，也用来交换家里其他日用必需品。在1800年，玉米已经成了美国最重要的作物。联合收割机的发明提高了玉米收割效率，这种机器可以摘下玉米棒子直接脱粒到马车上。

玉米在16世纪时传入我国，发展也非常之快，我国是玉米种植最为普及的地区之一。但是因为农业技术和农机普及相对落后，种植效率始终和世界先进水平还有很大距离。

玉米家族有上千种。玉米植株可以长到3~20英寸。一个玉米棒子有800粒，燕麦只有100粒，而小麦只有60粒，所以玉米产率很高。玉米长得也很快，一天可以长1英寸（1英寸=2.54厘米），长到6英尺（1英尺=0.3048米）只需要10周的时间。前面说了，玉米穗长在植物顶端，上面有很多花，产生花粉。玉米须长在每一个玉米棒子顶端，花粉从植物顶端吹落到玉米须上，授粉就完成了。玉米是一粒粒授粉的，所以每个玉米粒都可能不同，一个棒子上长几种颜色的玉米粒是寻常现象，不能以此作为判定玉米是否是转基因品种的依据。

光合作用效率高是玉米的一大特性，它可以比别的植物转化更多的淀粉。大部分植物在进行光合作用时，会产生带有三个碳原子的化合物，而玉米等几种少数的作物所产生的化合物却带了四个碳原子，这就是C4类植物的由来。这类植物可以带来很强的经济节能效益。在缺乏水分以及高温的环境下，具有更大的生存优势。为了从空气中汇集碳原子，植物必须张开叶孔，通过这些叶孔呼吸与排放气体，每一次叶孔张开吸收二氧化碳时，就会流失一些水分子。理想状态下，我们希望农作物产生最多光合作用的产物，消耗最小的水分。玉米恰恰是这类植物中的翘楚，比别的作物更能有效地控制水分子流量，而且很稳定。袁隆平做的最新的水稻转基因就是期望把玉米的C4特性转进水稻中，期望水稻也能像玉米那样高效生产，这项技术具有相当大的难度，需要比较长的时间才有可能完成。C4 的因素让玉米在所有粮食作物中胜出。在等量的阳光，相同的水分与其他元素基本相当的情况下，很少有植物能像玉米那样，制造出如此多量的有机物质与能量。这让玉米不但能生产足够的粮食以及衍生出来的加工食品，而且也能满足动物饲料的要求。没有哪种谷物能像玉米这样如此广泛地被全世界各国当作物美价廉的饲料。所以与小麦和水稻相比，玉米的优势显而易见，也就不难理解为何玉米能够上位，坐上粮食作物的头把交椅了。

5.6.2 堪称玉米王国的美国

美国玉米主要在中西部玉米带种植，那里的气候和土壤非常适合玉米生长。包括伊利诺伊州、印第安纳州、爱荷华州、密歇根州、明尼苏达州、密苏里州、威斯康星州、俄亥俄州和南达科他州。玉米商业等级主要根据籽粒的质地划分，分为马齿种凹玉米、硬质种、粉质种、爆裂种、糯玉米及甜玉米等。籽粒顶端凹陷，因籽粒硬淀粉和软淀粉的干燥度不相等而致的。硬粒玉米含软淀粉少，干燥后顶不凹陷。粉质玉米主要含软淀粉，粉质，易碾碎。

凹玉米是种植面积最大的玉米品种，98% 的美国玉米都是凹玉米。这种玉米只有少部分给人吃，磨成面粉做成玉米面到加工食品里，成为印第安人吃了几千年的主要食物，其他主要是用于饲料和工业生产。我们通常所说的转基因玉米就是这种玉米，其他几种，除了少量甜玉米外，大部分品种的玉米都不是转基因的。转基因玉米的收割都是机械化完成，收割的同时就脱粒，之后玉米粒直接进粮仓。因此，市面上见不到这种转基因玉米完整的棒子，只能看到已经磨成粉，或者加工成的各种食物。

火石玉米是印第安品种的一种，每一个棒子上都有五颜六色的玉米，如宝石一般，非常漂亮。在我国，许多媒体以为这是转基因的，这就大错特错了。其实越是这样的品种，就越是古老的天然品种，跟转基因没有任何关系。我们一般见到的玉米都是黄色的，这是因为玉米粒的胚乳中含有类胡萝卜素，包括玉米黄质、β-胡萝卜素等。颜色各异的火石玉米之所以能够异彩纷呈，是因为它们的籽粒中含有不同类型的花色苷类色素。这种玉米可以用于吃，也可以观赏装饰用。不过这种玉米的淀粉含量也很高，而且纤维很多，吃起来口感没有那么好，所以很多用来做"万圣节"或者秋天收获季节的装饰，吃的反而没有那么多。这种玉米抗虫性很好，也能在寒冷的地带存活。

甜玉米是可以直接食用的玉米，通常不是按主粮卖，而是按蔬菜卖。甜玉米除了可以直接食用外，也可以加工成玉米粒罐头。甜玉米具有隐性突变的基因，这些基因减缓了玉米胚乳中的淀粉转化，使玉米籽粒中积累了大量的水溶性糖。甜玉米的含糖量可以达到6%，是普通玉米的1.5倍。甜玉米在成熟后，其水溶性糖含量会迅速下降，因而对采收期要求特别严格。现在，又有一个新品种综合了普通玉米和甜玉米的优点，既保持了甜玉米的口味，又降低了对采收期的限制，让甜玉米能够更广泛地食用。全美有5%的甜玉米是转基因的，而且曾经在沃尔玛销售。最开始做市场调查时曾有标注，让顾客自行选择，结果发现顾客并不在意是否是转基因，最后采取自愿标记的形式上市。著名食品品牌绿巨人曾经声称，他们不用转基因甜玉米，因此他们的罐头玉米粒也是非转基因的。大多数小农场种植的，还有农夫市场卖的都不是转基因的。

蜡玉米的外表有一层蜡质，这个品种最早是在我国种的，后来在1900年才被带到美国来。这种玉米可以做布丁和酱汁，还有果酱，也可以做胶水和盒子。带荚玉米，这种玉米每一粒都被一层种皮包裹着，活像个豌豆。这种玉米被认为是全世界最古老的玉米，目前几乎没人商业种植这个品种，仅作为实验室研究。

爆裂玉米是美国最常见的品种之一。公元前 5000 年的墨西哥人遗址中已经发现过了爆裂玉米的残存物。爆裂玉米是硬玉米的极端型，籽粒小而硬，不含软淀粉，玉米粒在高温作用下，细胞内水分膨胀，内外形成压力差，导致籽粒爆裂膨化。理论上，所有的玉米都可以爆裂，但是专用的爆裂玉米具有更好的爆裂特性。这是因为它的果皮中纤维素、半纤维素以及胚乳中淀粉的排列更加紧密有序，在高温作用下籽粒内部的蒸汽压力也更大，因此其膨化率更高，相比普通玉米，用爆裂玉米制作的爆米花口感也更好。爆米花可以用微波炉或是专用的爆米花机器，爆米花可分两种：一种是爆裂后呈云状的，另一种是蘑菇状的。美国人一年要吃 17.1 亿夸脱（1 夸脱 =0.946 升）的爆米花，也就是说每人每天要吃 64 夸脱爆米花，这个数字很惊人。

美国所有书上都未提及糯玉米是原产于我国的。20 世纪初美国牧师法纳姆从中国将糯玉米带到了美国。美国人柯林斯最先对这种新的玉米品种做了研究，20 世纪 20 年代起，美国爱荷华大学做了糯玉米杂交的研究工作，并在 1942 年成功育种杂交糯玉米。糯玉米的黏是因为它有一个隐性基因突变，其所含的淀粉几乎全部为带黏度的支链淀粉。这种淀粉使得糯玉米较软，深受大家欢迎，特别是牙口不好的人。我国的糯玉米可以直接食用，这种玉米在美国很少见到，只有农夫市场偶尔可以见到，一般超市是没有的，只能去亚洲店的冷冻食品柜才能找到。

玉米在食物界分布非常广，大多数人都没有意识到，玉米几乎存在于我们生活的任何细节中。玉米可以直接食用，我国的老玉米味道和口感都还不错，加工或是直接吃都能接受。玉米在拉美许多地区作为主要食物，但营养价值低于其他谷物，蛋白质含量低，不适于制作面包，通常做成不发酵的玉米饼。玉米缺少维生素烟酸，若以玉米为主要食物则易患糙皮病。不过墨西哥人很早就发明了用石灰处理玉米,把这种营养成分释放出来,改善了玉米的营养价值,同时也让玉米更具黏性,容易做成各种食物。

美国的转基因玉米直接煮熟是很难吃的,必须作为加工原料进入食品中,这也是为什么美国市面上见不到转基因玉米棒子,却消耗了许多玉米。玉米的原形你是看不到的,都是作为玉米粉、淀粉、玉米油,或是用玉米淀粉发酵而成的其他调味品,亦或用玉米淀粉做成的高转化果糖糖浆进入各种加工食品中。

玉米胚芽可以提炼玉米油,长期食用可预防心血管疾病,在这方面它优于花生油,但不及芥花油。

走进超市,从头看起,蔬菜部有甜玉米,酒水部有玉米淀粉培养的用来酿酒的微生物菌种,玉米也用于威士忌酒、啤酒的发酵。早餐部,面包里面的淀粉是玉米淀粉,补充强化面包里的各种微量元素和维生素,维生素是用玉米淀粉发酵制成的,甚至面包底子也是用玉米粉防粘的。比萨饼的底子也是用了一层玉米粉,以免粘连。蛋糕里有玉米淀粉做的糖浆。早餐煎饼里也有玉米淀粉和强化营养素。果酱、果冻、布丁、甘草糖、口香糖里也有玉米成分。无论是糖浆还是果胶,都可能来自玉米。

玉米做的早餐麦片是把玉米压碎,磨成粉,煮了之后加各种调料和强化营养素,压成片,然后烘干、装盒,拿到超市去卖。顾客吃的时候,把脆香的麦片放入碗中,倒入冷牛奶,用勺子舀着吃,冷牛奶不会让麦片变软,还保持脆香,同时也补充了乳制品中的蛋白质和其他营养成分,食用起来很简单,是非常受欢迎的早餐食物。发明这种食物的是家乐氏(kellogg)家族两兄弟,他们有自己的医院,想要制作一种营养食品来给病人,于是有了这种风靡全世界的早餐麦片。值得注意的是,这种玉米做的早餐麦片经过检测是转基因玉米粉做的,这说明转基因玉米不仅仅用作加工食品中的辅助添加物，如淀粉、糖浆、油等，也真的用全玉米粉做了食物。这种早餐麦片是美国家庭非常普遍的一种早餐食物，几乎家家都有吃。美国著名食品公司通用磨坊（General Mills）曾经出过一款非转基因早餐麦片，那是用燕麦做的，不过推出后反响似乎不那么热烈，销售量并不比之前有显著提高，这说明大部分美国人对是否是转基因还真不是太在乎的。

另外一种用纯玉米粉做的是玉米松糕粉。这种粉是把玉米磨成细粉，加牛奶、鸡蛋、苏打粉等食材，做成面包的模样，烘焙而成。在肯德基快餐店里，配炸鸡的主食有时候是烤饼，有时候就是玉米松糕。在美国南部的特色菜式中，主食通常也是这种玉米糕。除了这种粉，还有一种叫cornflour（玉米粉），跟咱们的棒子面很像，其实就是玉米面粉，可以做各种烘焙食物。美国这样的玉米粉有的是本国产的，有的是从墨西哥进口的。通常从墨西哥进口的反而不是转基因的，而本国产的经过检测，大多数含转基因玉米成分。

用玉米做成的各种小零食也非常多。除了间接作零食辅助成分外，美国有一种叫多力多滋（Doritos）的玉米脆片是直接用玉米粉做的，把玉米粉做成三角形薄片，油炸之后洒上各种调料，装到袋子里，放到超市去买。美国人看比赛，或者看电视，闲的无聊时就吃几包。这种玉米片滋味调的还不错，有辣奶酪味的、比萨味的、墨西哥辣椒味的等，非常受欢迎。香港卫生署曾经检测过这个品牌的玉米片，发现含六成的转基因成分，比例相当高。

美国市场上还能见到一种玉米粒零食，是用秘鲁乌鲁潘帕的大白玉米做的。这种玉米非常大，棒子有手臂那么长，玉米粒像硬币那么大，跟拇指的指甲盖大小差不多。口感粉粉的，淀粉含量很高。在秘鲁餐厅，这种玉米被炸了，撒上盐，当免费小吃随餐附送。就像中餐馆里送油炸花生米一样。在超市见到一包包的玉米仁（corn nuts）就是用这种玉米做的，把玉米粒爆酥之后，调成各种味道，装成一小袋一小袋卖，很像我们的开花豆。有一次笔者把这种玉米的照片贴出来，不少人问是不是转基因的，在很多人眼里，只要不常见的就是转基因的，这是对转基因技术的误读。转基因当然是要用于很大众的品种，只有这样才能有更大的商业利益，越是小众产品，越是不太可能。实际上，这个玉米品种非常古老，比我们常见的那些玉米品种历史悠久得多呢！

玉米的踪迹还存在于各种调味品中，汤罐头、芥末酱、卤汁、西红柿酱、沙拉酱、咖啡奶精、各种糖霜、人造奶油、起酥油等，还有加工食品，如奶油蛋糕、冷藏松饼、各种点心蛋糕的预拌粉。各种果汁和汽水中则是玉米淀粉做的高转化果糖糖浆。

食品添加剂也有不少是玉米做的，如改良淀粉、葡萄糖浆、麦芽糊精、结晶果糖、维生素C、右旋糖（dextrose，一种人体不能消化但是带甜味的甜味剂，可用来代替糖）、乳酸、游离氨基酸、麦芽糖、多元醇类、焦糖色、黄原胶、味精等。很多人并不知道味精不是化学合成的，而是微生物发酵的产物，而生产味精的原料恰恰又是玉米淀粉。味精的主要成分是谷氨酸单钠，微生物发酵产生谷氨酸，再加氯化钠，也就是食盐结晶，就是我们所熟悉的味精了。只是大部分人不会想到，这也是玉米的产物罢了。

再说说肉类，不仅仅是美国，包括欧盟、日本、中国等许许多多的国家都是在用玉米和大豆代替牧草当饲料。美国的牛、肉鸡、火鸡、猪、羊、鲶鱼、非洲鲫鱼、鲑鱼等，几乎餐桌上的所有肉食都是以玉米做饲料养的。间接来说，鸡蛋和牛奶也都和玉米有关，所有乳制品都和玉米脱不了干系。加工肉食品就更加突出了，一个炸鸡块里，除了玉米喂大的鸡剔下来的肉之外，还有让鸡块黏合成形的改质玉米淀粉，鸡块外面包裹的面浆中的玉米粉，是的，这也可能是转基因玉米粉做的，还有炸鸡块用的玉米油，甚至让鸡块保持新鲜度的柠檬酸，也是玉米淀粉发酵而成的。所以无论你吃汉堡还是热狗，都是在间接吃玉米。如果这些动物吃的是转基因玉米饲料，那么全世界的人也都在间接吃转基因玉米了。

5.6.3 玉米兼具粮食、能源、货币三重属性

玉米的主要用途，除了作为饲料、工业生产淀粉、发酵类药品的主要原料之外，也用于非食用产业，它也是燃油、肥皂、吸管、蜡笔、电池、牙膏、漱口水、炸药、胶水、毛线、人造丝、婴儿爽身粉、尿片、洗衣浆洗剂、纸张、建筑和包装材料、塑料袋、一次性餐具、勺子、叉子、高尔夫球座以及绘画材料等的原料。玉米做的食用与非食用产品已经达到上千种。根据美国国家玉米种植者协会的统计，玉米几乎在每种东西中都有，从花生酱到鞋油。玉米用途这么广，使得玉米成为最有价值的农作物。玉米也一直是美国产量最高的农作物，占到全世界玉米产量的一半以上。

植株的其他部分用途也相当广泛：玉米秆用于造纸和制墙板；苞叶可作填充材料和草艺编织；玉米茎粗壮高大，叶宽大，是平原地区农民的重要燃料来源；玉米穗轴可作燃料，也用来制工业溶剂；茎叶也可作牲畜饲料，还是沼气池很好的原料。

能源方面，玉米也是工业酒精和烧酒的主要原料，将玉米淀粉转化为糖，又加酵母使糖转变为酒精。酒精工业是基础原料工业，广泛应用于国民经济的许多部门：在食品工业中，酒精是培植各类白酒、果酒、葡萄酒、露酒、药酒和生产食用醋酸及食用香精的主要原料；它也是许多化工产品不可缺少的基础原料和溶剂，利用酒精可以制造合成橡胶、聚氯乙烯、聚苯乙烯、乙二醇、冰醋酸、苯胺、乙醚、脂类、环氧乙烷和乙

基苯等大量化工产品；它是生产油漆和化妆品不可缺少的溶剂；在医药工业和医疗事业中，酒精用来配置、提取医药制剂和作为消毒剂；染料生产和国防工业及其他部门也需要大量酒精。酒精生产也是农业原料深加工和综合利用的重要途径。

玉米还可以做成燃料乙醇，作为添加剂加入汽油中，制成混合燃料，可以在某些条件下替代汽油，作为汽车、摩托车等交通工具的燃料。酒精汽车对环境友好，汽油发动机无须做过多改动就可以直接使用燃料乙醇。当汽油价格较高时，燃料乙醇具有明显的成本优势。但是，大规模使用燃料乙醇导致玉米、甘蔗等农作物供不应求、价格上升。同时在生产燃料乙醇的过程中也会释放二氧化碳或污染物，因而有损其清洁燃料的称号。美国是全世界最大的燃料乙醇生产国，巴西排第二，但是巴西在实际应用方面更普遍。

石油价格波动，会影响燃料乙醇价格，从而导致粮食价格随之变化。这个世界从来不是一元的。巴西因为对燃料乙醇的需求量增大，已经影响到正常耕地，环保组织也为此担心，环保燃料或许最终不环保了。此外，土地有限，都用来种植工业原料，也会影响人类食物的供应。像我国这样土地有限的国家，发展非粮食的乙醇燃料更加重要。

最后再说说玉米在金融上的货币特性。玉米粒的特质不仅可以满足人类生存的需求，也可以成为积累财富的工具。晒干的玉米粒是一种完美的商品，易于运输，且几乎不腐败，具备食物、能源以及货币的三重特性。玉米的这种多重特性让生产玉米的农民从农业社会一跃进入市场经济社会。早期的美国，在奴隶交易中，玉米是不可或缺的必需品，玉米不仅仅是奴隶们运往美国路程中所吃的食物，还是买卖奴隶时支付的货币。有人说玉米是一株原始的资本主义植物是非常恰当的。

在美国芝加哥期货交易所（Chicago Board of Trade，CBOT），玉米

是最早的交易品种，也是最重要、最成熟的交易品种之一，很受投资者的青睐。20世纪70年代之前，玉米期货在CBOT总成交量的比例在5%~30%内大幅波动；70年代以后，玉米交易量所占比例逐渐上升并保持在30%~40%内窄幅波动，玉米期货也在此期间确立了CBOT农产品品种中的领先地位。以此为代表的美国玉米期货市场同现货市场有效接轨，其形成的玉米期货价格成为世界玉米市场价格的"风向标"，该市场各种经济功能完善，其玉米期货合约及交易交割规则的设计和经验为众多期货交易所借鉴和采用。运用玉米期货，可以有效利用发现价格和规避风险功能来引导玉米产地的种植结构调整，有利于提高本国在国际玉米市场中的竞争优势。玉米终于完成了从粮食到能源和货币的转化。

当玉米完成自身演变，成为人类社会中密不可分的一员的时候，玉米的性质也就改变了。为了便于耕种，玉米必须被培育成整齐划一的成熟期，具有吸收化肥的胃口，以及适应各种化学物质的能力，被转进抗虫、抗除草剂等基因。玉米开放的授粉特性几乎让人类在其身上做任何想做的事，甚至控制种子。

现在，我们不难理解为什么第一个转基因食物西红柿会在市场上失败，但是颇有争议的转基因玉米经过国会四次听证之后还是上市了，并且成功地占领了市场，成为盈利丰厚的转基因产品。玉米是未来主要粮食作物。随着世界人口的增加，玉米的地位越来越重要，产量不断翻番，必定稳居全世界作物产量第一。未来无论是做食物或者作为工业产品都会越来越重要，越来越有前途。掌握玉米产量，对于美国在能源，金融，粮食三方称霸至关重要。因此确保种子优势就摆在了重要地位。

实际上，美国一直在玉米种子优化方面做努力。比如让玉米密集种植，40英亩地可以种3万多株玉米，单产量还要增加，而转基因的技术能够让先前的育种技术更加便捷。如果通过传统的杂交育种，不知道要经过多少代，我们才能得到想要的性状，而转基因可以精确地在第一代就植入想要表达的基因，不用等那么多代就可以得到期望的性状了。不但如此，还可以做一些自体授粉达不到的性状，比如抗虫和抗除草剂。有了这两样性能，玉米就更加适于工业化规模种植了。这意味着，种植玉米无须人力，机器播种，机器施肥和灌溉，玉米按照我们的要求，定时生长，然后收获。联合收割机一边轰隆隆地铲掉整棵玉米，一边哗哗地脱粒，整车黄灿灿的玉米粒在传送带的帮助下进入高高的谷仓里。它们被送进加工厂，磨粉、榨油、蒸煮、发酵，成为生活中各种吃的用的。

规模化机械化的种植，节省了大量的人力，一个人种几千亩地都有可能。现在的技术就更加先进了，人都不用出屋，甚至都不用在电脑前面，哪怕你去欧洲旅游了，只要电脑设置好，下载一个手机 App，按按手机按键，家里的耕地就开始自动灌溉了。

在纪录片《玉米王国》里，两个从未种过地的大学生，在农民的指点之下，居然也能按部就班地种玉米了。有一个镜头给人印象深刻，在收获的时候，其中一个大学生顺手掰了个棒子啃了一口，然后表情怪异地吐了出来。他说："这玉米不是用来直接吃的。"接着镜头一转，他们去快餐店吃饭，然后他们对着镜头说："你们知道吗？你们吃的每一样东西都和玉米有关。这牛肉是玉米喂的，可乐里的甜味剂是玉米做的高果糖糖浆。"最后，他们看了一张地图，全美国有那么一大片地区都在种玉米，而这大片大片的土地都种同一种玉米，这就是转基因玉米。

转基因玉米已经渗透美国人生活的各个细节，让人无法回避。控制种子也就成为必然。好性状的种子如果只能卖一次，那种子公司就没有钱赚了。只有持续不断地买种子，种子公司才能生存。早在 20 世纪初期，美国的玉米种植者就发现，当他们将两株来自自交系的玉米混种之后，第一代玉米具有优良性状，到第二代时，种子的性状就只剩下 1/3 了。杂交玉米是无法留种的，因为第二代种子会退化。转基因玉米倒不会退化，但是如果留种，那么智慧产权就无法保证了。

实际上，转基因的操作并不复杂，哪怕一个高中生，经过训练，也能做这样的实验。真正具备智慧产权的是功能性基因，什么基因控制哪些性状，这才是真正的专利所在。为了保证农民一年年买种子，有人提出让种子只能种一年，第二年必须买新的。办法是把种子做成自杀式的，当一次播种收割之后，便再也不能发芽长出新苗。其实已经有这样的自杀种子研发成功，但是在道德舆论的谴责下，这项技术并没有真正投入市场。一度传说孟山都的种子都是不能留种的，其实并非事实。目前的购种协议都是道德约束，然而在一些谁也管不了的国家，天高皇帝远，孟山都收不到钱也没辙。

控制种子的结果就是，人们的生存现状依赖于一个公司身上，这个公司对他们的生活影响近乎垄断。当玉米进入工业化生产的时代，玉米就占据了美国乃至全世界人民的食物链。控制玉米的种子也就通过从粮食、能源、金融等各个方面控制了全局。

5.7 美国如何成就大豆霸权

5.7.1 大豆的发展史：兴于中国，盛于美国

大豆是世界上最重要的农作物之一。不仅仅因为大豆的营养丰富，就像肉蛋，除了提供丰富的优质蛋白外，还含有大量的不饱和脂肪酸，以及多种维生素、矿物质和其他健康成分，是豆类中营养价值最高的品种。食用大豆有预防和改善高血压、动脉硬化、心脏病等病症的作用。大豆中的异黄酮是具有雌激素活性的植物性雌激素，可以调节更年期妇

女体内的激素水平，能够减轻女性更年期综合征症状、延缓女性细胞衰老、使皮肤保持弹性，缓解骨质疏松症。

大豆起源于我国，我国是大豆的故乡。我国拥有5000年的大豆种植史，新石器时代遗址中就有大豆的残留物，中国大量的古代文献都有大豆的记载，殷商时代的甲骨文里都有提到大豆。据《史记·五帝本纪》，轩辕黄帝的功绩之一是"艺五种"。"五种"，据郑玄注释，是指"黍、稷、菽、麦、稻"，说明轩辕黄帝时就种菽（即大豆）了。我国也拥有全世界最丰富的野生大豆种子资源，共有6000多种野生大豆物种，约占世界总数的90%。现种植的栽培大豆是野生大豆通过长期定向选择、改良驯化而成的。大豆在全中国普遍种植，在东北、华北、陕西、四川及长江下游地区均有出产。我国也是全世界最早开发大豆食品的国家，例如，早在汉代就发明了豆腐。

大豆本身虽然营养丰富，却不易为人体吸收。生大豆含有不利健康的抗胰蛋白酶和凝血酶，所以大豆不宜生食，不宜干炒食用。豆腐的做法帮助大豆释放可利用人体吸收的蛋白质，并且产生一些游离氨基酸，吃起来更加美味。可以说，豆腐是大豆食用史上最伟大的发明。在动物蛋白质摄入不足的时候，大豆是很好的替代品。

除了做豆腐外，中国人还发明了许多衍生豆制品，如腐乳、豆豉等，还把豆腐卤制、熏制、烘干，做成豆腐丝、豆腐皮、豆腐干、腐竹、百叶等，也能发豆芽。可以说，大豆的种植和食用的历史，没有哪个国家可以媲美中国。

因为大豆适用面广，它不仅用于加工食品，还用于加工油料、饲料，更重要的是，大豆已经成为一种货币，在国际经济市场上有举足轻重的地位，所以争夺大豆话语权显得极为重要。控制了大豆，就能控制食品加工业和饲养业，就能控制能源，还能控制金融，有这样的多重身份，就不难理解，为何美国这样的世界强权在大豆上特别花心思了。

大豆在中国种植数百年之后传到了日本等亚洲国家。直到17世纪，欧洲才开始种植，英国和法国也只是在皇家花园里种植，当观赏植物。自大豆在18世纪传入美国之后，虽仅有200多年历史，但适宜的气候，让大豆迅速成为美国南部及中西部的重要作物。大面积的平坦土地又为大规模的农业机械化提供了条件，先进的生物科技又让美国得以培育出具有高出油率、高蛋白、抗旱抗虫的大豆新品种，使其在生产环节中表现出节约劳力、降低成本、增加产量等优势，让美国很快成为大豆生产、消费和出口国。大豆给美国带来了巨大的财富，被美国人称为"金豆子"。如今，美国不仅有上千种大豆食品和保健品，甚至还形成了自己独特的大豆文化。在一些著名的种植大豆的城市还举行大豆节，吸引了无数感兴趣的观光客。大豆显然已经成为美国人民生活中不可缺少的一分子了。

美国关于大豆最早的记载是1765年，英国移民塞缪尔·鲍恩（Samuel Bowen）率先把大豆带到了乔治亚种植。他还尝试用大豆做酱油，并在英国申请到了做酱油的专利。到1770年，他竟然都有能力向英国出口他在美国做的酱油了。那时候大豆还未被重视。美国内战期间，大豆也被做成热饮代替咖啡。在19世纪90年代，大豆开始成为动物饲料。1898年，美国农业部开始引进新的大豆品种。

第一个大规模种植大豆的是伊利诺伊州。种子是一艘在太平洋遇险的日本渔船上获救的船员赠送的。因为适应当地气候，生长很快。美国农业部也意识到这个外来农业作物大有潜力可挖，于是大力提倡。1904年，美国塔斯基吉大学以研究花生著称的著名化学家乔治·华盛顿·卡佛（George Washington Carver）开始研究大豆。他分析了大豆的营养成分，认为很有食用价值。因为大豆作物有固氮作用，他也建议花生、红薯等农作物和大豆轮种，这样可以滋养土壤。他的建议被美国南方的棉农采纳,并证实的确是个好主意,从那以后,种过大豆的土地再种棉花,收成都特别好。此外他发明了一种提取大豆油的方法,又发明了使用大豆油做油漆和染料的工艺。

1907年,威廉·莫尔斯加入农业部,与几个志同道合的人一起成立了大豆协会,并任第一任会长。他写了80多篇文章介绍大豆。那时候,美国只有20多个大豆品种。1924—1926年,一个叫帕莱蒙·霍华德·多塞特的人到我国收集大豆品种。他总共收集了1500多种大豆送回美国。1929年,多塞特再次去亚洲,这次他是和莫尔斯一起去的,可惜中途生病,剩下的旅程由莫尔斯独自完成。莫尔斯骑着小毛驴,带着翻译,旅行在我国东北和韩国等地,花了2年时间收集了4500多种野生大豆品种,供美国相关部门研究,极大地丰富了美国的大豆育种资源。在他们的敦促之下,美国农业部愈加重视大豆的育种,也推动了农场主种植大豆。靠着他们的努力和这些珍贵的资料,美国培育出了适合本土的高出油率、高蛋白,抗杂草高产,抗旱抗虫等大豆品种,并向全国推广。特别是20世纪40年代,由于战乱,我国大豆生产几乎崩溃,美国趁此机会迅速扩张大豆的种植,很快领先并称霸世界。1924年,美国大豆全年收成只有500万蒲式耳,到了1940年,已经达到了7800万蒲式耳,第一次超过了中国,并从此再没让出过第一的宝座。

大豆很容易种植,从种植到收获只需要4个月,而且只需要很少的肥料,因为大豆根部有固氮菌,可以把空气中的氮吸收到土壤里,所以通常大豆会和其他作物轮种,以便滋养土壤。美国大豆一般种两季,通常在早春播种,夏中收获,夏末再播种,秋末收获。

美国幅员辽阔,经纬度跨度都很大,各种植物都可以找到适合自己的生长环境,从热带的佛罗里达州,到寒带的缅因州。家乡在我国东北的大豆自然也能找到美国东部和中部这样适合它们生长的气候和土壤,再加上美国是片处女地，以前印第安人并没有过度开垦，很多土地从未种过东西，肥力非常好，种什么长什么。大豆就这样在美国扎了根。现在美国有 31 个州种植大豆，主要种植州在俄亥俄州、密歇根州、印第安纳州、伊利诺伊州、爱荷华州、密苏里州、内布拉斯加州、威斯康星州、明尼苏达州、北达科他州和南达科他州州。产量前三名分别是爱荷华州、伊利诺伊州、明尼苏达州，北卡罗来纳州紧随其后。

美国每年要种 7500 万英亩以上的大豆。大豆种植机械化程度很高，通常是拖拉机拉着播种机播种，联合收割机收割，一星期可以收割几千英亩大豆，脱粒同时完成。大豆经过称重，取样检测湿度，然后由升降机运到谷仓里储藏。也有许多运到港口，直接出口到世界其他国家。如今美国依然是全世界大豆产量第一的国家，全世界生产的大豆，美国就占了 30% 以上，其次为巴西和阿根廷，中国已经被甩到了第四。

早期的美国人并不喜欢大豆，觉得这东西豆腥味太重，也太硬了，怎么都煮不烂，一点儿也不好吃，做菜也不是，当主食也不是。但是大家都知道，它的蛋白质和脂肪含量都很高，油水大，是个好东西。有些菜谱书上甚至出了这样的"主意"：把大豆和马铃薯分开煮，大豆煮熟后，磨碎了，和马铃薯拌在一起，再加些佐料可以当菜吃。因为大豆富含油和蛋白质，就不用另外再加油和别的菜了。可以想象，这得有多难吃啊！人不爱吃就给动物吃吧！相当长一段时间内，美国的大豆是很好的动物饲料蛋白质来源。美国的鸡、火鸡、牛、猪，全靠大豆喂养。甚至连养殖鱼、宠物猫和宠物狗的饲料也是用大豆做的。这些高质量的饲料也促进了畜牧业的增长，与其他依赖牧草的国家相比，美国养殖业因饲料的优势而走在了前面。

美国也开发出了许多大豆化工产品，如蜡笔、肥皂、药品、书里的油墨、化妆品、清洁剂、稳定剂等。现在美国大部分油墨都是大豆油做的。与石油产品相比,它对环境更加友好,释放到空气中的有害化学物质少于石油产品,也更加容易回收,非常环保。美国现在超过8000种报纸都是用大豆油墨印刷的。许多杂志和书等出版物也是用鲜艳的大豆油墨印的。甚至连塑料都是用大豆做的。据说福特汽车老板亨利·福特某天拿着一袋大豆丢在实验室地上,对着一屋子科学家说:"伙计们,你们总得拿这个做点什么。"结果,科学家们研制出了大豆做的全塑汽车。从内到外,连离合器、刹车板、车窗框、喇叭等都是塑料的,强度堪比金属,重量却比金属车轻了上千磅,这在当时是很了不起的成就。这种汽车从来没有大规模生产过,但是现在的车上仍有许多还是用大豆塑料做的零件。大豆塑料还被做成了环保产品,如塑料刀、叉、勺等。福特公司的汽车外部油漆也是用大豆油做的。福特对大豆的贡献不止于此。他们本来还研制成功了大豆蛋白纤维做的仿真丝织品,可惜后来败给了尼龙,从未在市场上推行过。不过他们致力于大豆食品的研发很成功,市面上的豆奶、大豆冰淇淋、大豆攒奶油等都是他们研制成功的。

随着素食主义的兴起,大豆的营养价值逐渐被重视,20世纪80年代初,美国出现大豆食品热。美国的报纸、电视、广播等各种媒体,向民众大力宣传吃大豆有益于健康。特别是吃大豆少得癌症、寿命较长的宣传,在美国产生很大影响。美国掀起了进食大豆食品及研究大豆文化的热潮。有人甚至预言:21世纪是大豆食品的世纪,大豆产业将进入蓬勃发展的新时期。

美国大豆制成的食品也开始变得丰富多彩。大豆蛋白做成的逼真的仿荤素食纷纷出现,比如素食汉堡、素食热狗、素培根、素鸡块、素比萨等。连很多保健品都是大豆做的,如卵磷脂、大豆营养蛋白粉等。就连美国的豆奶都根据美国人的口味做了调整,加了香草、巧克力、咖啡等味道,盖住了豆腥味,让不喜欢大豆味道的美国人也逐渐接受了。

亚洲人常吃的豆腐能在美国超市找到了。美国人还吃烤黄豆这样的小吃，以及冷冻的水煮毛豆。印度尼西亚一种发酵之后的豆制品天贝，被称作是很好的肉替代品，也能在美国找到踪影。大豆还被做成罐头或者冷冻出售。许多类似酱油的调味品也是大豆做的。大豆油饱和脂肪酸少，富含欧米伽3脂肪酸，用于烹调和沙拉，做油酥、麦淇淋、美奶滋等。

到美国的超市可以发现，90%以上的加工食品都含有大豆成分。当然，这其中有不少是转基因大豆做的。国内一直认为美国人不吃大豆，所以才出口转基因大豆给我国。那是他们不了解大豆在加工食品里是怎么分布的。因为美国的转基因大豆中油的含量很高，大多数用于榨油。而美国人吃油又很厉害，所以大豆油成了美国人的主要食用油。除了烹调烘焙之外，大豆油还被做成各种氢化油。那种挤在蛋糕上的奶花，看上去、尝上去都和真正的奶油无异，但是你仔细看标签就会发现，那是用大豆油做的，没有一点牛奶成分。

凡是涉及奶油制品的，仔细看标签，都少不了大豆油的成分。真正的纯牛奶做的奶油制品已经很难找到了，除非去那些有机专卖店或者全天然食品店才容易找到。

大豆可以直接磨成粉，用在意大利面、烘焙食物等的制作中。面粉按蛋白含量，分为高筋、中筋、低筋三种。低筋主要用于做蛋糕，高筋用于做面包，高筋面粉里会掺一些大豆粉以增加蛋白质含量。

榨完油的大豆豆粕大部分是作为饲料了，不过也有0.1%进入了食品链。在植物蛋白中，大豆算是质量最好的了，蛋白质含量高，质量也高，氨基酸比例合理，种类完整，包含所有人体不能合成的必需氨基酸。大豆蛋白是非常好的替代肉类和奶制品的蛋白质。大豆豆粕经盐酸水解，再经过一系列的处理，成为大豆植物组织蛋白（TVP），它可以代替肉存在于许多加工食物中，如热狗、汉堡等，还有香肠和辣豆汤。这是因为大豆蛋白比动物蛋白要便宜得多，也更加健康，比如对心脏健康有积极影响。

市面上能够见到的仿肉制品主要由大豆蛋白和小麦面筋蛋白制成，通常添加香精、香料，以提高感官品质。加入大豆蛋白在肉制品中有很多好处。它具有分散性、溶解性和乳化性等多种功能，能够起到黏合、稳定、乳化、保湿等作用，也能让产品颜色更加洁白好看，保持水分，降低成本，改善纹理，改善口感，提供多汁、肉食的口感，确保完熟制品的凝聚等作用。在各种香肠、碎肉、比萨饼上的肉末、肉的酱汁、汉堡和肉饼，甚至在加工火腿和烤牛肉或熏肉中都能找到这种大豆蛋白质的踪迹。在午餐肉和军事食品产品，各种肉食罐头产品，餐馆炖煮的食物，海鲜和禽类加工产品，各种加工肉饼和卷饼中也有。

据说，美国市面上卖的热狗都是用机器分离肉做的。也就是说，切割整块肉之后，还有一些肉残留在骨头上，有这样一种工艺：把肉和骨头打碎，再把骨头和肉分离开来，把这样分出来的肉再拿去做肉食加工品。

这种肉的质量自然不是那么好，颜色发暗，所以要添加大豆蛋白将其变得白一些，也更容易成形，还要加各种调味料，把这样的热狗肠做得香香的，让人们愿意接受。如果你在超市看到热狗产品，可以翻翻成分标签，一般都能看到soyprotein（大豆蛋白）的字样，而且没有标明是非转基因的，那么多半就是转基因的大豆蛋白了。这种大豆蛋白不但在热狗中，在肉丸子、肉饼里都有，海鲜制品、鱼饼、人造蟹棒等食物中也有。

快餐食品里的肉酱多半用了植物蛋白，再加上调味，口感、颜色和质地颇能以假乱真。美国有规定，快餐肉饼中牛肉的含量不得少于80%。有一年，美式墨西哥连锁店塔可贝尔（Taco Bell）被投诉，原因是墨西哥饼里卷的肉酱真正肉的含量不足。其实在快餐行业里，往肉制品里加大豆蛋白是很普遍的。所以不要以为美国人根本不吃转基因大豆蛋白，其实只要去吃外面的食物，就难免会吃到。因为现在食品工艺如此发达，用大豆蛋白做的肉让人难以辨别。所以也有一些商贩暗地里多加大豆蛋白，以降低成本，毕竟大豆蛋白比肉类等蛋白便宜许多。有一次，冰岛一家店几乎全部用了大豆蛋白做汉堡，被查出来之后，在全世界都有不好的影响。

方便面的调料包里经常能够看到一些小小的颗粒，比如牛肉，猪肉或者鸡肉风味的，那么那些颗粒是干燥的肉粒吗？很遗憾，大都不是。如果是，那成本不是太高了吗？其实那些肉粒也是用大豆蛋白经过膨化调味做成的。

在健康食品中，那些蛋白质能量棒里的蛋白也是转基因大豆蛋白做的。以前笔者并不了解得那么仔细，直到有一次国内举办国外的转基因食品介绍会，笔者应邀在美国购买一些转基因食品给他们检测，连蒙带猜，觉得这些应该是，和专家交换一下意见，也都认为这些是转基因大豆蛋白做的。不过，真正的考验是用聚合酶链式反应技术（Polymerase Chain Reaction，PCR）做了最精确的检测，这种方法可以把10^{-12}浓度的转基因片段检测出来。最后的结果是，这些能量棒果然是转基因大豆蛋白做的。

超市卖的蛋白粉，如果没有特意说是非转基因大豆做的，或是用乳清粉做的，多半是转基因大豆做的。前些年，一则网络新闻闹得沸沸扬扬，说安利公司的纽崔莱蛋白粉是转基因大豆做的，吃了有种种害处，还会像吸鸦片那样上瘾。其实纽崔莱的蛋白粉有转基因的，也有非转基因的，转基因的多半在美国卖，而出口到中国的反而是非转基因的，因为中国民众对转基因比较敏感。就像当初麦当劳进北京，也是签署协议，不用转基因食材，至于本土就不管了。不过在转基因食品已经铺天盖地的情况下，究竟最后执行得如何，能否独善其身也就很令人怀疑了。

另外，在食品加工行业用途很广的卵磷脂也是转基因大豆做的。这是因为卵磷脂解构上一头是亲水基，一头是憎水基，可以把油和水很好地均质在一起。我们平常喝的含牛奶成分的饮料多半会加乳化剂，让饮料不会分层，以免感官不好，影响口感和销量。卵磷脂起到乳化剂和稳定剂的作用。在糕点加工食品里最普遍，可以改善形态，改善口感，也有利于机械化，当面团里含有卵磷脂后，能让面包更加柔和、光滑和松软，也更加香，也便于在传送带上运送。所以，卵磷脂是市面上非常常见的食品添加剂，广泛存在于各种食品中。

冷冻套餐食品中的不少肉菜中都混有这种大豆蛋白，在普通超市卖的未注明的多半是转基因大豆做的，比如冷冻意大利酱面条，里面的肉酱有牛肉，也有部分大豆蛋白。罐头辣豆酱中，看起来像牛肉末的大块大块肉粒也是一部分牛肉，一部分大豆蛋白做的。因为牛肉价格比较贵，用部分大豆蛋白经过调味代替部分牛肉是非常普遍的现象，到超市转一圈就可以轻易发现。

应该特别强调的是，专供素食的人吃的，在普通超市和有机专卖店的素食汉堡、素食热狗、素香肠、素培根、素鸡块、素比萨、素奶酪等都是用非转基因大豆做的。而大多数豆腐和豆浆也是用非转基因大豆做的，如果仔细看标签就可以看到说明。

李开复投资的汉普顿河（Hampton Creek）也是用的非转基因大豆，加上其他各种豆子，制作出味道及营养价值与真鸡蛋相似的人造蛋，可当作真的鸡蛋用作制作面包、蛋糕、沙拉酱。比真鸡蛋便宜19%，保存时间更长，还不含面筋和胆固醇，理论上更加健康，也更加环保，毕竟生产出同等营养价值的鸡蛋要比大豆消耗更多饲料和能源。

由上所述，美国人虽然不吃大豆，但是大豆在人们日常生活中处处可见，美国也把大豆的研究和应用做到了极致，充分彻底地把大豆用于各种加工食品中，这种精神令人钦佩，值得学习。但是美国毕竟人口较少，生产出来的大豆远远超过他们可以消耗的，所以大部分还是出口了。同时，他们也进口一部分蛋白质含量高的非转基因大豆给素食者做仿荤食物。

近年来，美国又兴起环保热潮，生物柴油的应用让大豆的地位更加重要，大量的大豆油被制成节能环保的生物柴油用在汽车上。美国人认为，大豆油是可重复利用的能源，因为可以不停地种大豆，不像石油，用完就没了。而且大豆油作的柴油一旦用掉就烧没了，没有什么残留，对环境友好。大豆长得快，不像某些作物，长很多年才收获。大豆油可以在经过改装的汽车、卡车、公共汽车上用。1蒲式耳的大豆可以做1.5加仑生物柴油。现在许多农场主自己就用生物柴油的拖拉机，甚至一些私人游艇也用生物柴油。尤其公园和学校的汽车用得最多。

5.7.2　美国成就大豆霸权的背后

美国之所以成为大豆大国，关键是占据了育种优势。一个国家如果对某种农作物占尽优势，首先一定是拥有了最好的种子。美国对种子的重视是其他国家无法相比的，美国农学院的育种专业每年都从农业部等机构获得大量经费。美国的种子库也特别齐全，在一些发展中国家还没有意识到保护种子资源的时候，美国便趁机掠夺过来，占为己有。但是美国并不是把这些品种锁在仓库了，而是不断用先进的育种技术完善这一品种，并将之培养成可以大规模种植的品种。特别是转基因技术兴起的时候，美国抢先做了转基因大豆的专利注册。

在大豆种植当中，杂草是一个很大的负担，如何除去杂草是许多农民面临的问题。过去是手工拔草，一行行，一陇陇，日复一日，年复一年，

第5章 粮食"战争"

时间和劳动都花在除草上了。此外，大豆的病虫害也是个大问题，蠕虫、甲壳虫、蝗虫等都祸害着大豆。除草剂的发明节省了劳力，省去了除草的麻烦，但是用除草剂的后果是连大豆也除掉了。孟山都发明了草甘膦，这是一种广谱除草剂，优点是喷洒之后的一段时间后会自行分解，残留量低。它除草的机理是能有效地与植物叶绿体中的一种关键酶"EPSPS"结合，从而阻止 EPSPS 参与重要的有机磷合成，最终使植物营养不良，导致植物死亡。孟山都的科研人员还发现，借助绿脓杆菌把抗除草剂的 CP4-EPSPS 基因转到大豆植株里之后，大豆里可以把草甘膦分解掉，这样就不会在喷洒除草剂的时候杀死大豆。后来又有了抗虫转基因大豆，甚至有同时抗虫又抗除草剂的转基因大豆。这些都大大提高了种植效率，减少了农民的劳动，让农民一人种几千亩地的梦想变成了现实，也极大地降低了种植成本。再加上政府补贴，美国的大豆以低廉的价格横扫世界，严重冲击了我国的大豆市场。

有个故事在我国的财经圈广泛流传：孟山都在 2000 年的时候到我国访问，我们送他一颗野生的大豆种子，他们也回赠了一颗大豆，就是出油量比我们高的转基因大豆。孟山都千辛万苦地拿到这一颗大豆之后，回去立刻用他们最尖端的技术分析大豆的基因，结果从这颗大豆里面找到了高产量和抗病的基因，于是立刻用这个技术进行转基因，培育出了产量特高、出油量更高而且还抗疾病的新品种，这令我国大豆不堪一击。孟山都向全球包括我国在内的 101 个国家申请了 64 项专利，我国今后用转基因大豆都要向他付专利费。这个故事著名经济学家郎咸平尤其津津乐道，在各种场合重复着。然而，这是一个虚构的故事。前面讲过，根据美国大豆协会的资料，早在 20 世纪初期，美国人就已经从我国获得了 1000 多个野生大豆品种的资料，根本不必等到 21 世纪。再者，这种说法缺乏基本的育种常识。种子进出口手续很麻烦，需要很多手续和审批，绝对不可能随便赠送。育种也不是一颗大豆可以解决问题的，要获得良好的种质资源，需要很多样本才能进行，通过对众多品种的筛选，获得需要的性状，一颗大豆，或者100颗同一品种的大豆都是没用的。大豆失守，恰恰是因为中国人没有在育种方面抢在前面而失去了机会。此外，大豆是有种脐的，就是大豆与豆荚接触的地方会有不同的颜色。种脐不同，品种颜色不同。我国大部分是白色的。美国的转基因大豆是用黑脐大豆作为母本做的，所以转基因大豆一定是黑脐的，但是反过来则不成立，黑脐大豆未必是转基因的，在我国也有不少有机农场种黑脐的非转基因有机大豆。

  大豆是高度自交的作物，遗传基础狭窄，故我国大豆育种一直难以取得突破性进展，单产停滞不前。直到最近中国农业科学院作物科学研究所在国际上率先构建和分析了一年生野生大豆的泛基因组，为大豆育种提供了新的方法和基础。非常期待这次科研的突破可以改变我国大豆现状，培育出有竞争力的好种子。

  美国除了有好种子外，还采取了大规模工业化种植模式。美国的大豆，都是连片种植，一块地至少几千亩，其规模效应、成本优势显而易见。美国采用工艺技术先进的机械化设备和完善的铁路、码头、仓储等物流基础设施，使生产效率大大提高，抗风险能力强。美国大豆出油率较高、品质均匀，亩产能达到180多公斤，比起我国的好年头也不过百八十公斤的产量实在是高出了很多。投入还比我国少，两者的效益根本就没法比！我国大豆加工企业对国际期货市场的游戏规则把握也不够，往往被国际期货炒家牵着鼻子走。在芝加哥期货交易所中，就像一头牛，被别人的"一块红布"牵着跑。

  我国大豆主产地东北是世界上最适宜种大豆的黄金地带，但我国大豆正在面临着从未有过的危机："洋大豆"大举进入，已基本控制了我国大豆加工业，导致我国在1996年以后成了大豆进口国。我国大豆是一家一户的小生产，作业效率低，成本高，优、劣品种混杂，在出油率和产量等方面都无法与美国大豆竞争，也没形成储存、贸易、加工、进出口一体化，在市场竞争中必然处于劣势。加之美国政府对大豆的补贴非常高，相较我国政府，不但补贴太少，征税却很高，让农民失去了种植的积极性，产量自然不够。不能自给自足的时候必然要依赖进口。进口大豆也通过政府的高额补贴获得了国产大豆无法比拟的低价优势，而我国直到2006年才取消了农业税，实行粮食直补、良种补贴等惠农政策。

我国2019年大豆进口总量8551.1万吨，同比增加0.5%，为历史第二高峰。2017年曾是大豆进口的顶峰之年，共进口大豆9552.6万吨。2018年虽因中美贸易摩擦少了些，但也进口了8803万吨。而国产大豆的产量这些年来一直在1800万吨上下徘徊。东北作为我国大豆的主要生产基地，但种植环节尚处于传统的一家一户方式，这和进口转基因大豆现代化农场的生产方式比起来，高下立现。而阿彻丹尼尔斯米德兰（Archer Daniels Midland，AMD）、邦吉、嘉吉、路易达夫以及益海嘉里等几家跨国粮商在全世界的大豆贸易中占有绝大多数份额，它们建立了种植农场、贸易公司、港口、船队、加工厂甚至期货公司等覆盖全产业链的商业体系，保证了自己的利润来源。跨国企业、大型企业的战略都是通过影响价格来实现高额的利润，这是所有跨国企业基本的经营战略。

大豆产业失守敲响了国家粮食安全的警钟。殷鉴不远，如果不采取必要保护措施，我国主粮稻米很有可能重复大豆的故事。

（本章部分内容得到美国著名育种专家段明宪先生的大量帮助，特此致谢）

第 6 章

中国的粮食安全

6.1 我国的口粮安全绝对有保障

我国历来高度重视粮食和农业生产，改革开放以来，特别是党的十八大以来，我国通过政策支持、科技驱动、深化改革等多种举措，稳步提升农业综合生产能力。

对于粮食安全，我国一直秉承着自己解决自己的问题的原则。多年来，我国粮食自我保障水平很高，不仅产量高，而且库存足。粮食安全是一个国家的稳定器和压舱石。我国的粮食安全也是世界粮食安全的稳定器和压舱石。中国粮食安全稳定，则世界的粮食安全就稳定。

2019年10月14日，中国国务院新闻办公室发布《中国的粮食安全》白皮书。这是一份关于我国粮食安全的世界宣言，它正面回应了世界对我国粮食安全的担忧，传递了积极信号：一方面，中国自身的粮食安全状况很好，生产力很强，可以依靠自己的力量实现粮食安全，解决粮食安全问题，不会对世界造成威胁；另一方面，中国在扩大对外开放的大格局下构建自身的粮食安全体系，不搞粮食保护主义。随着国内民众生活质量不断提升和消费需我不断增长，我国增加自身粮食产量和扩大粮食进口并行不悖。

根据《中国的粮食安全》白皮书，我国已实现谷物基本自给，谷物自给率超过95%，我国口粮即水稻和小麦的产量均大于消费量，进口量仅占国内消费量的2%左右，完全能够自给。进出口主要是品种调剂，口粮供应并不依赖国际市场，饭碗仍然牢牢端在自己的手上，我国的口粮安全绝对有保障。

农业农村部提供的数据显示，2020年我国粮食产量达1.34万亿斤

（1斤=500克），人均消费口粮原粮约150公斤。折合成品粮计算，100公斤的口粮，就能满足一个中国人一年的消耗需求。农业农村部种植业管理司司长潘文博指出，我国目前的粮食人均占有量是472公斤，高于人均400公斤的国际粮食安全标准线。

2019年，全国政策性粮食库存大清查进一步摸清了粮食"家底"。从仓储技术看，我国粮食仓储能力总体达到世界较先进水平。从储备品种结构看，以口粮为主，小麦、水稻等口粮比例占七成左右，36个大中城市和市场易波动地区还建立了一定数量的大米、面粉等成品粮储备，可满足当地10~15天市场供应，储备区域布局更合理，质量更可靠。

据统计，2019年我国水稻、小麦、玉米三大主粮的期末总库存约为2.8亿吨，其中水稻、小麦两大口粮的期末库存量均超历史最高水平。国家粮食和物资储备局相关负责人表示，我国水稻、小麦库存均能够满足全国一年以上需求。这意味着，即使国外断供，外粮一粒不进，14亿中国人照样有饭吃。

据国家粮食和物资储备局的消息，目前我国的粮食库存构成主要分三大类：政府储备、政策性库存、企业商品库存。此外还有一部分农户存粮，通常不统计在库存范围内。政府储备包括中央储备粮和地方储备粮，这是守底线、稳预期、保安全的"压舱石"。目前，我国水稻、小麦库存充足，能够满足国内一年以上的消费量，库存消费比远远高于联合国粮农组织认定的17%~18%国际粮食安全线。国内水稻、小麦等主要口粮受国际市场影响风险很小，基本上"米面无忧"。

近年来，我国每年进口粮食1亿多吨，主要以大豆、粗粮等为主，大米、小麦进口通常为200万吨、400万吨，占国内消费总量分别为1%、2%，主要起品种调剂作用。

为保障大豆供应安全，近年来我国不断拓展大豆进口来源地，而且，大豆并非一些粮食出口国家此次限制出口的主要粮食品种，因此对我国大豆进口影响不大。

为保障主粮供应安全，马铃薯主粮化战略被正式提上日程。在500年前传入我国时，由于马铃薯非常适合在原来粮食产量极低的高寒地区生长的优良特性，一度成为当时贫苦阶层的主要口粮，对我国人口的迅速增加起到了不容忽视的推动作用。进入21世纪后，马铃薯的重要性被再次发掘，2015年我国确定马铃薯为水稻、小麦、玉米之后的第四大主粮作物。

相比米面等传统主粮，马铃薯有其独特优势。马铃薯相对于其他作物，是冷凉作物，不喜欢炎热，比较耐寒，抗霜冻，耐干旱，生长需水量只有350毫米，而小麦、水稻需水量分别是450毫米和500毫米。马铃薯一般不会绝收，四季可种，可以尽快出苗，2~3个月就可收获一茬，4个月也可收获。种植区域广，我国大部分地区是温带，一些主产区如东北几乎进入寒温带了，西北荒漠化和西南石漠化地区，主要限制条件是水分，次要限制条件是霜冻。比如在乌兰察布地区这样的寒旱条件下，不适合种稻米，却生产了中国一半的马铃薯。

马铃薯是无性繁殖，意味着一个新的植株可以从小马铃薯或一块马铃薯产生，被称为"种子"。新的植株可以生成新的块茎，以无性的方式遗传母系种子。马铃薯植株也会开花结果。果子是包含100~400粒植物种子的浆果。这些种子也可以种植，产生新的块茎，这和从母系植物直接遗传的基因不同。1公顷的马铃薯可以生产2~4倍粮食作物的食物数量。马铃薯的用水效率是谷物的7倍还要多，其每个单位的水比任何其他主要的农作物都能更有效地产生更多的食物。马铃薯从海平面到海拔4700米，从智利到格陵兰岛的南部，都可以生长，在全球超过100个国家都有种植。自20世纪60年代早期，马铃薯在发展中国家生产领域增长迅速超越所有其他粮食作物。目前，全球超过一半的马铃薯来自发展中国家。

数据显示，2019年我国薯类种植面积位居全球第一，占32.07%。在全球5.01亿吨的薯类产量中，中国占比34.18%。目前，我国是全球最大的薯类种植生产国。

我国凭借仅占全球9%的耕地面积成功地养育了全球20%多的人口，但是随着耕地面积的减少或恶化、水资源短缺、灾害频发等问题的逼近，再加上气候变化与人口增长、消费习惯改变、饲料需求及食品加工需求上涨等问题叠加所带来的挑战，我们要以谨慎和发展的眼光看待粮食安全问题。

6.2 我国粮食安全经得起突发事件的冲击

完善的粮食储备调控体系和应急管理机制，是我国能够成功应对各种自然灾害和突发公共卫生事件的"定海神针"。

我国古人的智慧是无穷的，他们很早就意识到了粮食安全问题是大事，需要国家政府出面干预，还给我们做好了示范。汉宣帝五凤四年（公元前54年），大司农中丞耿寿昌提出建设"常平仓"制度。这一制度使得国家粮食战略储备与市场粮价的平抑同步进行，同时避免了"谷贱伤农"和"谷贵伤民"。还在这个过程中建立了相当数量的国家"专储粮"，把粮食安全的生产、供给、消费三个问题一口气解决了。

然而常平仓制度并非耿寿昌的独创。春秋时期，齐国的管仲所著《管子》中就有这样的论述："不生粟之国亡，粟生而死者霸，粟生而不死者王。"意思是治国首先得发展粮食生产，不生产粮食的国家注定是要灭亡的，生产的粮食刚够吃的国家只能称霸，只有生产粮食还能够吃不尽的国家才能成就其王业，笑到最后。要实现"吃不尽"，那当然就得靠储粮了。

汉初著名政论家贾谊也作出"夫积贮者，天下之大命也"的论断，储粮是重中之重。楚国的范蠡和魏国的李悝两位改革家，分别提出了"平粜"和"平籴"的理论，常平仓与其理念可谓一脉相承。汉宣帝时期因为粮食太多带来的烦恼，催生了这个制度，并影响了此后整个中国古代史。

我国现行的粮食战略储备制度参考了古人的智慧。中华人民共和国成立后，我们先后于20世纪50年代、60年代建立以备战备荒为目的的"甲字粮""506粮"。到1990年，国家建立专项粮食储备制度。运营10年后，中国储备粮管理总公司（2017年更名为中国储备粮管理集团有限公司）受命组建，也就是我们熟知的"中储粮"，对中央储备粮实行垂直管理。当时，国务院对中储粮公司提出了"两个确保"的要求：一是确保中央储备粮数量真实、质量良好；二是确保国家急需时调得动、用得上。虽然在此后存在一些争议，但建立国家专项粮食储备制度的重要作用有目共睹。

近20年来，我国建立并不断完善中央和地方粮食储备体系和协调机制，从目前来看，我国粮油库存处于历史高位，无论是中央储备粮还是地方储备粮都非常充裕。我国还针对各种突发公共事件、自然灾害等引起的粮食市场异常波动，建立起了相应的粮食应急保障机制。大中城市普遍建立了米、面、油等成品储备，可以满足当地10~15天供应。同时，我国粮油市场体系和配送、供应网络健全，供给能力和时效都有可靠保障，能够迅速将米、面、油投放到终端消费市场。粮产量和粮储量的"双保险"，让今天的中国人即使面临一场世界性的"粮食战争"，也完全不必担心自己的口粮问题，更无须恐慌性抢购囤货。

通过不断加强和完善粮食储备制度和应急体系建设，我国不仅经受住了汶川地震、冰雪灾害等多发重发自然灾害的严峻考验，还成功应对了2008年全球粮食危机，而且在这次应对新冠肺炎疫情严峻挑战的关键时期，有力地保障了各地特别是重点疫区的粮食有效供给，为稳定市场、安定人心发挥了"压舱石"作用。

2020年以来，新冠肺炎疫情蔓延全球，引发各国恐慌性囤积食品。许多国家为了应对疫情冲击，采取多种措施保障国内粮食供应充足，如有的国家启动国家库存计划，拟增加粮食储备；有的粮食出口国限制粮食出口；有的粮食进口国将扩大进口规模。如果后期世界疫情仍然得不到有效控制，疫情引发全球粮食危机将不再是小概率事件。

目前，我国疫情防控形势持续向好，生产生活秩序加快恢复。2020年年初，我国就已制定了稳住粮食种植面积、稳定粮食产量的政策目标，并制定了一系列支持政策措施，包括强化粮食安全的省长责任制考核，进一步增强地方政府保障粮食安全的责任意识和大局意识；加大对产粮大县的奖励和支持力度，夯实地方重农抓粮的积极性和责任心；进一步完善农业支持政策体系，保障农民种粮基本收益，保护好农民种粮务农积极性等。

2020年，全国夏粮生产不仅再获丰收，而且产量创历史新高。夏粮增收增产没有出现很大波动，也没有出现"卖粮难"和"收购难"的问题。与往年相比，2020年夏粮价格形势整体稳定，呈现出"优质优价"的特点。在疫情的影响下，如此平稳的市场表现来之不易。

虽然夏粮在粮食总产量中只占到20%，但夏粮中的主体农作物小麦是我国民众最重要的口粮之一。小麦占我国民众口粮结构的50%，对我国粮食安全的重要性不言而喻。

这次新冠肺炎疫情对全球粮食生产和需求造成全面冲击，如果后期世界疫情仍然得不到有效控制，同时缺乏有效的国际粮食安全宏观协调机制，加之部分国家蝗灾影响粮食生产，有可能会恶化全球粮食市场预期，威胁到我国以及发展中国家的粮食安全。至于此次俄乌战争给我国乃至世界可能带来的粮食危机，我们也在第4章和第5章都进行了分析。

我们要在联合国、二十国集团等多边机构框架和机制下，强化消除饥饿、保障粮食安全的全球共同责任与使命，推动各国启动全球粮食安全和农业贸易协调、合作与行动，确保全球农业与粮食供应链有效运转和持续推进，不断完善和强化全球粮食安全治理，共同维护全球农业贸易和市场秩序。

6.3 我国的粮食安全应对策略

6.3.1 始终高度认识粮食安全的重要意义

"洪范八政，食为政首。"自我党成立以来，解决全国人民吃饭问题始终摆在重要的位置。在这个历史的过程中，我们取得了历史性的成绩。

在新的历史时期，国内粮食供求形势发生了深刻变化。一方面供给有余的情况出现，国家粮食供给安全提升到了新水平；另一方面，国内粮食生产基础脆弱的状况并没有得到根本性的改变，如何在开放条件下保护国内粮食生产者生产积极性的问题变得更加尖锐和突出，实现国家粮食安全面临着新的挑战。

从中华人民共和国成立初期到改革开放之前，我国的粮食生产主要是解决人民的温饱问题。作为餐桌上的主食粮食是主要生产目标。改革开放以后，粮食供应逐渐稳定，同时副食发展迅速。肉蛋奶的供应离不开饲料，饲料粮逐渐超过主食粮食，成为粮食供应最大的缺口。

进入 21 世纪以后，我国经济进入新常态，经济增长速度放缓，国内粮食消费表现出了新特征。大约是从 2012 年秋季开始，国内粮食供求形势又一次发生了转变，三大谷物市场供求均出现供大于求的局面。当粮食供求状况因市场范围扩大发生重大改变之后，粮食储备调节的工作内容和方式正在适应粮食形势的变化作出相应的调整，以使得国内粮食供求处于可持续的平衡状态。几年来粮食供给侧结构性改革取得了积极的进展，供求矛盾突出的玉米去库存进度超出预期，粮食政策由主要促进粮食增产转变为让市场在粮食资源配置方面发挥更加积极的作用。

粮食安全是维护国家安全的重要基石。我国是拥有14亿多人口的大国，如果粮食方面出了问题，一切都无从谈起。只有确保粮食基本自给、口粮绝对安全，把饭碗牢牢端在自己手中，才能保持社会大局稳定。

粮食安全是增进民生福祉的重要保障。粮食充足，则市场稳定、人心安定。高水平、可持续的粮食安全保障体系，不仅可以为食者造福，让城乡居民吃得安全、吃得健康；也可以为耕者谋利，增加种粮农民收入；还可以为业者护航，促进粮食产业创新发展、转型升级、提质增效，不断增强人民群众的获得感、幸福感、安全感。

粮食安全是应对风险挑战的重要支撑。粮安天下。受疫情、干旱和草地贪夜蛾、沙漠蝗虫等病虫害影响，近年来国际粮食市场大幅波动。充足的储备和库存、强大的应急加工能力，确保了我国粮食市场供应量足价稳，为应对各种风险挑战赢得了主动。

习近平总书记强调，越是面对风险挑战，越要稳住农业，越要确保粮食和重要副食品安全。实践充分证明，党中央关于实施国家粮食安全战略的决策部署是完全正确的，保障国家粮食安全这根弦任何时候都不能放松。

6.3.2 坚决贯彻好粮食安全战略

中华人民共和国成立以来，党和政府始终将保障粮食安全放在重要战略地位。1996年，国务院发布《中国的粮食问题》白皮书，明确表示中国能够依靠自己的力量实现粮食基本自给，提出了立足国内资源、实现粮食基本自给的方针。

2000年10月,党的十五届五中全会召开,在全会通过的《关于制定"十五"计划的建议》中明确提出,"建立符合我国国情和社会主义市场经济要求的粮食安全体系,确保粮食供求基本平衡"。

2013年12月中央经济工作会议和2014年中央一号文件均提出,"实施以我为主、立足国内、确保产能、适度进口、科技支撑的国家粮食安全战略",要求"确保谷物基本自给、口粮绝对安全""更加积极地利用国际农产品市场和农业资源,有效调剂和补充国内粮食供给",强调粮食安全建立在谷物基本自给和适度进口的基础上。此后,每年的中央一号文件都对国家粮食安全战略做出重要部署。

2021年3月,《中华人民共和国国民经济和社会发展第十四个五年规划和2035年远景目标纲要》(以下简称《纲要》)强调"强化国家经济安全保障",其中包括实施粮食安全战略、实施能源资源安全战略、实施金融安全战略。把粮食安全视为国家安全的重要组成部分,粮食安全的重要性进一步凸显。

在粮食安全领域进一步补短板、强优势,必须加强以下政策举措。

1. 坚持最严格的耕地保护制度

保障粮食安全,必须坚持以我为主,立足国内,确保中国人的饭碗牢牢端在自己手上,碗里主要装中国粮,这是由基本国情决定的。我国是人口大国,依靠国际市场解决吃饭问题,既不现实也不可能。一个国家只有实现粮食基本自给,才能掌握粮食安全主动权,进而才能掌控经济社会发展大局。因此,必须坚持最严格的耕地保护制度。

强化耕地数量保护和质量提升,严守18亿亩耕地红线,坚持遏制耕地的"非农化""非粮化",规范耕地占补平衡,严禁占优补劣、占水田补旱地。

在考虑粮食安全的时候,往往过于关注库存量。实际上,粮食安全是一个系统工程，短期看是库存安全，长期看则是产能安全。

耕地保有量是中国粮食安全的"基本盘"。18亿亩耕地红线，是中国确保耕地保有量的约束性指标，它被看作保障中国粮食安全的"安全线"。2017年，国务院印发《全国国土规划纲要（2016—2030年）》，明确要求到2020年、2030年我国耕地保有量要保持在18.65亿亩、18.25亿亩以上。18亿亩耕地红线意味着可以保障中国人的口粮安全。

我国的耕地保护依然面临多方面压力。一是城市化快速扩张和土地利用的粗放浪费造成耕地面积的持续减少。我国的基本国情，就是人地关系的极不和谐，当前我国又处于城镇化、工业化快速发展时期，一方面要保证粮食安全；另一方面又要保障城市建设用地，两者间极难平衡。耕地减少的同时，耕地撂荒的势头也在加剧，存在"季节性抛荒"、"非粮化抛荒"和"荒绝对我荒"。在我国南方山区和丘陵地带，由于人均耕地面积太少，难以维系农民的基本生存，大面积全年撂荒的耕地随处可见。二是我国当前耕地过度利用、土壤污染，导致耕地质量的下降，这已经成为威胁粮食安全的另一个隐忧。从土壤质量看，不少地方耕地退化、污染严重，一些地方占好地、补坏地，占水地、补旱地。我国农业的面源污染、耕地酸化和板结化等问题十分突出。

2. 建设国家粮食安全产业带

2020年中央经济工作会议首次提出建设国家粮食安全产业带。这对进一步增强我国粮食资源配置效率，促进粮食产业提质增效，全面提升粮食安全保障能力，有着深远意义。

在我国人多地少的国情粮情下，通过集聚资源要素发展粮食生产，是保障粮食安全的有效举措。国家粮食安全产业带是在粮食主产区、核心区、粮食生产功能区的基础上提出的一个新概念。它是以推动粮食产业高质量发展为主题，以加强粮食生产功能区和重要农产品生产保护区粮食综合生产能力建设为重点，以提升竞争力、可持续力为导向，促进粮食产业转型升级、优势互补、集聚高效，粮食产业链、价值链和供应链区域协同、融合发展为关键，以提高粮食综合保障能力、牢牢把住国家粮食安全主动权为目标的粮食产业带。

建设国家粮食安全产业带，需要践行创新、协调、绿色、开放、共享的新发展理念，推动粮食产业高质量发展。需要以粮食生产功能区和重要农产品生产保护区为重点，实施高标准农田建设工程，建成 10.75 亿亩集中连片高标准农田。需要实施黑土地保护工程，加强东北黑土地保护和地力恢复。

3. 加强种业技术攻关，确保种源安全

种子是粮食的根本。种子是农业的"芯片"。种子在当代的地位，比千百年来任何时候都要更高。当今农业市场的明星产品是基因工程改造的"超级种子"或者杂交种子，这类种子有优良的性状，但其却无法遗传给子代，需要不停地制种，来达到每年都稳定的产量和质量。传统育种技术已经到了极限，也有许多解决不了的障碍。只有通过基因工程来解决。在基因重组技术刚开始的年代，我国的生物科技技术跟世界是在同一起跑线上的，前面几年，我国也是名列世界前茅的。只是由于多方面原因，我国的基因育种技术近年来发展缓慢，尤其是在应用方面，几乎停滞不前。

就目前来说，我国的粮食问题并没有因为进口了一些粮食和种子而被人卡脖子。在水稻、小麦、玉米等主粮的种子上，我国是做到了完全自主研发。尤其是水稻种子，我国还是出口大国。而占据饲料粮重要地位的大豆育种，却被美国赶超了。我国有丰富的大豆种类资源，但是在基因育种方面没有及时赶上，以至于昔日的大豆大国，如今要大批进口。尤其是在本国不能商业化新的基因育种出来的新品种，只能去租用别的国家的土地来种植最新品种。

从 2011 年开始，我国的蔬菜产量就超越了粮食，成为第一大农产品，除了满足国内居民的胃口，还出口海外赚了巨额顺差。但是高端蔬菜种子的市场现在还掌握在外国厂商手中。我国在蔬菜水果等方面的育种还离世界先进水平有一定距离。

近年来，我国启动国家种子基地建设，构建了以海南、四川、甘肃为主的三大国家级制种基地，52 个杂交玉米和水稻制种大县，以及 100 个国家区域性良种繁育基地为重点的良种繁育"国家队"。通过实施现代种业提升工程，切实强化了我国种子基地的基础设施水平。2018—2020 年，累计安排中央预算内资金 9.39 亿元，支持农作物种质资源保护、育种创新、测试评价和良种繁育等方面能力提升。

种质资源保护和利用，是育种自主创新前端的关键。我国地域辽阔，气候和自然环境差异大，造就了极其丰富的物种，为我国种业全链自主创新带来了极其有利的条件。要建设好国家农作物、畜禽和海洋渔业三大种质资源库，这是我们搞好种业创新的物质基础。同时，要抓好国家现代种业基地建设，目前我们已经形成了海南、甘肃、四川三大国家级基地。下一步，要继续提升基地建设水平，高质量打造国家"南繁硅谷"等种业基地，为农作物育种提供基础保障。

我国政府历来重视种子问题，近年来就更加突出了。2022 年 4 月 10 日，正在海南考察的习近平总书记，第一站就来到三亚市崖州湾种子实验室，了解海南支持种业创新等情况，再次指明种子之于中国饭碗、之于粮食安全的重要战略意义。他一直说："种子是我国粮食安全的关键。只有用自己的手攥紧中国种子，才能端稳中国饭碗，才能实现粮食安全。"种业是农业整个产业链的源头，是建设现代农业的标志性、先导性工程。2021 年 7 月召开的中央全面深化改革委员会第二十次会议，审议通过了《种业振兴行动方案》，为推动我国由种业大国向种业强国迈进提供了路线图、任务书。

近一段时间，习近平总书记频频在重要场合提及"种子"。

——2020年12月，在中央经济工作会议，提出解决好种子和耕地问题。同年中央农村工作会议上，总书记强调早日实现重要农产品的种源自主可控；

——2021年5月，在河南考察时指出，从培育好种子做起，加强良种技术攻关，靠中国种子来保障中国粮食安全；

——2021年7月，在主持召开中央深改委第二十次会议时强调，"把种源安全提升到关系国家安全的战略高度，集中力量破难题、补短板、强优势、控风险"；

——2021年10月，在黄河三角洲农业高新技术产业示范区考察调研时强调，转变育种观念，由治理盐碱地适应作物向选育耐盐碱植物适应盐碱地转变；

——2022年全国两会期间，习近平总书记指出，"推进种业领域国家重大创新平台建设""加强种质资源收集、保护和开发利用，加快生物育种产业化步伐"。

在有限耕地上多产粮、产好粮，种子是关键。农业现代化，种子是基础。其他设备再好，没有良种也难以实现农业现代化。这些年我国粮食单产有较大幅度提升，50%以上归功于品种改良。盘点我国种子家底可以发现，我国农作物自主选育的品种种植面积占到95%以上，做到了"中国粮主要用中国种"。放眼当前和未来，我国粮食供求紧平衡的格局没有变，今后一个时期粮食需求还会持续增加，供求紧平衡将越来越紧，加上国际形势复杂严峻，确保粮食安全的弦要始终绷得很紧很紧。生物育种自主产业化为粮食安全提供了最重要的保障，具有十分重要的战略意义。

4.加大资金投入，强化科技支撑，提高农业科技水平

随着经济发展和国家财力增强，财政支农总体规模不断扩大，到2018年达到1万亿元以上，为粮食和农业发展提供了强有力的物质保障。目前，我国已成为世界第一农机制造大国和使用大国，拖拉机和收获机械产量遥遥领先。

除了种子科技，在农业相关的其他方面，科技也起着重要作用。我国农业科技进步贡献率超过60%，各类农机具超过2400万台套，主要农作物耕种收机械化率超过70%。农业科技装备水平的提高，为提高粮食产量夯实了基础。

要转变农业发展方式。从拼资源、拼投入的粗放式发展转向拼科技、拼品牌、拼技术的集约化发展，推进农业现代化，实现粮食生产可持续发展。

要通过科技创新提高土地利用率，推进农业机械化等技术创新，加强大中型、智能化、复合型农业机械研发应用，提高农作物耕种收综合机械化率。要大力发展节水灌溉、科学防治病虫害等技术，推进大中型灌区节水改造和精细化管理，建设节水灌溉骨干工程，同步推进水价综合改革。

自2017年实施优质粮食工程以来，中央财政累计投入资金近200亿元，带动地方和社会资本投入550多亿元，以粮食产后服务体系、粮食质量安全检验监测体系建设、"中国好粮油"行动计划为抓手，在产后减损促增收、源头把控保安全、品质引领好粮油方面取得了显著成效，树立起从增产向提质转变的鲜明导向。

6.3.3 "走出去"布局全球粮食供应产业链体系

2001年我国开始实施"走出去"的政策，这一年我国还加入了世界贸易组织。此后，我国为了提升自己积极参与国际社会的形象，鼓励农业贸易和海外直接投资。通过开展海外农业活动构建"南南合作"，以此来克服发展中国家长期以来面临的粮食短缺、市场波动的不公平的局面。

为了解决耕地不足的问题，我国开始"走出去"。我国开展对外农业援助和交流项目已经有40多年了，主要是为了增强"软实力"，取得全球的认可。我国在整个亚洲、中亚、拉丁美洲、加勒比海地区的农业项目投资占地面积总计达数百万公顷，如印度尼西亚用于生物质燃料出口的油棕种植项目、巴西面向本地及出口市场的食用油加工生产生物柴油和大豆卵磷脂项目、菲律宾面向本地及出口市场的水稻玉米种植项目以及老挝的甘蔗和木薯承包种植计划。俄罗斯的水稻、小麦、大麦、大豆和玉米种植项目，以及巴西的两个大豆、水稻种植项目，其产品用于加工动物饲料、生物质燃料和食用油等。

随着中美第一阶段经贸协议落实，自美国进口大豆有望继续增加。不仅仅是大豆，我国在棉花、植物油、糖和肉类等农产品方面，每年都有大额的进口需求。事实上，我国已经成为全球最大的粮食进口国，年进口额高达1800亿美元。我国想要维持农产品供需总体平衡，经测算需要38.5亿亩的种植面积，而国内只有25亿亩的种植面积，这意味着13.5亿亩种植面积缺口，是通过进口来解决的。

跨国粮食公司事实上控制了全球的粮食贸易与流通体系，这套体系影响着全球粮食的稳定供给。以大豆为例，我国主要的进口国是巴西、美国、阿根廷，而以ADM、邦基、嘉吉和路易·达孚为首的国际粮商，控制着南美和美国70%以上的大豆货源。近10年来，随着中国消费结构的升级，肉、蛋、奶消费增长空间巨大，国际粮商关注于投资产业链上游的饲料供给端，部分外资则在国内的养殖行业介入较深。跨国粮商在国内的投资行为，只是遵循了商业逻辑，不应将商业逻辑政治化。相反，中国的粮食企业应该多学习国际粮商如何布局全球粮食的供应产业链体系。日本的粮食安全保障策略就值得我国借鉴。在20世纪70年代初，日本就通过"海外屯田"为主的投资方式，尝试利用海外资源确保本国粮食的稳定供给。应鼓励中国粮食企业走出去，深度参与农业资源丰富国家的农业产业体系，布局仓储、物流等供应链，同时培养一些"铁杆"贸易伙伴，摆脱对传统农业出口大国的依赖，抵御可能出现的贸易风险。

要统筹利用"两个市场、两种资源"，积极参与全球粮食安全治理。在立足国内保吃饭的前提下，适当进出口，有利于调剂部分国内粮油产品余缺，有利于深化国际粮食合作。要积极支持有条件的企业"走出去"，在有需要的国家和地区开展农业投资，推广粮食生产、加工、仓储、物流等技术和经验。积极参与全球粮食安全治理，力所能及地提供紧急粮食援助，坚定维护多边贸易体系，落实联合国2030年可持续发展议程，更好地维护世界粮食安全，展示负责任大国的形象。

6.3.4　引导更多国民养成健康的饮食习惯

以可持续方式在食品生产端减少损失、消费端减少浪费，是全球粮食系统停留在安全运作空间内的必要条件。要依照可持续发展目标把全球食物损失与浪费总量降低一半，既需要在食品供应链上采用技术性解决方案，也离不开公共政策的实施。应改进的方面包括采收后所需的基础设施、食品运输、加工与包装工艺、供应链各环节的协作、生产商培训与装备、消费者教育等。粮食的生产方式、消费的食品种类、损失或浪费的数量对人类乃至地球的健康都有重大塑造作用。

健康饮食，保证粮食安全，还要对某些观念不要有不切合实际的幻想。比如低质加工食品，反对食品添加剂等。我们的原始谷物只能提供最基本的食物，通过加工可以增加作物的营养，增加食用品类，让市场产品丰富多彩，势必需要用一些添加剂。一味地反对，反而会造成更大的粮食浪费。追求添加剂的"零风险""零容忍"，也会造成大量的食物浪费，从而增加粮食安全保障难度。现在，主粮供应是能保障的，而高品质的食物（肉蛋奶）需要大量进口饲料用粮——随着更多人脱贫致富、中产阶级群体持续扩大，这个需求还会进一步增加。

养成健康饮食习惯，要大力搞好宣传教育引导。健康卫生和饮食部门要加强中华饮食文化宣传，把养成健康的饮食习惯与健康中国建设紧密联系起来，引导人们正确的饮食养生。食品部门、农贸市场等，要以国民健康为第一要务，端正经营态度，不标新立异，不经营不健康的食品，不倡导不健康的饮食方法。最重要的还是广大饮食者，要懂得中国饮食文化，多增长一些健康饮食知识，养成文明、健康、安全的饮食习惯。

一粥一饭，当思来之不易。端牢"中国饭碗"，应从珍惜盘中餐开始。而大国粮食安全关系到治国安邦。只有解决好十几亿人的吃饭问题，大国才真正是一个强国。